논어 정해
論語 正解

논어 정해
論語 正解

발행일   2024년 5월 20일

지은이   김평재
펴낸이   손형국
펴낸곳   (주)북랩
출판등록   2004. 12. 1(제2012-000051호)
주소   서울특별시 금천구 가산디지털 1로 168, 우림라이온스밸리 B동 B113~115호, C동 B101호
홈페이지   www.book.co.kr
전화번호   (02)2026-5777   팩스   (02)3159-9637

ISBN   979-11-7224-106-3 03140 (종이책)   979-11-7224-107-0 05140 (전자책)

논어 정해
論語 正解

올바른 처신과 수양을 위한
필수 가이드북

김평재 지음

너희도
공부해야지…

북랩

서언(序言)

◇◇◇

필자가 논어를 번역하여 책을 쓴 이유는 항간의 논어에 대한 誤
譯(오역)이 많아 현대 한국인들의 공자에 대한 올바른 이해에 우
려스러운 부분이 있어서 이를 바로잡기 위함이다.

한국 사회,

논어는 고려 말기부터 조선시대를 거쳐 현재까지 한국 사상문화
의 기저이다. 기본 바탕으로서의 사회철학이 잘못된 번역으로
인하여 일그러지고 있는 현실을 보면서 한 부분이라도 도움이
될까 하여 책을 쓰는 바이다.

그리고 미리 용서를 구하는 바, 공자를 읽고 배운 내용을 말하면
서 필자는 정녕 그 말을 실천하였던가? 돌아보아 부끄러운 부분
이 많음에 過則勿憚改(과즉물탄개)라고 하면서도 자괴감으로 인
하여 주춤주춤, 십수 년을 고민한 끝에 염치 불구하고 책을 쓰게
되었다.

思而不學則殆, 學而不思則罔.

필자, 배운 바 없이 독학하여 論語(논어)를 飜譯(번역)하고 出刊(출간)하는 데 있어서 不合理(불합리)하고 危險(위험)한 解釋(해석)이 있을 수 있다. 하지만, 아무런 생각 없이 논어를 對(대)해 온 한국 사회에 필자의 생각을 펴놓아 보려고 한다.

필자의 불합리한 해석에 對(대)해서는 독자들의 질타를 겸허히 받을 것이고, 한 톨이라도 올바른 해석이 있어서 讀者(독자)가 읽고 도움이 된다면 필자는 고마울 따름이다.

이 책을 읽는 사람은 동양 사회 문화 철학의 기본이 되는 성인의 언행을 이해하여 수신에 도움이 될 것이고, 인류 4대 성인의 으뜸인 공자님의 말씀 한마디에 10원어치도 손해 볼 일은 없을 것이니, 두고두고 가슴에 새긴다면 세상살이 마칠 때쯤 이해를 할 것이다. "아~ 맞아."라고.

白志 空册 序

論語(논어)의 탄생과
수난 그리고 재편찬

論語(논어)란 孔子(공자)의 사망 이후 三年喪(삼년상) 장례식 동안에 2대 제자들이 쓴 것이다.

그 내용은 공자가 一代 弟子들에게 가르친 말과 주고받은 대화 내용을 기본으로 하고, 一代 제자들이 공자께 배운 내용을 자신이 이해하는 범주로 다시 二代 弟子들에게 가르친 내용을 배운 二代 제자들이 기록한 것이다.

공자는 생전에 오경(詩, 書, 易, 春秋, 禮記)을 정리하여 저술하였는데, 이 오경은 제자들의 공부 교재로 쓰였다.

삼년상을 치른 후 제자들은 문파별로 동북아 전역으로 흩어지는데, 이 논어를 비롯하여 오경을 필사하여 짊어지고 떠났다. 이것은 또한 각 문파의 제자들도 필사하면서 상류 사회의 교양 교재로 전파되어 유학은 당 시대의 주류 학파가 되었다.

공자 생전에 기록한 5경의 내용이 교육 현장에서 다양하게 적용된 것이 논어이다.

따라서 사서오경이 유학의 각 요소라고 한다면. 논어는 그 종합편이라고 할 것이다.

공자 사후에,
曾子(증자) 학파에서 공자의 손자 子思(자사)는 禮記(예기)의 中庸(중용)을 알기 쉽게 정리하여 中庸을 섰고, 孟子(맹자)는 大學(대학)을 썼고, 맹자의 제자들은 맹자의 어록을 모아 孟子를 썼다. 이를 논어와 합하여 四書(사서)라 한다.
子夏(자하) 학파에서는 맹자와 동시대에 荀子(순자)가 맥을 이었고, 그 제자들은 荀子(순자)를 썼다. 諸子百家(제자백가) 시대에 유학의 저변이 넓어졌으나, 맹자와 순자를 끝으로 유학은 동북아 문화권에서 사라진다.

진시황의 천하통일과 함께 法家(법가)들의 반목을 받던 유학은 된서리를 맞는다.
焚書坑儒(분서갱유)를 당하여 오경을 제외한 四書(사서)(논어, 중용, 맹자, 대학)가 완전히 수거되어 불에 탔고, 유학자들은 모두 생매장, 살처분 당하여 유학은 그 脈(맥)이 단절되었다. 그나마 焚禍(분화)를 피하여 隱居(은거)하고, 漆書壁經(칠서벽경)을 하여 경전을 감추어 가면서 면면히 가르침을 이어 온 자들이 있었으나, 다른 학파들에 비해 勢(세)가 위축되어 命脈(명맥)을 보전하기도 힘들었다.

진시황 사후 진나라가 망하고 漢(한)나라가 득세하면서, 재력을 가진 문인들이 숨겨져 있던 四書(사서)를 발굴하여 복제하면서 그 명맥을 꾸준히 이었다. 당시의 발굴 복제는 목간이나 죽간에 붓으로 필사한 것은 분서갱유에서 대부분 소실되었으므로, 감춰진 漆書壁經(칠서벽경)이나 썩은 판자 묶음, 마룻바닥 또는 흙으로 바른 목조 건물의 벽체에서 나온 것들을 재정리하여 다시 목간이나 죽간에 쓴 것이다. 책으로 묶여져 발굴된 것이 아니라 흩어진 판재 조각들을 모아 재정리하여 필사한 것이다.

그리고 千年(천년)도 넘는 歲月(세월)이 흐르는 동안 筆寫(필사)되어 전해지는 과정에서 木簡(목간)이나 竹簡(죽간)의 끈이 끊어지고 판재가 뒤엉킨 채 전해지는 것이 어쩔 수 없는 과정일 것이고, 글자도 불분명한 것이 있었을 것이다.

한나라 이후에는 종이책에 옮겨 쓴 것들도 있었겠지만, 흩어져 있던 판자 조각에 쓰인 글자를 모아 놓고 각 문구들을 원래의 순서대로 맞추는 것은 어려웠을 것이다.

따라서 천년도 넘게 세월이 흐른 후, 금나라에 밀려 반 조각 된 南宋(남송)에서 주희의 손에 수거된 책들은 이미 문자열이 뒤엉킨 상태로 전해진 것이 있었을 것이다.

하여, 현재 전해지는 주희가 재편찬한 논어를 보면 문구가 흩어져서 무슨 말인지 문맥에 맞지 않는 부분이 더러 보인다.

주희의 재편찬은 혼자서 한 것이 아니라 문객들이 협력하여 완성한 것이지만, 탄생 당시의 원본과는 차이가 있을 것이다. 그러나 다소 오류가 있다고 하더라도 인류 문화유산을 발굴 및 재편찬하여 종이책으로 대량 보급한 것은 실로 엄청난 주희의 업적이다.

一代 제자들은 자신의 門派(문파)를 구성하여 二代 제자를 가르치면서 그 후의 4~5代 제자들에 이르러 공자의 가르침에 대한 이해에서 다소 차이가 나기도 하고, 논어의 내용에 대한 해석도 의견이 분분했다.

예를 들면, 孟子(맹자)와 荀子(순자)는 공자가 말한 性(성)이라는 말의 개념에 다른 주장을 하는 경우가 생기기도 한다. 이러한 현상은 공자 死後(사후)에 중국 각지로 흩어진 제자들이 지역 차이에 따른 문자의 의미 차이를 극복하지 못하여 발생한 것으로 보는 것이 타당하다.

왜냐하면 춘추전국 시대 때 중국은 지역별 言語(언어)에 차이가 있었고, 동일 文字(문자)에 대하여 異意(이의)가 많았다. 이것은 맹자와 순자가 同時代(동시대)에 살았지만, 曾子 學派(증자 학파)와 子夏 學派(자하 학파)가 서로 다른 지역을 근거지로 後學을 가르치면서 100년 정도 지났던 것이기 때문으로 봐야 하는 것이다. 즉, 言語 圈域(언어 권역)이 서로 달랐던 이유로 문자에 대한 개념의 차이에 따른 것으로 볼 수도 있다. 따라서, 宋(송)나라 시대에서 출판업자 주희가 자신이 발굴한 文字列(문자열)에 대해 정확하게 이해하고 정리하여 해석하였다고 볼 수는 없는 것이다. 당연히 편집 실수와 誤譯(오역)이 발생할 수밖에 없다는 것을 전제하고 주희의 해석을 읽어야 한다고 본다.

또한 송나라 시대의 사회 문화에 익숙한 주희의 문객들이 천오백 년 전 공자 시대의 사회 문화를 이해하고, 그 문구들의 의미를 정확히 파악하였다고 볼 수도 없다.

그리고 분명히 하여야 할 부분이 있다.

문구의 의미에 대한 번역은 말 한 사람이 전하고자 한 내용을 정확히 파악하여 전달하는 것이다. 그 내용에 대한 가치의 해석은 사람마다 다를 수 있지만, 번역 자체는 의미 전달을 정확히 하는 것이지 의미의 가치를 평가하는 것은 아니다.

筆者(필자)의 논어 번역은 朱熹(주희)의 註解(주해) 및 사서오경과 공자 사후의 제자백가들이 쓴 내용을 참고하여 그 의미를 현대 한국적 구어체로 쓰려고 한다.

언어란 세상의 변화에 따라 변하기 때문에 시대에 맞춰 적절한 단어를 찾아 쓰려면 2500년 전의 말을 전하기가 너무 어렵기 때문이다. 즉, 누구나 이해하기 쉬운 저급한 말을 쓸 것임에 비웃음이 있더라도 감수할 것이다.

한자를 모르더라도 중학생 이상의 일반인은 번역만 읽어도 수신에 도움이 될 것이고, 대학생 이상의 전공자나 관련 교육자들은 필자의 해설을 읽으시라 권하는 바이다.

白志 空册 拜

史記 世家曰,

사기 세가에서 이르기를

孔子名丘. 字仲尼. 其先宋人 父叔梁紇 母顔氏.

공자의 이름은 구요 자는 중니이고, 조상은 송나라 사람이고 부친은 숙량흘, 모친은 안씨이다.

以魯襄公二十二年庚戌之歲十一月庚子 生孔子於魯昌平鄕陬邑.

노양공 22년 경술년(BC 551) 11월 경자일에 노나라 창평고을 추읍에서 태어났다.

爲兒嬉戲當陳俎豆設禮容. 及長爲委吏 料量平, 爲司職吏 畜蕃息.
適周問禮於老子 旣反而弟子益進.

어려서 소꿉놀이를 하면서 제례를 익혔고, 자라서는 위리를 하여 양식의 배정을 평등하게 하였고, 사직리를 하면서 가축을 번식시켰다. 주나라에 가서 노자에게 예의를 물어보고 돌아오니 제자가 늘어나게 되었다.

昭公二十五年甲申孔子年三十五 而昭公奔齊魯亂.
於是適齊爲高昭子家臣以通乎景公. 公欲封以尼谿之田 晏嬰不可
公惑之 孔子遂行反乎魯.

소공25년갑신 공자 나이 35에 소공이 제나라로 도망을 가서 노나라가 어지러웠다. 이에 공자도 제나라로 가서 고소자의 가신이 되어 제경공과 소통하였다. 제경공이 공자에게 계전을 봉하려 하였으나 안영이 반대하여 공자는 노나라로 돌아왔다.

論語(논어)의 탄생과 수난 그리고 재편찬

定公元年壬辰孔子年四十三 而季氏强僭其臣陽虎作亂專政. 故孔子不仕 而退修詩書禮樂弟子彌衆.

정공원년 임진일 공자 나이 43, 계씨가 멍청하여 그 가신인 양호가 정치를 전횡하여 작란을 하였다. 이에 공자는 벼슬을 그만두고 시서예악을 정리하니 제자들이 더 늘어났다.

九年庚子孔子年五十一, 公山不狃(擾)以費畔季氏召孔子 欲往而卒不行.

정공9년 공자 나이 51, 공산불뉴가 비땅에서 계씨를 배반하고 공자를 불렀으나 가지 않았다.

定公以孔子爲中都宰 一年四方則之 遂爲司空又爲大司寇.

정공이 공자에게 중도새로 등용하니 1년 만에 사방이 바르게 되었고, 이어 사공으로 승진하고 대사구가 되었다.

十年辛丑相定公 會齊候于夾谷 齊人歸魯侵地.

정공10년 신축일, 노나라를 침범한 제나라 제후와 협곡에서 만나 협상하여 돌려보냈다.

十二年癸卯使中由爲季氏宰墮三都收其甲兵, 孟氏不肯墮成圍之不克.

20년 계묘일, 자로를 계씨의 재상으로 보내어 삼도(費, 郈, 成)를 헐고 그 병사들을 거두려 하였고, 맹씨가 성도를 허무는 것을 반대하자 포위하였으나 이기지 못하였다.

논어 정해論語 正解

十四年乙巳孔子年五十六攝行相事 誅少正卯與聞國政 三月魯國大治, 齊人歸女樂以沮之, 季桓子受之郊又不致膰俎於大夫, 孔子行. 適衛主於子路妻兄顏濁鄒家.

40년 을사일 공자 56세, 일을 맡아 소정묘를 죽이고 국정을 살피니 3개월 만에 노나라가 반듯해졌다. 그러자 제나라에서 여인과 뇌물을 보내어 방해하였고, 계환자가 교외에서 받아서 대부들에게 번육을 보내지도 않고 놀았다. 이에 공자는 위나라로 떠나가서 자로의 처남인 안탁추의 집에서 지냈다.

適陳過匡, 匡人以爲陽虎而拘之. 旣解還衛 主蘧伯玉家 見南子.

진나라에 가서 광땅을 지나는데, 광인들이 양호를 시켜 억류하였다. 풀려나서 위나라로 돌아와 거백옥의 집에 머물면서 남자(위영공의 처)를 만났다.

去適宋司馬桓魋欲殺之, 又去適陳主司城貞子家 居三歲而反于衛, 靈公不能用.

위나라를 떠나 송나라로 갔는데 사마환퇴가 죽이려고 하여, 또 떠나서 진나라 사마정자의 집에 3년을 머물고 위나라로 돌아오니 위영공이 쓰지 않았다.

晉趙氏家臣佛肸以中牟畔召孔子 孔子欲往亦不果.

진나라 조씨의 가신 필힐이 중모에서 반란을 하고 공자를 초청하여, 공자 가고 싶었지만 가지 않았다.

將西見趙簡子至河而反 又主蘧伯玉家 靈公問陣不對而行復如陳.

조간자를 만나러 서쪽으로 가려다가 황하에서 돌아와 또 거백옥의 집에서 머물렀다. 영공이 군사를 물었으나 대답하지 않고 다시 진나라로 갔다.

季桓子卒遺言謂康子必召孔子 其臣止之康子乃召冉求.

계환자가 죽으며 강자에게 유언하기를 반드시 공자를 쓰라고 하였으나, 신하들이 반대하여 강자는 염구를 초청하였다.

孔子如蔡及葉.

공자는 채나라와 섭나라로 갔다.

楚昭王將以書社地封孔子 令尹子西不可 乃止.

초소왕은 공자에게 서사지를 봉하려고 하였으니 영윤자서가 반대하여 그만두었다.

又反乎衛時靈公已卒. 衛君輒欲得孔子爲政.

다시 돌아와 위나라에 오니 영공이 죽고, 첩왕이 공자에게 정사를 맡기려 하였다.

而冉求爲季氏將 與齊戰有功, 康子乃召孔子 而孔子歸魯, 實哀公之十一年丁巳 而孔子年六十八矣.

염구를 계씨 장수로 하여 제나라와의 전쟁에서 공이 있었음에 강자는 공자를 불렀고, 공자가 노나라로 돌아오니 애공11년 정사, 공자 나이 68세였다.

然魯終不能用孔子, 孔子亦不求仕乃敍書傳禮記 冊詩正樂 序易象繫象說卦文言.

그러나 노나라는 끝내 공자를 쓰지 않았고, 공자 또한 더 이상 벼슬자리를 구하지 않고 서경을 정리하고 예기를 쓰고, 시경을 정리하고, 주역의 단사와 계사와 상을 설명하고 정리하였다.

弟子蓋三千焉 身通六禮自七十二人

제자 대략 3천 명이요 육례를 몸에 익힌 자가 72명이었다.

孔子作春秋. 明年辛酉子路死於衛, 十六年壬戌四月己丑 孔子卒 年七十三.

춘추를 지으시고 다음 해 신유일에 자로가 위나라에서 죽었다. 애공 16년 임술년(BC479) 4월 기축일에 공자 졸 하시니 나이 73세.

葬魯城北泗上 弟子皆服心喪三年而去 惟子貢廬於冢上凡六年.

노나라 성 북쪽 사땅 위쪽에 장례를 치르고, 모든 제자들이 마음 깊은 3년상을 지낸 후 떠났지만, 오직 자공은 무덤 위쪽에 초막을 짓고 6년상을 하였다.

孔子生鯉 字伯魚先卒, 伯魚生伋 字子思作中庸.

공자는 리를 낳아 자는 백어이나 먼저 죽었고, 백어는 급을 낳았으니 자사요 중용을 지었다.

何氏曰,
魯論語二十篇 齊論語別有王問知道凡二十二篇. 其二十篇中章句 頗多於魯論, 古論出孔氏壁中 分堯曰下章子張問以爲一篇有兩子 張 凡二十一篇, 篇次不與齊魯論同.

하씨가 말하기를,
노나라 논어는 20편이고 제나라 논어는 별도의 왕문과 지도가 있어서 22편으로, 그 20편 중에 노나라 논어보다 문장이 많다. 공씨 집안 벽 속에서 나온 고논어는 요왈 아래장 자장문을 따로 1편이 있어서 21편으로 노논어나 제논어와 편차가 같지 않다.

차례

弟子紹介

子名	本名	年差	呼名	國籍 및 其他
有子 (유자)	有若 (유약)	33	魯 (노)	
曾子 (증자)	曾參 (증삼)	46	子輿 (자여)	魯, 曾晳之子
子夏 (자하)	卜商 (복상)	44	商 (상)	衛 (위)
子禽 (자금)	陳亢 (진항)	?-	?-	陳 (진)
子張 (자장)	顓孫師 (전손사)	48		陳 (진)
子長 (자장)	公冶長 (공야장)	?-		齊 (제)
子賤 (자천)	宓不齊 (복불제)	30		魯
子啓 (자계)	漆雕開 (칠조개)	31		魯
子華 (자화)	公西赤 (공서적)	42		魯
子淵 (자연)	顏回 (안회)	30	回	魯
子憲 (자헌)	閔損 (민손)	15		魯
子羽 (자우)	澹臺滅明 (담대멸명)		39	魯
子開 (자개)	琴牢 (금뢰)	13	牢	衛
子羔 (자고)	高柴 (고시)	30		鄭 (정)
子牛 (자우)	司馬耕 (사마경)	?		宋 (송)
子有 (자유)	冉有 (염유)	29	求	魯
子貢 (자공)	端木賜 (단목사)	31	賜	衛
孟懿子 (맹의자)	仲孫何忌 (중손하기)		부친 孟僖子의 유언으로 입문	
子遲 (자지)	樊須 (번수)	36	樊遲	魯
子遊 (자유)	言偃 (언언)	45	偃	吳 (오)
子我 (자아)	宰予 (재여)	?	?	

논어 정해論語 正解

子名	本名	年差	呼名	國籍 및 其他
子容 (자용)	南宮括 (남궁괄)	?	魯	
仲弓 (중궁)	冉雍 (염옹)	29	雍	魯
子路 (자로)	仲由 (중유)	9	由	魯, 卞
周子 (주자)	申棖 (신정)	?	?	
子思 (자사)	原憲 (원헌)	36	魯	
伯牛 (백우)	冉耕 (염경)	?	魯	
子期 (자기)	巫馬施 (무마시)	13	?	
顔路 (안로)	顔武繇 (안무요)	6	魯, 顔回之父	
子晳 (자석)	曾晳 (증석)	?	點	魯, 曾子之父
儒悲 (유비)	-	?		魯
佐丘明 (좌구명)			魯, 史官 (春秋, 國語)	

이름이 알려진 제자는 기록상에 나와 있는 사람만 열거한 것이고, 기록에 없는 제자의 이름은 알 수가 없다. 六禮(육례) 통달 72명, 일반 제자 3천 명 정도였다고 한다.

弟子紹介

卷之一. 學而

一. 子曰,
學而時習之 不亦說乎.
배워서 익히고 났을 때 즐거운 것이다.

배운다고 하는 것은 지식을 얻기 위함이다. 배워도 모르면 머리
만 아프다.
익힌다고 하는 것은 그 지식을 행동으로 나타낼 수 있도록 몸에
배게 하는 것이다. 따라서 배우면 알아야 하고, 알면 몸에 익혀
라. 몸에 익히면 즐겁다.
배워서 알고 익혔을 때, 즉, 완성하였을 때 즐거운 것이다.
따라서 배우면 이해하고 몸에 익을 때까지 노력하라.

知行一致(지행일치): 공자의 가르침이다.
이 문장은 한 단계 더 요구한다. 學行一致(학행일치)까지.

而: 접속사로서 앞뒤의 말의 의미를 연결하는 말, 學과 習이 별
개의 것이 아니라 연결된 것.
習之時에서 時를 앞에 둔 것은 배우면서 익혔을 때, 배운 이후라
도 몸에 익혔을 때.
習(습): 새가 나는 연습을 하는 모양. 날 수 있을 때까지 날갯짓을
연습한다.

논어 정해論語 正解

之(지): 명사의 뒤에 쓰이면 소유격 조사, 동사에 붙으면 완료형 조동사, 명령형 조동사. 옥편에는 '갈지'라고 옛날 말로 쓰여 있는데. 갈이라는 말이 '갈음하다, 가르다', 즉, '先後(선후)를 분리하다'라는 의미이다. 즉, 완료형 조동사. 之를 갈지라고 하여 혹여 '가다, 오다'라는 의미로서 '갔다'라고 해석하는 경우가 있는데 그것은 잘못된 해석이다. 맹자에서 '孟子之楚'라는 문구를 '맹자가 초나라에 갔다'라고 해석하는 것은 잘못된 예시이다. 맹자지초의 지는 소유격으로서 '맹자의 초나라(방문 시, 생략됨)'라고 해석되어야 하는 것이다. 之를 가끔은 완료형 대동사처럼 사용하는 경우가 있지만 그것은 선행 본동사를 생략한 것이다.

國之語音: 나라의 말

食之: 먹었다.

死之: 죽였다.

不亦~乎: ~하지 아니겠는가, '~이다, ~ 하다'의 역설적 표현

季氏9章에서는 다음과 같이 말하였다.

子曰, 生而知之者上也, 學而知之者次也, 困而學之又其次也,
困而不學民斯爲下矣.

나면서 아는 자는 잘 아는 사람이고, 배워서 아는 사람은 그다음이며, 어렵게 공부해서 아는 사람은 그 다다음이고,

어렵다고 공부하지 않는 백성은 하급이다.

또한 子思의 이해는 중용 20장에서 다음과 같이 말하였다.

或生而知之 或學而知之 或困而知之 及其知之一也

或安而行之　或利而行之　或勉强而行之　及其成功一也

어떤 이는 나면서 알고, 어떤 사람은 배워서 알고, 누구는 고생한 후에 알지만 알고 나면 다 같은 것이고, 혹은 편하게 하고 혹은 공짜로 하고 누구는 열심히 노력해서 하더라도 성공하면 다 같은 것이다.

이 문구가 책의 첫머리에 나오는 말이다 보니, 주희는 이런저런 여러 해석을 인용하였지만, 별 의미가 없다.

有朋自遠方來 不亦樂乎.

멀리서 찾아오는 친구가 있다는 것은 기쁘지 아니한기.

멀리 있는 친구가 찾아온다는 것은 즉, 내가 좋은 사람이라고 알려진 것이다. 내가 나쁜 사람이면 친구가 찾아올까? 친구가 찾아오는 그런 사람이 되어라.
自 '~부터', 시간·공간적 모두 적용된다, 自古 옛날부터, 自東 동쪽으로부터.

人不知而不慍 不亦君子乎.

사람이 몰라도 짜증 내지 않는 것이 군자가 아니겠는가.

군자란 남이 모른다고 해서 짜증 내지 않는다. 사람을 가르치면 바로 아는 사람도 있고 잘 모르는 사람도 있다. 잘 모르는 사람은 그 사람이 이해할 수 있는 방법을 찾아서 깨우쳐 주면 되는 것이지 화낼 일은 아니다.

짜증을 낼 것이 아니라 그 사람을 잘 알아서 그 수준에 맞게 이해시켜야 할 것이다. 공자의 교육 방법이다. 子罕 七章에서 그 방법을 보여 준다.

吾有知乎哉, 無知也, 有鄙夫問於我, 空空如也, 我叩其兩端而竭焉.

내가 아는 것이 있느냐? 아는 것 없다. 어느 어리바리한 사람이 횡설수설 물어와도, 나는 그 전후 사정을 잘 물어서 깨우쳐 줄 뿐이다.

* 이 문구에 대한 항간의 해석은 '사람들이 나를 알아봐 주지 않는다고 해서 화내지 말라'라고 하지만, 기존 해석으로 하면 앞의 문구에 배반한다. 그리고 문장 내에 목적어로서의 나(我)를 지칭하는 말은 없다. 남이 나를 알아봐 주지 않는다면, 즉 내가 좋은 사람이 아니면 당연히 찾아오는 친구가 있을 리 만무하다. 당연히 나 자신에게 화나고 속상하다. 자성하고 고쳐야 한다.

따라서 한국의 세간에 떠도는 해석은 위의 문장과 의미에서 모순되는 것이다.

기존의 해석을 따라서 '군자란, 남이 나를 알아주지 않아도 화낼 일은 아니다' 이렇게 해석하면 소인이 모두 군자가 된다. 소인들은 남의 이목을 신경 쓰지 않는다. 즉, 무기탄이다.

논어를 읽는 사람들이 이 첫 장에서부터 잘못된 해석을 따라서 달달 외우면서 한국 사회는 근본 비뚤어진 자세로 공자를 바라보게 되는 것이다. 세간의 해석은 완전히 틀렸다.

'衛靈公 十九章. 子曰, 君子 疾沒世而名不稱焉.'라고 말하였다. '후세에 칭찬을 듣지 못할 것을 걱정하라'고 말하였는데, 남이 나를 알아주지 않고서 칭찬받을 수 있는가?

朱熹의 註解에서도 알고 모르고는 그 사람의 문제이니 관여할 바 아니라고 했다.

'남들이 나를 알아주건 말건 그저 내가 만족스러우면 된다'라는 기존 해석은 공자적 철학이 아니다. 기존의 해석은 老子的 사고이지 결코 공자적 사고는 아니다.

유학의 修身(수신)은 세상 속에서 나 자신을 다듬는 것이지 세상과 담쌓고 타인의 평가를 무시하는 것이 아니다.

二. 有子曰.
其爲人也孝弟 而好犯上者鮮矣, 不好犯上 而好作亂者未之有也.
君子 務本, 本立而道生, 孝弟也者 其爲仁之本與.
君子務本 本立而道生, 孝弟也者其爲仁之本與.

孝(對父師) 弟(對他人)를 하는 사람이 上者(직분상 윗사람) 치받기를 좋아하는 사람은 드물다. 윗사람을 치받지도 못하면서 난리를 피우는 자는 없다.
군자란 근본을 제대로 세워야 하고, 근본이 제대로 서야 도가 나오는 것인데,
효제라는 것이 바로 그 인자함의 근본이다.

孝(효): 부모에 대한 효도.

弟(제): 형에 대한 동생의 입장으로 사람들에 대하여 공손하게 하는 자세.

仁(인): 天命을 따라 바른 도리로 사람을 사랑하는 마음.

三. 子曰,

巧言令色 鮮矣仁.

살가운 표정과 교묘한 말을 하는 사람 중에 仁慈(인자)한 사람은 드물다.

그런데, 예의 바르고 공손한 것과 교언영색을 구분하기가 그렇게 쉬운 것은 아니다.

無知(무지)한 사람들은 孝弟(효제)와 巧言令色(교언영색)을 구분하기가 힘들다. 또한 純眞無垢(순진무구)한 사람들이 巧言令色과 孝弟를 구분하려면 경험하고 난 후에야 깨닫는다. 험상궂은 표정으로 다가오는 사기꾼은 결코 없다.

四. 曾子曰,

吾日三省吾身 爲人謀而不忠乎, 與朋友交而不信乎, 傳不習乎.

증자 왈, 나는 하루에 세 번 자신을 돌아보는데, 사람들과 어울리면서 불충한 짓을 했던가? 친구들과 어울리며 믿음 없이 했던가? 가르침을 제대로 익히지 못했던가?

八章과 連繫(연계)해 볼 문장이다. 공자의 가르침을 실행하는 방법을 일러 준 것이다. 하루에 세 번 나 자신을 돌아본다. 왜? '過則勿憚改(과즉물탄개)' 하려고.

내가 主忠信 無友不如己者 했던가? 學則不固이니 배운 바를 익혔던가?

曾子의 修身法을 가장 대표적으로 보여 주는 문장이다.

傳(전): 공자로부터 배운 語(이야기). 다시 제자들에게 가르치는 자신의 입장에서 言行一致를 스스로 실천하고 있는지 돌아보는 것이다. 내 말과 행동이 다르다면 누가 내 가르침을 믿을까?

忠(충): 이 문자에 대한 의미는 도리에 맞게 내가 해야 할 바를 다하는 것.

주희에서부터 忠을 왕과 상전에 대한 것으로 한정하여 사용하는 경향이 다분하였고, 특히 조선, 한국에서 심하다.

五. 子曰,
道千乘之國 敬事而信 節用而愛人 使民而時.

천승지국에 이르는 방법은 일을 경건히 하고 믿음이 있어야 하며, 절약하고 백성을 아껴야 하며, 백성을 부리더라도 때(상황)에 맞게 해야 한다.

乘(승): 계량 단위로 말 한 마리에 실을 수 있는 量(량).

國이라고 한 것은 크든 작든 기본 체제를 갖춘 나라. 國이라고 하는 것은 땅과 따르는 백성이 있어야 한다. 땅이 없어도 따르는 백성이 있으면 척박한 곳이라도 일구면 된다. 백성을 따르게 하려면 믿음을 얻어야 하니 믿음을 얻으려면 백성을 사랑하고, 일을 경건히 하며, 씀씀이를 절약해야 한다.

이것은 周나라 시조의 행적을 거울 삼아 이야기한 것이고, 일반적으로 맞는 말이다.

六. 子曰,
弟子入則孝 出則弟 謹而信 汎愛衆 而親仁, 行有餘力 則以學文.

제자들아, 집에 있으면 효도하고, 집을 나서면 형을 대하듯 하고, 행동을 조심하고 믿음 있게 행동하며, 사람들을 사랑하고 인자해야 한다. 그리고 남은 힘을 다하여 공부해야 한다.

禮義(예의)와 孝仁(효인)을 지키고, 틈나는 대로 공부하라.

七. 子夏曰,
**賢賢易色 事父母, 能竭其力 事君, 能致其身 與朋友交, 言而有信,
雖曰未學 吾必謂之學矣.**

자하 이르기를,

현명하고 편안한 분위기로 부모님을 모시고, 능력을 다해 임금을 섬기고, 서로 몸을 대신할 수 있는 벗을 사귀며, 믿음 있는 말을 한다면, 비록 못 배웠다고 하더라도 나는 필히 배운 사람이라고 할 것이다.

이 문구에 대한 주희의 해석은 바르게 되었다.
한상갑의 해석을 베껴서 쓴 한국의 해석들은 반성해야 한다.
한국의 세간에 떠도는 해석은 범위를 벗어나도 너무 황당하게 벗어난 해석이다.

事君(사군)에서 왜 能力(능력) 범위 이내로 제한하는지 이해 못 하면 곤란하다. 무능력한 자가 나서서 공적인 일을 하겠다면 그것은 세상 망치는 일이다. 따라서 사군은 능력의 범위 이내에서만

해야 하는 것이다. 내가 능력이 안 되면 능력이 되는 타인에게 양보하는 것이 道理(도리)인 것이다. 예를 들어, 위영공이 공자에세 陣法(진법)을 물었다. 공자는 조두지사는 알아도 군사는 모른다고 거절하였다.

세간의 해석들은 그 의미가 완전히 일그러져서 주희의 설명과도 다르게 해석하였다.

공자의 事君은 도에 맞으면 하는 것이지 무조건 하는 것이 아니다. 以道事君 不可則止(이도사군 불가즉지). 주희와 조선의 事君에 대한 개념은 공자와 완전히 다르다. 즉, 공자를 배워 자신이 처한 문화적 환경에 따라 변용한 것이다.

色: 이 글자를 여색이라고 이해하는 경우가 많은데, 논어에서는 여자가 아니다. 표정, 분위기, 상황, 이런 의미로 쓴 말이다. '얼굴에 화색(和色)이 돌다, 난색(難色)을 표하다' 이런 의미로 쓴 글자이다.

이 문구와 관련된 문장이 위정8장에 있다.

子夏問孝, 자하가 효에 대해 질문하였더니,

子曰, 色難, 有事 弟子服其勞, 有酒食先生饌 曾是以爲孝乎.

공자 왈, 힘든 일이 있으면 제자들만 시키고 맛난 음식이 있으면 선생이 먼저 먹는다고 표정을 찌푸리면 그것을 어찌 효라고 하겠는가. 孝라고 하는 것은 부모님이나 선생을 대할 때 표정을 밝게 해야 한다. 난색 하지 말고 이색하라.

八. 子曰,
君子 不重則不威, 學則不固.
主忠信 無友不如己者, 過則勿憚改.
군자란 무게 잡는 것도 아니고 위엄을 떠는 것도 아니다. 배워야 유연해진다.
믿음과 忠心으로 대하면 자기보다 못한 자가 없을 터이니, 허물이 있으면 고치기에 주저하지 말아라.

이 문장은 子張篇 三章과 같은 맥락의 이해이다. 공자의 가르침에 대하여 제자들에 따라 이해와 적용의 방식에 차이가 있다

이 문장에 대한 주희의 해석은 심각한 오류이다. 공자의 발언과는 반대 해석이다. 주희가 살아온 송나라 시대 식자층의 허위의식으로 공자의 말귀를 곡해한 것이다.
주희의 해석을 따라 조선의 선비들은 매우 심하게 그리하였다.
그저 무게 잡고 위엄 떠는 것을 군자라고 여기는 것은 결코 공자의 사상이 아니다.
군자가 위엄 있고 무게를 잡아야 하는 것이라면, 溫 온화하고, 恭 공손하며, 良 어질며, 儉 검소하게 예의를 지키는 공자는 군자가 아닌가? 군자라면 현명하고 사려 깊게 생각하고, 말을 분명하고 공손하게 하고, 행동이 민첩하고, 용모는 온화하고 신중하며, 일을 경건하게 하고, 司職(사직)을 받은 仕(선비)는 그 職을 수행함에 대하여 嚴正하라고 하였다.
주희의 해석은 學則不固(학즉불고)를 배워도 견고하지 못하다고 하였는데, 배워서 사고가 굳어지면 되는가? 전혀 반대의 해석을 하였다. 공자의 사상은 열린 사상이다.

자한편 '卅五. 子曰, 三軍 可奪帥也, 匹夫 不可奪志也.'라고 공자께서 말하였다. 삼군을 뺏어도 필부의 마음은 뺏을 수 없다. 왜? 배우지 못한 필부의 뜻은 바꿀 수 없다. 그 고집은 절대 변하지 않는다. 그래서 '배워야 한다'라는 말이다. 현대 한국말에 '무식한 놈이 용감하다'라는 말과 통하는 의미이다. 不學則固↔學則不固이다.

또한 세간의 해석도 아주 어긋난 해석이다. 나보다 못한 사람을 사귀지 말라니…. 역지사지, 그럼 나보다 나은 사람을 사귀면 그 사람이 나를 상대해 줄까?

또한 '爲政十四章, 君子周而不比 小人比而不周' 이 문장에 대한 주희의 해석은 (글귀에 없는 추측으로) 군자는 두루 사귀고 소인은 그렇지 못하다고 하였다. 그렇다면 이 두 문장에 대한 주희의 해석은 모순이 된다.

주희의 해석은 자장의 이해에 반대되고 공자의 생각에는 한참 멀고, 자하처럼 이해하였다. 다른 문장에서 보이는 공자의 가르침인 반면교사와 以友補仁(이우보인)에 위배된다. 자장 3장을 보면 다음과 같다.

子夏之門人 問交於子張, 子張曰, 子夏云何.

對曰, 子夏曰, 可者與之 不可者拒之.

子張 曰, 異乎吾所聞. 君子 尊賢而容衆 嘉善而矜不能, 我之大賢 與於人 何所不容, 我之不賢與 人將拒我, 如之何其拒人也.

子夏의 문하생이 子張에게 교제에 대해서 물었다.

자장이 왈, 너희 스승은 뭐라고 하더냐?

대 왈, 자하께서는 될 사람은 사귀고 안 될 사람은 내치라고 하였습니다.

자장이 왈, 내가 배운 바와는 다르다. 군자는 현인은 존경하고 대중을 포용하며, 착한 것을 보면 기뻐하고, 못한 것을 보면 불쌍히 여긴다. 내가 사람들에게 현명하게 대하면 어찌 용납되지 못할 것이며, 내가 현명하지 못하면 사람들이 나를 내칠 터인데 어찌하여 내가 그 사람을 내치겠느냐.

九. 曾子曰,

愼終追遠 民德歸厚矣.

증자 왈, 맺음을 신중히 하고 멀리 생각하면 세상으로부터 칭찬을 듣는다.

이 문구에 대한 해석은 주희에서부터 아주 잘못되었다.
愼終(신종)이라는 말을 엉뚱하게 장례 제례로 유추 해석을 하였다. 주희의 유학은 그저 장례나 잘 치르고 왕에 대하여 충성을 잘하는 것만으로 변질이 되었다.
주희의 愼終에 대한 해석이 잘못되어 그것을 맹신하던 조선 사회나 현재 한국 사회의 辭典(사전)에 모두 喪事, 祭祀와 관련된 용어로 규정되어 있다. 고쳐져야 할 내용이다.

荀子는 다음과 같이 말하였다.
慮必先事而申之以敬, 愼終如始 終始如一, 夫是之謂大吉.
이 말은 증자의 말을 그대로 옮긴 것이다.

愼終追遠 民德歸厚矣 → 愼終如始 終始如一, 夫是之謂大吉
禮者 謹於治生死者也. 生人之始也 死人之終也, 終始俱善 人道
畢矣. 故君子 敬始而愼終 終始如一, 是君子之道 禮義之文也.
이 말에서도 마찬가지이다. 출발을 경건하게 하고 마무리를 신
중하게 시종일관하라.

漢나라 말기 양나라의 주홍사가 쓴 천자문에도 나오는 말이다.
'篤初盛美 愼終矣令'이라고. 愼終이란 '마무리, 맺음, 뒤처리' 이
런 것을 신중히 하라는 말인데, 주희는 엉뚱하게 범위를 장례 제
례로 축소시켰다.
공자 사후 ~6대 제자인 순자의 해석이 맞을까? 아니면 1,700년
이나 지난 후에 주희의 문객들에 의한 억측이 맞을까?

孔子가 周易(주역)을 정리하면서 謙卦(겸괘)의 해석에서 다음과 같
이 말하였다.
謙卦 九三. 勞謙, 君子有終, 吉. 象曰, 勞謙君子 萬民服也.
子曰, 勞而不伐 有功而不德 厚之至也. 語以其功下人者也.
德言盛 禮言恭, 謙也者 致恭以存其位者也.
겸괘, 3효, 노력하고 겸손하라. 군자는 끝을 잘 맺어야 길하다.
상 왈, 군자가 부지런하고 겸손하면 만백성이 따른다. 노력했지
만 자랑하지 않고, 공은 있으나 보답이 없어도 나중에 크게 이른
다. 자신의 공을 말하는 자는 하인이다.
曾子가 이 말에 대한 이해를 제대로 하지 못하고 이 문장을 제자
들한테 가르쳤을까?

논어 정해論語 正解

증자는 제자백가 시절에 약속을 잘 지키는 표본으로 소문이 났다. 그래서 曾子之約이라는 단어까지 통하였다고 한다.

법가의 집대성자 韓非子는 증자의 일화를 소개하면서 다음과 같은 문장을 썼다. 外儲說32, 6章.

曾子之妻之市 其子隨之而泣。其母曰 女還顧反 爲女殺彘。

妻適市來 曾子欲捕彘殺之。妻止之曰 特與嬰兒戲耳。

曾子曰 嬰兒非與戲也。嬰兒非有知也 待父母而學者也 聽父母之敎。今子欺之 是敎子欺也。母欺子子而不信其母 非以成敎也。遂烹彘也。

증자의 부인이 시장에 가는데 아들이 따라가면서 울었다. 그 엄니가 왈, 너 집에 가거라. 돌아와서 돼지 잡아 줄게. 부인이 집에 돌아오니 증자가 돼지를 잡아서 죽이려 하였다. 부인이 말리면서 왈, 애가 떼를 부려서 달래려고 한 것이라 하였다.

증자 왈, 애들 데리고 장난치면 안 되오. 애들은 아는 것이 없으니 부모한테 배우고 부모의 가르침을 듣는 것이요. 지금 아들을 속이면 그것은 애한테 거짓말을 가르치는 것이요. 어미가 아들을 속이고 아들이 어미를 믿지 못하면 가르침을 이룰 수 없소. 하고는 돼지를 삶았다.

十.

子禽問於子貢曰, 夫子至於是邦也 必聞其政, 求之與 抑與之與.

子貢 曰, 夫子 溫良恭儉讓以得之, 夫子之求之也 其諸異乎人之求之與.

자금이 자공에게 물어보기를, 스승님은 귀국할 때마다 정사를 들었는데, 요구한 것인가요, 떠맡겨진 것인가요?

자공 대답하기를, 스승님은 온량공검양으로 얻은 것일 뿐이다. 스승께서 구하는 것 그 무엇이 세상 사람들의 구하는 바와 다를 것이 있겠느냐?

즉, '구하는 바는 세상 사람들과 같은 것이지만, 스승님은 구하는 방법이 다른 것이다'라고 말해 주는 자금의 질문에 대한 자공의 답이다. 그 방법이 세상 사람들과는 다른 온량공검양 즉, 仁義禮를 철저하게 지킨다는 것이다.

다른 나라에 갔다가 돌아오면 왕이 불러서 이런저런 사안을 물어보았다. 즉, 자문을 구한 듯하다.

與 동사로서는 '주다, 돕다, 함께하다', 접두사로시 '~와 함께 (with), ~이며, ~로서', 또는 의문형 조사, 추정 긍정형 조사.

~與 문장 말미에 쓰이면 의문형 조사 또는 긍정 추정형 조사 (may)로 쓰인다.

현재 한국에서도 이 말을 사용하는 곳이 있다. 경북 상주 지방에서 사투리처럼 쓰이는 '그래여, 안 그래여' 등.

항간의 해석은 '구하는 바가 세상 사람들과 다르다'라고 하는데, 문장을 제대로 읽지 못한 오역이다.

세상 사람들이나 공자나 그 구하는 바는 같지만, 구하는 방법이 다르다고 말한 것이다.

十一. 子曰

父在 觀其志. 父沒 觀其行, 三年 無改於父之道 可謂孝矣.

부모님 살아 계실 동안에는 그 생각을 잘 살피고, 돌아가신 후에는 행적을 잘 살피고, 사후 삼 년 동안은 부모님의 바라던 바를 따라야 효라고 할 것이다.

孔門十哲 중에서 詩藝를 잘했던 子夏門에서 荀子에 이르러서는 이 부분에서 많은 논란이 일어났다. 진정한 효는 仁義(인의)에 대한 부자지간의 논쟁에서 나온다고 주장하는 부분도 보인다.

十二. 有子曰,

禮之用和爲貴, 先王之道斯爲美小大由之.
有所不行, 知和 而和不以禮節之 亦不可行也.

예절을 갖춘 조화는 귀한 것이다. 선왕들의 좋은 도를 따르는 것은 크든 작든 모두 이 때문이다. 하지 말아야 할 짓이 있는데, 그저 조화만 알아서 예절을 무시한 채 조화만 추구하는 짓은 하지 말아야 할 노릇이다.

禮를 無視(무시)한 和睦(화목)은 하지 말아야 할 일이며, 설령 한다고 해도 불가능한 것이다. 和 해 본 들 금방 깨진다.
친구들끼리 서로 예의를 지키면 화목해지지만, 무례하면 그것 금방 깨지는 것이다.

十三. 有子曰,

信近於義 言可復也, 恭近於禮 遠恥辱也, 因不失其親 亦可宗也.

의로움을 바탕으로 한 믿음은 지속되는 것이고,

예의를 바탕으로 한 공손함은 치욕스럽지 아니한 것이다.

이것은 孝를 기본으로 해야 가능한 것이라고 할 것이다.

孝(효)는 仁義禮(인의례)의 기본이라는 공자의 가르침을 유자적 입장에서 설명한 것.

或者들은 부실기친을 '친한 사람을 잃지 않는다'라고 해석하는데, 親이란 부모를 말하는 것으로서 不失其親은 '부모를 살핀다', 즉 孝를 의미하는 것이다.

十四. 子曰,

君子 食無求飽, 居無求安, 敏於事而愼於言, 就有道而正焉 可謂好學也已.

군자란 잘 먹고 잘살려고 하는 것이 아니다. 일이 있으면 남보다 먼저 나서서 하면서도 언행을 조심하며, 道(도)를 就(취)하되 올바르게 하고 배우기 좋아하는 사람을 군자라고 할 것이다.

十五.

子貢曰, 貧而無諂, 富而無驕 何如.

子曰, 可也, 未若貧而樂 富而好禮者也.

子貢曰, 詩云, 如切如磋 如琢如磨, 其斯之謂與.

子曰, 賜也 始可與言詩已矣, 告諸往而知來者.

자공 왈, 가난해도 아첨하지 않고, 부유해도 교만하지 않으면 좋은 것이지요?

자 왈, 그래. 하지만, 가난하면서도 즐거워하고, 부자이면서도 예절 바른 것보다는 못하다.

선생님은 참, 시경에 '切磋琢磨(절차탁마)'라더니 기막히게 다듬어 주시네요.

사는 詩를 주고받아도 되겠다. 한마디 하면 맞장구를 칠 줄 아는군.

공자와 수제자 자공과의 대화이다. 공자가 자공의 영민함을 칭찬하는 대목이다. 무엇이든 한 가지를 말하면 그 말에 대한 對句(대구)를 제대로 되받을 줄을 안다.

詩(시)란 樂(악)의 歌詞(가사)이다. 詩를 주고받는다는 것은 知和(지화)를 터득했다는 의미이다.

十六. 子曰,

不患人之不己知, 患不知人也.

타인의 주제 파악 못함을 걱정할 것이 아니라, 내가 그 사람을 제대로 아는지를 걱정하라.

己=人의 재귀대명사이다.

영어로 말하면, Do not worry about what he don't know himself, but (worry about) you don't know him. 이 문구의 해석에 왜 영어를 쓰냐고?

한국 사회의 이 문장에 대한 오해가 너무 심하여 공자의 선한 가르침이 악행을 하도록 변질되었기 때문이다.

세간의 해석은 완전히 반대로 해석하였다.

세간의 해석대로라면, 남이 나를 알아주지 않는다고 해서 걱정할 일이 있나? 당연히 걱정해야 한다. 내가 제대로 된 사람이라면 좋은 평을 받을 것이고 다들 알 것이다. 남이 나를 몰라준다면 대외적으로 화를 낼 일은 아니지만, 나 자신을 돌아보고 고쳐야 한다. 사람들이 자기 자신을 알지 못한다고 욕할 것이 아니라, 내가 그 사람을 제대로 아는 것인지를 돌아보라는 말이다.

자공과 안회에게 공자가 질문을 하였다. 배운다는 것이 무엇을 배우는 것이냐?

자공 왈, 사람을 알기 위해 배운다. 안회 왈, 나 자신을 알기 위해 배운다.

공자는 자공과 안회의 대답에 대해서 다 맞다고 하였다. 그러면서 안회가 한 걸음 더 깨달았다고 평가하였다.

내가 그 사람을 제대로 아는지를 걱정하라. 이 말은 사람을 알고 나 자신을 아는 것을 말한다. 즉, 사람을 알아야 하는데, 마땅히 나를 알아야 한다는 것이다. 知人知我를 한꺼번에 말한 것이다. 세상살이 하면서 흔하게 경험하는 경우이다. "저 사람, 뭐 저런 인간이 다 있냐?"라고 말할 것이 아니라, 내가 그 사람을 제대로 알고 그런 말을 하는 것인지 나를 먼저 돌아봐야 한다는 것이다.

一章의 人不知而不慍 不亦君子乎과 비교해 볼 말이다.

세간의 해석대로,

* 人不知而不慍 不亦君子乎 사람들이 나를 알아주지 않아도 화내지 않아야 군자다.

不患人之不己知, 患不知人也 남들이 나를 알아주지 않는다고 마음 쓸 것 아니고, 내가 남을 모르는 것을 걱정하라. *

이렇게 해석하면 공자의 기본 사상에 위배된다. 남들이 나를 알아주지 않는다고 상대에게 화를 내는 사람은 없다. 따라서 이것은 군자 소인의 구분 행례가 아니다.

남들이 나를 알아주지 않아도 걱정하지 않는다. 이렇게 말하는 것은 말을 바꿔서 남이 내 욕을 하여도 걱정할 일이 아니라는 말이 된다. 남들이 뭐라고 해도 신경 쓸 바 아니다. 이렇게 할 것이라면 왜 배우나? 이것은 老子的 사고이다.

남들이 나를 알아주지 않음에 대하여 대외적으로 화를 낼 것은 절대 아니지만, 자기 자신을 걱정하고 돌아보고 過則勿憚改(과즉물탄개) 해야 한다. 反面教師(반면교사)란 말을 왜 하는가? 남들이 나를 알아주지 않으면 원인을 찾아서 고쳐야 할 것이다. 즉, 근심거리가 되는 것이다. 그래야 군자다. 따라서 세간의 해석은 공자가 말하려는 의도가 아니다. 전혀 엉뚱한 해석을 한 것이다. 그저 엉뚱한 해석이 글귀로서는 문제가 아니지만, 그것이 미치는 사회적 파장은 엄청난 악행이다.

소크라테스의 '너 자신을 알라'라는 말과 脈(맥)이 통한다.

다른 공간, 다른 시간에 살아도 깨달은 자들의 생각에는 공통점이 있는 것이다.

卷之 二. 爲政

一. 子曰,
爲政以德 譬如北辰, 居其所 而衆星共之.

덕으로 정치를 하는 것은 북극성에 비교되는 것이다.

항상 그 자리에서 모든 별들이 우러러보는 대상인 것이다.

덕으로 다스리면 백성들로부터 마음속의 중심이 되는 것이다.

二. 子曰,
詩三百 一言以蔽之 曰, 思無邪.

시 삼백편을 한마디로 말한다면, '나쁜 짓은 생각도 하지 말라'라는 것이다.

시경의 내용을 보면 별별 이야기 다 나온다. 권선징악, 음란 외설, 비웃음 등등. 하지만 그 모든 것이 사필귀정으로 마무리된다는 것이다. 따라서 시경을 읽어서 배운다는 것은 나쁜 짓은 하지 말라는 것이다.

三. 子曰,
道之以政 齊之以刑 民免而無恥.
道之以德 齊之以禮 有恥且格.

정치로 道(도)를 정하고, 형벌로서 통제하면 백성들이 부끄러움을 모른다.

德으로 道를 세우고, 禮로 다스리면 백성이 부끄러움을 알고 격식을 갖춘다.

정치를 하기 위해서 법을 정하고, 형벌로 백성들을 억압하면 백성들이 다 따라 배운다. 도둑질하고도 부끄러움을 모르고, 안 들키면 무슨 짓이든 하는 그런 세상이 된다. 草上之風偃이다.

四. 子曰,
吾十有五而志于學, 三十而立, 四十而不惑, 五十而知天命,
六十而耳順, 七十而從心所欲 不踰矩.

15살에 학문에 뜻을 두고 배우기 시작하여,

30살에 사람들 앞에 나섰고(禮를 알았고),

40살이 되어 사리 분별을 하게 되었으며,

50살이 되어 천명(세상사의 원리)을 이해하였고,

60살이 되니 들리는 소리의 眞意를 파악하게 되었으며,

70살이 되어서야 내가 하고 싶은 대로 해도 틀을 벗어남이 없게 되었다.

공자 본인의 학습 결과에 따른 수신의 境地(경지)를 말한 것.
禮를 알다. 즉, 세상에 나서서 사람들을 대하며 공부할 수 있다.
세상 사람들이 나이에 따라 이립, 불혹, 지천명, 이순, 종심의 경지가 되는 것은 아니다. 한국 사람들, 흔히 "내 이제 지천명인데~"라고 말한다. 나이가 50이 되었다는 것이지 공자가 말하는 지천명의 단계에 이르렀다고 볼 수 있을까? 世人들이 나이에 대한 구분을 공자의 학습 단계에 비유하는 것은 좀 어색하다. 농담으로라도 연령 구분에 공자의 학습 단계를 차용하려면 그만큼 노력해야 한다.
天命(천명): 더불어 살고자 하는 인간의 원초적 본능

性(성): 사람의 마음속에 들어있는 천명

道(도): 天命을 따르는 올바른 방법, 자세.

五.

孟懿子問孝, 子曰, 無違.

樊遲御 子告之曰, 孟孫 問孝於我, 我-對曰, 無違.

樊遲曰, 何謂也.

子曰, 生事之以禮, 死葬之以禮 祭之以禮.

맹손인 맹의자가 공자께 효에 관해서 물었다.

공자의 대답은 "어기지 마시오."

번지가 공자를 모시고 가는데, 공자께서 알려 주기를 '맹손이 나에게 효를 물어

보더라. 그래서 내 대답이 어기지 말라'고 했다.

번지가 이해하지 못해서 물었다. 무슨 말씀이신지요.

공자 왈, '부모 살아 계시는 동안에는 예로써 섬기고,

돌아가시면 예로써 장례를 치르고, 제사도 예를 지켜라.

맹손이 별로 잘한 것이 없었던 것을 공자가 꼬집은 듯하다.

그런데 번지가 물어보지도 않았는데 왜 공자가 일부러 말을 한

것일까? 아마도 번지가 부모님 말씀을 잘 안 듣고 뺀질거린 모양

이다.

六. 孟武伯 問孝,

子曰, 父母 唯其疾之憂.

맹무백이 효에 관해 물었다.

공자 왈, 부모는 오직 자식의 병을 걱정하신다.

맹무백은 맹의자의 큰아들인데, 맨날 부모 속이나 썩이는 애다. 그래서 공자의 대답이 딱 요렇다. 야, 이놈아, 부모 속이나 썩이지 말아라.

아비가 그 모양이니 자식이 뭘 보고 배웠을까만, 공자는 에헌데 그 부모의 욕은 하지 않는다. '그래도 네 부모는 네 걱정을 한다.'라고.

疾: 身病이 아닌, 心, 言, 行動의 막돼먹음을 말함

七. 子游問孝,

子曰, 今之孝者 是謂能養, 至於犬馬 皆能有養, 不敬何以別乎.

자유가 효를 묻자, 공자 왈, 요즘 孝라는 것이 '잘 먹여 살리느냐'인데, 개나 말도 다 잘 먹여 키운다. 존경심이 없으면 (짐승과 사람이) 뭐가 다른 것이 있느냐?

그저 먹여 살리기만 해서 효라고 한다면 개나 소처럼 취급하는 것이라고 할 것이다.

공자가 여러 번 하는 말에서 觀其志(관기지: 부모님의 뜻을 잘 살펴라)를 자유가 이해하고 실천하지 못한 듯하다.

같은 질문에 대해서 공자의 대답이 다른 것은 질문한 사람의 현실을 반영해서 대답하는 것이다.

八. 子夏問孝,

子曰, 色難 有事弟子服其勞 有酒食先生饌, 曾是以爲孝乎.

자하가 孝를 물었더니, 공자 왈, 힘든 일이 있으면 제자들만 시키고, 맛난 것이 있으면 윗사람이 먼저 먹는다고 얼굴색 찌푸리면 그것을 효라고 하겠느냐?

이렇게 배우고 깨달아서 '현현이색 사부모~'라고 문하생들한테 가르친 듯하다.

九. 子曰,

吾與回 言終日 不違如愚, 退而省其私 亦足以發,

回也不愚.

내가 안회와 하루 종일 이야기를 주고받아도 어리석은 짓은 하지 않더라. 그가 사는 것을 살펴보니 역시 발걸음이 가벼웠다. 회는 어리석지 않다.

十. 子曰,

視其所以, 觀其所由, 察其所安, 人焉廋哉 人焉廋哉.

그 사는 집을 둘러보고, 들어가서도 보고, 속속들이 살펴보면 다 보인다. 사람이 어찌 근본을 감출 수가 있겠느냐? 근본이 어디 가겠느냐?

그 사람을 알아보려면 그 집에 가서 화장실을 들여다보면 안다고 했다. 요즘은, 그 사람을 알아보려면 그 사람이 버린 쓰레기 봉투를 보면 안다고 한다.

그 집의 외관의 꾸밈을 보고, 그 사람의 외출 시 의복을 보면 그 사람의 성향을 알 수 있고, 집 안에 들어가서 살림살이, 세간살이 품목들을 보면 그 사람의 취향이 다 보이고, 음식물 쓰레기 버리는 것만 들여다봐도 그 사람의 됨됨이가 다 보인다.

안회는 빈민촌에 살았다. 공자가 가정 방문을 했는데 집은 외관상 누추하였지만, 내부 살림살이는 단촐하면서도 정갈하게 잘 정리되어 있었던 것이라고 짐작되는 부분이 바로 윗글이다.

十一. 子曰,

溫故而知新 可以爲師矣.

기존의 것을 다 이해하고 새로운 것을 알아야 선생 노릇을 할 수 있다.

새로움이라는 것이 느닷없이 툭 튀어나오는 것 아니다. 기존의 지식 위에서 새로운 것이 탄생하는 것이다. 따라서 남을 가르치는 입장에서는 마땅히 기존의 것을 온전히 이해하고 새로운 것을 만들어 가르치는 것이다. 공자가 제자들을 가르치면서 필히 당부한 말일 것이다.

아인슈타인의 상태성 이론이 뉴턴의 고전물리학을 모른 채 느닷없이 툭 튀어나온 것은 아니다.

十二. 子曰,

君子不器.

군자는 도구가 아니다.

이 부분의 해석은 여러 번 생각해 봐야 한다. 공자의 말뜻을 정확히 깨달은 후에 해석해야 한다. 왜냐하면 이 말을 인용하는 자들에 따라 의미가 달라지기 때문이다.

器(기, 그릇)라는 것은…
1. 생각이 없다. 사람의 의도에 따라서 사용되는 도구이다.
따라서 不器라면 생각하고 의도할 줄 알아야 한다. 남이 시키는 대로 따라 하지 않는다는 의미도 된다. 즉, 군자란 '남의 아랫것 노릇은 못 하겠다.'라는 변명으로도 쓰일 수 있는 말이다. 자칫하면 왕의 아랫사람 노릇은 못 하겠다. 즉, '내가 왕 자리 할란다.'라고 비약적으로 해석하여 역적으로 몰릴 수도 있기 때문이다.
2. 용도가 정해져 있다. 붓으로 나무를 벨 수는 없다. 따라서 不器라고 하면 어디서나 쓸 수 있는 존재이다.

十三. 子貢 問君子,
子曰, 先行其言 而後從之.
자공이 묻기를, '군자라면 어찌해야 하나요?'
자 왈, 우선 말한 대로 행하고, 뒤를 (결과를) 따르라.
(뱉은 말은 지키고 결과는 책임져야 한다.)

子貢은 장사꾼 출신이라고 한다. 장사하면서 몸에 밴 습관으로 말을 바꿔 가면서라도 거래를 할 것이다.
군자란, 말했던 바를 행동으로 지켜야 할 것이며, 그 행동의 결과는 책임져야 한다. 말을 하기 전에 신중하게 생각하고 말을 해야 하고, 기왕 한 말은 실천해야 한다.

말만 하고 그 말을 지키지 않을 것이라면 말하지 말아야 할 것을 말한 것이다.

문장의 구성과 말의 내용이 先과 後로 구분된 것이다. 先行이라고 해석하여 言보다 앞선 行이라고 하면 말의 의미가 맞지 않는다. 주희의 주해에서도 范씨나 周씨가 의미를 파악하지 못한 이유가 문장 구조를 이해하지 못한 데 기인하는 것이다. 주희의 틀린 주해를 따라 무슨 말인지도 모르고 해석한 기존의 한국적 해석은 많이 틀렸다.

先: 언행일치하고, 後: 행동에 대한 결과에 따라라. 천자문의 篤初盛美 愼終宜令에 해당되는 내용.

人能弘道 非道弘人이라고 하였으니, 말한 대로 행한 후 그 결과(成敗)를 보고 고칠 것은 고쳐라. 자공은 改過(개과)를 잘할 사람이라는 것을 공자가 믿는 대목이다. 대외적으로 해야 할 중요한 일이 생기면 공자는 자공을 시켰다고 한다.

十四. 子曰,
君子 周而不比, 小人 比而不周.

군자란 易地思之(역지사지, 입장 바꿔 생각) 하며 이기적이지 않고, 소인은 자기 위주이고 易地思之 하지 않는다.

(군자는 공익이 우선이고, 소인은 사익이 우선이다.)

주역(周易)이라는 말이 '두루 입장을 바꾸다'라는 말인데, 공자가
주역을 정리하면서 周比(주비)를 인용한 것 같다.

地水師(지수사) 괘를 보면 군자의 괘이고, 水地比(수지비) 괘는 소
인배의 괘이다. 師괘가 선행괘로서 군자의 모습이고, 역괘인 比
괘는 소인의 모습이다.

比는 길흉, 즉 손익을 따져서 이익만 취하고, 주위 사람보다 자
기가 우선이다.

彖曰, 比 吉也, 比 輔也, 下順從也

彖曰, 師 衆也, 貞 正也. 能以衆正 可以王矣. 剛中而應, 行險而
順, 以此毒天下, 而民從之, 吉又何咎矣. 象曰, 地中有水, 師君子
以容民畜衆.

十五. 子曰,
學而不思則罔, 思而不學則殆.
배우고 생각하지 않으면 틀에 갇히고, 배우지 않고 생각만 하면 위험하다.

學而不思則罔(학이불사즉망).

배우기는 했다. 그런데 그것이 무엇을 의미하는지 생각은 하지
않는다. 그냥 배워서 배운 대로이다. 맞든 틀리든 그냥 배운 대
로, 잘못 배운 것도 그냥 배운 것이라 그냥 그대로 답습한다. 책
에 그렇게 되어 있으니 의심하지 말라고 한다.

논어 정해論語 正解

十六. 子曰,
攻乎異端 斯害也已.
다른 꼬투리를 잡아 공박하는 것은 결국 해로운 짓이다.

이 문구에 대한 세간의 해석은 주희부터 잘못된 것이다. 주희의 주해에서 異端(이단)으로 楊墨(양자, 묵자)을 언급하였는데, 양묵의 존재는 공자가 모르는 후세의 사람이다. 태어나지도 않은 사람을 들어서 그들을 이단이라고 규정지을 수는 없는 것이다.

공자 시대에는 현대사회에의 개념으로서 異端이라고 할 만한 다른 학파가 없었다. 그리고 공자의 사상은 열려 있는 마음이다. 다르다고 배척하는 그런 사람이 아니다.

따라서 이 문구에 대한 해석은 范氏의 해석을 빙자하여 주희가 조작한 것이다.

공자의 심성으로 이 말을 하는 것은 "다른 것을 트집 잡아 공격하면 해가 따른다."라는 말이다.

예를 들어, 친구들이 토론을 하는데, 현재의 대화 내용은 A라는 사안이다. 그런데 상대방이 '너는 이런 점이 나쁘다'라면서 인신공격을 한다. 대화의 내용과는 전혀 다른 꼬투리를 잡아서 공격하는 그런 상황을 두고 한 말이다.

토론하는 사람들을 보면 攻異端(공이단)을 일삼는 것을 흔히 본다. 상대방의 주장을 공박하기 위하여 엉뚱한 사안의 모진 부분을 꼬투리 잡아서 공박한다. 서로 비슷한 부분이 있음에도 하필 그 다른 극단을 꼬집어 상대방이 틀렸다고 주장하면서 논쟁한다. 그것은 역으로 상대로 하여금 나의 극단에 대한 공격을 유도하는 것이다. 즉, '攻乎異端 斯害也已' 이 말이 적나라하게 연출되는 장면이다. 이것은 싸움하자는 것일 뿐이다.

앞글 14장, 學而 8, 16章, 연계해 볼 내용이다. 나와 달라도 배울것은 있다.
또한 '泰伯 十章, 人而不仁 疾之已甚 亂也.'와 비교해 보면 같은말이 된다. 나쁘다고 너무 심하게 치대면 난리가 난다.
'衛靈公 廿二. 子曰, 君子 不以言擧人 不以人廢言.' 이 문장과도연계시킬 내용이다.
말의 내용으로 그 사람을 들먹일 것도 아니고, 그 사람 때문에그 말을 버리는 것은 아니다. 나와 다른 부분도 이해하고 배울것은 배우는 것이다.

十七. 子曰,
由 誨女知之乎, 知之爲知之 不知爲不知 是知也.
유(子路)야, 안다는 것이 무엇인지 가르쳐 줄게.
알면 안다고 하고 모르면 모른다고 하는 것이 제대로 아는 것이다.

子路는 동네 깡패 출신이라고 한다. 심성이 순박하지만, 깡패 짓을 하면서 몸에 밴 것이 남아 있다. 씩씩한 것도 좋고, 순박한 것도 좋고, 하나 배우면 바로 써먹고, 힘든 일이 있으면 불쑥 나서서 남보다 먼저 하려고 하고, 불쌍한 사람을 보면 자신은 굶어도가진 것 다 내어 주고. 그래서 공자가 자로에게 억제를 시키며 행동거지를 조심하라고 일러 주는 부분이다.

韓非子(한비자) 34편 1장에 나온 일화이다.

季孫相魯, 子路爲郈令。魯以五月起衆爲長溝, 當此之時 子路以其私秩粟爲漿飯, 要作溝者於五父之衢而飱之。孔子聞之 使子貢往覆其飯 擊毀其器 曰, 魯君有民子奚爲乃飱之. 子路怫然怒, 攘肱而入 請曰, 夫子疾由之爲仁義乎. 所學於夫子者 仁義也, 仁義者 與天下共其所有而同其利其也。今以由之秩粟而飱民 其不可何也. 孔子曰, 由之野也. 吾以女知之 女徒未及也, 女故如是之不知禮也. 女之飱之爲愛之也。夫禮 天子愛天下, 諸侯愛境內, 大夫愛官職, 士愛其家, 過其所愛曰侵。今魯君有民而子擅愛之, 是子侵也 不亦誣乎.

言未卒而季孫使者至. 讓曰, 肥也起民而使之, 先生使弟子正徒役而飱之, 將奪肥之民耶。孔子駕而去魯。

以孔子之賢 而季孫非魯君也。以人臣之資 假人主之術。

노나라 애공 시절에 자로가 계손대부의 가신으로 제방공사 담당을 하고 있었다. 노역 나온 사람들은 먹거리를 제공받으니 일하고 먹고살면 되지만, 근처 동네 노인들과 어린애들은 일을 못 하여 굶고 있었던 모양이다. 굶는 애와 노인들을 본 자로는 惻隱之心(측은지심)이 발동하여 자신의 급여를 털어서 동네 사람에게 죽을 끓여 대접하여 먹였다. 이 소식을 들은 공자, 자공을 시켜 끓이던 죽을 엎어 버리고 죽 솥을 깨어 부숴 버리고 화를 버럭버럭 내면서 난리를 쳤다. "왕의 백성에게 왜 죽을 해 먹이냐고!"라면서.

(자로는 제자들 중에서 나이가 많은 사람이다. 자공은 한참 어린 동생뻘인데, 화가 잔뜩 치민 자로), 씩씩거리면서 학당에 찾아가서 따져 물었다.

"선생님, 내가 뭔 잘못을 했다고 자공 저것이 이런 행패를 부리는 것이요. 선생님은 인자하라고 가르쳐 놓고 이것이 무슨 언행불일치요." 하면서. 공자는 그저 아무 말도 않고 답답한 듯 먼 산만 바라보다 설명하였다. 주제 파악을 잘못한 것이고, 예를 모르는 것이다. 네가 죽을 끓여 먹인 것은 사랑이다. 그러나 천자는 천하를 사랑하는 것이고, 왕은 백성을 사랑하는 것이며, 대부는 경내의 민을 사랑하는 것인데, 네가 그들을 먹여 살리면 그것은 왕의 권한을 빼앗고 대부의 권한을 빼앗은 아주 주제넘은 짓이다, 왕의 무능함에 대해 왕을 경멸한 것이다. 너는 인자함을 실천한 것이지만, 왕은 백성을 빼앗긴 것이다. 이러고도 살아남을 수 있겠나? 孔門 전체가 몰살당할 위험천만한 짓을 한 것이다.

미처 이야기가 끝나기도 전에 계손대부가 사람을 보내 말하기를, 나는 백성들에게 일을 시키는데 선생께서는 제자들 시켜 죽을 끓여 먹이는군요. 내 백성을 뺏으려 하는군요.

그날로 공자는 짐을 싸서 제자들을 데리고 위나라로 피행을 떠났다. 혹시나 애공의 오해가 있을까 우려하는 것이고, 또한 죽치고 앉아 있으면 백성 굶긴 왕에게 시위하는 짓이 되기 때문이다. 공자의 현명함으로 계손은 왕이 아니니 제자를 시켜 왕의 행세를 한 격이 된 것이다.

十八.

子張 學于祿,

子曰, 多聞闕疑, 愼言其餘則寡尤, 多見闕殆, 愼行其餘則寡悔,
言寡尤行寡悔 祿在其中矣.

자장이 취직하게 되어 공자가 당부하면서 가르쳤다.

이것저것 많이 들어서 의문스러운 부분을 없애고, 쓸데없는 말을 삼가면 허물이
줄고, 이리저리 잘 둘러보고 위험한 부분을 없애고, 쓸데없는 짓을 삼가면 후회
를 덜 하니, 말에 실수가 없고 행동에 후회가 없으면 녹은 그 속에서 나오는 것이
니라.

소통을 잘하되 말조심하고, 현장 확인 잘하되 행동거지 조심하
라. 공직자들의 언행을 단속하는 공자의 가르침이다.

十九.

哀公 問曰, 何爲則民服,

孔子對曰, 擧直錯諸枉 則民服, 擧枉錯諸直 則民不服.

애공이 묻기를 어찌하면 백성들이 잘 따를 것인가?

대 왈, 바른 것을 쓰고 굽은 것을 배제하면 백성들이 따를 것이고, 구부러진 것을
쓰고 바른 것을 배제하면 백성이 따르지 않을 것이요.

바른: 바른(사람, 제도, 예의) 등, 국가를 운영하는 데 수반되는 모
든 것을 지칭한다고 봐야 한다. 그런데 문제는 枉直(왕직)의 구분
이다. 그 구분은 仁義禮知信賢慧(인의예지신현혜)로 할 것이다. 공
자 당시와 현대의 왕직에 대한 차이가 있겠지만. 仁義禮信는 별
차이가 없을 것이고, 知賢慧의 차이가 있겠다.

二十.

季康子問 使民敬忠以勸 如之何.

子曰, 臨之以莊則敬, 孝慈則忠, 舉善而敎不能則勸.

계강자가 묻기를, '백성들에게 공경하고 충성하라고 권하면 어떻소?'

자 왈, 예절에 엄정하게 임하면 공경받고, 효도하고 자애로우면 백성들이 충심을
가지며, 선심으로 가르쳐도 불가능하면 권하는 것입니다.

廿一.

或 謂孔子曰, 子 奚不爲政.

子曰, 書云孝乎 惟孝 友于兄弟 施於有政, 是亦爲政 奚其爲爲政.

누군가 공자에게, "선생님은 왜 정치를 하지 않요?"라고 물었다.

자 왈, 서경에 이르기를, 효와 효제를 政事(정사)에서 시행한다고 했다. 따라서
효제를 가르치는 것이 정치인데 왜 오로지 정치 그 자체만 말해야 하나?

廿二. 子曰,

人而無信 不知其可也. 大車無輗 小車無軏 何其以行之哉.

사람으로서 믿음이 없으면 그 사람의 가능성을 알 수가 없다. 수레에 마구리가
없고 막이가 없으면 그것이 어찌 갈 수가 있을 것인가.

멍에 마구리, 보족은 아주 작은 것이지만 끌체와 멍에를 연결한
후에 고정하는 이탈 방지용 작은 끼우개, 즉, 영어로 핀(pin)이다.
아주 작은 보조 수단이지만, 이것 한 가지만 없어도 수레는 못
쓴다. 하물며 사람에 있어서 매우 중요한 신뢰성이 없다면 무엇
을 할 수 있을 것인가?

廿三.

子張 問, 十世 可知也.

子曰, 殷因於夏禮 所損益 可知也, 周因於殷禮 所損益可知也.

其或繼周者 雖百世 可知也.

자장이 묻기를, '십 세 이후를 알 수 있을까요?'

자 왈, 은나라는 하나라의 예를 이어받았던 바 加減(가감)된 부분을 알 수 있고,
주나라는 은나라의 예를 이어받았고 그 변화된 부분을 알 수 있듯이, 그 어떤 자
가 주나라의 예를 이어받는다면 수백 세를 지나더라도 알 것이다.

廿四. 子曰,

非其鬼而祭之 諂也. 見義不爲 無勇也.

귀신도 아닌데 제를 지낸다는 것은 아첨이요,

의로움을 보고도 하지 않는다면 비겁한 것이다.

멀쩡히 산 사람을 두고 제를 지내듯, 딸랑딸랑하는 짓은 아첨하
는 것이다. 즉, 利(이익)를 구하기 위하여 정성을 다하는 것을 두
고 한 말이다.

卷之三. 八佾

一.

孔子謂季氏, 八佾舞於庭, 是可忍也 孰不可忍也.

공자가 계손씨에 대해 말하기를,

마당에서 팔일무를 하는 사람이 무슨 짓인들 못 할까?

당시는 각 신분에 따른 祭禮(제례) 및 연회의 규정이 있던 시절이다. 天子(천자)는 八佾, 諸侯(제후) 六佾, 大夫(대부) 四佾, 士(사) 二佾, 庶(서) 一人으로 舞兵(무병)들의 數가 정해져 있었다.

佾(일)이란 行列(행렬) 同數(동수) 즉, 제곱의 의미이다.

八佾은 周易(주역) 全卦(전괘)를 펴놓은 모습이다.

大夫 신분인 계손씨가 天子의 연회를 자기네 뜰에서 벌인다는 것은 禮를 무시해도 한참 무시한 짓이다. 이런 짓도 하는 인물이 무슨 짓인들 못하겠는가. 大夫가 天子를 犯(범)한 짓이다.

禮의 기초인 孝悌(효제)를 지키는 자는 上者를 범하지 않고, 上者를 범하지 않는 자는 난리를 못 낸다. 學而 二章에서 유자가 이 문장의 의미를 설명한 것으로 볼 것이다.

二.

三家者以雍徹,

子曰, 相維辟公 天子穆穆 奚致於三家之堂.

세 가문에서 천자 주관 제례인 雍(옹)을 마쳤다.

자 왈, 상수벽공과 천자의 모습이 어찌 세 가문 집 안에 있겠는가.

魯나라 大夫인 맹손, 숙손, 계손 세 집안에서 천자주관 제례를 하였다. 당연히 불법이고, 犯上(범상)이다.

제례 規모를 雍으로 한나고 해서 그것이 옹이 될 수 있겠는가? 옹이란 상수벽공과 천자가 있어야 옹이 되는 것이지, 大夫가 폼만 잡는다고 옹인 것은 아니다. 三 大夫의 집에서 지내는 제례에 천자 제례 진행 제후인 相維辟公(상수벽공)과 천자가 있을 리 만무하다.

따라서 해당 제례는 禮를 벗어난 犯上 행위인 것이다.

三. **子曰,**

人而不仁 如禮何, 人而不仁 如樂何.

인자하지 못한 자가 禮는 무엇 하려고 지키고, 樂은 해서 무슨 소용인가.

근본이 인자하지 못한 상태의 禮는 허위일 뿐이다.

樂은 조화를 바탕으로 하는 것으로서 樂의 正立은 조화의 완성을 의미하는 것이다. 근본이 不仁(불인)한 禮는 교언영색이고, 不仁하고 禮가 없는 조화란 위세일 뿐, 속된 말로 도적 떼의 합창이다.

四.

林放問禮之本.

子曰, 大哉 問.

禮與其奢也 寧儉, 喪與其易也 寧戚.

임방이 예의 근본을 물었다.

자 왈, 거참 질문 잘했소이다. 거추장스러운 예절보다는 차라리 검소한 것이 좋고, 상을 편하게 치를 것이면 차라리 그냥 슬퍼만 하는 것이 바른 것 아니겠소.

임방이 상례를 너무 간편하게 한다는 소문을 들은 공자의 대답이 '그래도 적당한 선은 지키자'라는 입장이었다.

五. 子曰,

夷狄之有君 不如諸夏之亡也.

오랑캐지만 임금이 있다는 것은 망한 춘추시대의 제후국들과 다른 것이다.

주나라가 각 제후국으로 분열되어 무질서해진 상황은 질서 잡힌 오랑캐보다 못하다는 말이다. 즉, 제후들이 천자를 무시하는 것은 일상적 현상이고, 이제는 대부들까지 천자를 범하고 제후를 범하는 무질서해진 중국의 현실을 비꼰 말이다.

六. 季氏旅於泰山.

子謂冉有曰, 女弗能救與. 對曰, 不能.

子曰, 嗚呼, 曾謂泰山 不如林放乎.

대부 계씨가 태산에 여제를 지냈다.

공자가 계씨 집에 취직한 염유한테 말하기를, 너는 그것을 막지 못했더냐.

염유 왈, 막지 못했습니다.

자 왈, 에혀~ 어찌 태산이란 말이냐. 임방만도 못하더냐?

태산은 제후가 여제를 지내는 산이다. 대부가 한 것은 犯上인 것이며, 허풍을 떤 것이다.

旅祭(여제) 요즘 말로 하면 군부대 사열을 겸한 군사력 시위로, 어딘가를 치려고 한다. 나중에 결국 顓臾(전유)를 치려고 한다.

季氏 一章, 季氏將伐顓臾, 冉有子路見於孔子曰, 季氏將有事於顓臾.

禮士(예사)로 취직한 염유가 泰山旅祭(태산여제)의 無禮(무례)함을 모르는 바가 아닐 터인데 간언하지 못했던 바, 임방은 공자 제자는 아니고 노나라 仕吏(사리)인데, 가신이나 그 대부나 仕吏보다 못하다는 소리이다.

七. 子曰,

君子無所爭, 必也射乎 揖讓而升 下而飮, 其爭也君子.

군자는 경쟁하지 않지만, 어쩔 수 없이 활 겨루기를 한다면 射臺(사대)에 오르기 전에 인사하고, 射臺를 내려오면 같이 한잔한다. 군자의 겨룸이란 이런 것이다.

경쟁할 때는 하더라도 서로 존중하고 예를 갖출 것이며, 배울 것은 배우려는 자세를 말하는 것이다.

八.

子夏曰, 巧笑倩兮, 美目盼兮, 素以爲絢兮, 何謂也.

子曰, 繪事後素. 曰, 禮後乎.

子曰, 起予者 商也. 始可與言詩已矣.

자하 묻기를, '미소 띤 음흉한 표정에 예쁜 눈으로 윙크하네' 이게 무슨 소리입니까?'

자 왈, 그림을 그리기 전에 바탕을 깨끗이 해야 한다.

자하 왈, 禮는 나중이란 말인가요?

자 왈, 네가 나를 일어서게 하는구만. 같이 시를 詩를 논할 수 있겠구만.

사람을 대하는 데 있어서 얼굴의 표정은 바로 禮儀(예의)이다.

얼굴의 표정을 어찌 짓느냐는 것은 상대에 대한 禮儀가 되는 것이다. 하지만, 아무리 표정을 좋게 지어도 속마음이 어떤 것이냐에 따라 달라지는 것이다.

禮儀와 교언영색을 구분해야 하는 것이다.

자하가 물어본 '巧笑倩兮 美目盼兮(교소천혜 미목반혜)',

이 말은 시경의 국풍편, 위풍의 碩人의 한 구절이다.

碩人其頎 衣錦褧衣, 齊侯之子 衛侯之妻. 東宮之妹 邢侯之姨 譚公維私.

手如柔荑 膚如凝脂, 領如蝤蠐 齒如瓠犀 螓首蛾眉 <u>巧笑倩兮 美目盼兮</u>.

碩人敖敖 說于農郊, 四牡有驕 朱鑌鑣鑣, 翟茀以朝 大夫夙退 無使君勞.

河水洋洋 北流活活, 施罛濊濊 鱣鮪發發, 葭菼揭揭 庶姜孽孽 庶士有朅.

이 시는 공자가 채록하여 쓴 시경의 일부로서 교재로 사용되던 것인데. 위나라에서 불리던 대중가요 시이다. 그 내용은 왕가의 부도덕한 불륜을 풍자한 노랫말인데, 자하가 한 구절의 내용을 몰라서 공자에게 물어본 것이고, 공자는 그 내용 전체를 들어서 대답하였다. '그림을 그리기 전에 바탕을 깨끗이 해야 한다'라고.

음흉한 마음으로 미소를 짓고 거기에 화답하는 음란한 눈짓이 과연 禮에 해당이 되는가? 불륜 남녀의 표정이 그들은 좋아서 하겠지만 그것이 樂(조화)인가?

禮라는 것은 기본바탕 仁義(인의)가 전제되어야 하는 것이다.

그래서 공자가 그림은 바탕을 정돈한 다음에 그리는 것이라고 하였더니, 자하가 바로 알아들은 것이다. 공자의 가르침인 巧言令色 鮮矣仁, 시를 통하여 수신의 도를 이해한 子夏에 대해 공자가 칭찬한 것이다.

九. 子曰,
夏禮 吾能言之 杞不足徵也, 殷禮 吾能言之 宋不足徵也,
文獻不足故也, 足則吾能徵之矣.

내가 말하는 바, 夏나라의 禮는 杞에 남아 있는 것으로 규명하기가 부족하고, 殷나라의 禮는 宋에 남아 있는 것으로 규명하기가 부족하다. 문헌이 부족한 탓인데, 문헌이 충분하다면 내가 규명할 수 있을 것이다.

杞(기)는 夏(하)의 後裔(후예)이고, 宋(송)은 殷(은)의 후예이다. 夏殷代에서 남아 전해지는 文獻(문헌)이 孔子時代에 전해지지 못하는 바는 어쩌면 당연할 것이다. 孔子當時의 文字는 현재 사용하는 漢子의 母字가 되는 金文(금문)으로, 周나라 이전, 즉 殷나라 시절에는 완전히 象形(상형) 문자였고, 더구나 그 이전인 夏대에는 文字라는 것이 분화되지 못한 상태였다. 예를 들어서 팔괘가 왜 전해지는 것일까? 문자 대신에 기호로 사용하던 것이었음이 엿보이는 부분이다.

殷나라(商)가 망하고 난 후, 그 도읍에 살던 은나라 주민들이 은나라 도읍을 다 파헤쳐서 물을 넣어 연못으로 만들었다고 한다. 즉, 망한 나라의 백성으로서 생존하기가 어려운 상황에서, 주민들 스스로 자신들의 정체성을 세탁하려는 살기 위한 발버둥이었을 것이다. 따라서 은나라의 예법에 관한 흔적을 찾는다는 것은 불가능하였을 것이다. 눈에 보이는 실체로서의 도읍을 다 파서 없애야 하는 사람들이 타 지역으로 가서 異民(이민)들과 어울려 살기 위해서는 言語(언어), 腹式(복식) 등 문화적 기반 전부를 바꾸었을 것이다. 고향 세탁과 국적 세탁. 비웃고 질시할 것이 아니라, 생존을 위한 氓民(맹민)들의 아픈 선택을 포용해야 할 것이다.

周(주)대 말기의 공자가 夏殷(하은)의 無形(무형)의 文化的 殘留(잔류)를 찾아낸다는 것은 어려웠을 것이다. 공자가 周禮를 禮의 기본으로 삼은 것은 어쩔 수 없는, 선택이 아닌 숙명이었을 것이다. 그러나 공자는 周代가 夏殷代보다 禮에 있어서 더 발달했다고 자신감 있게 말한다. 세월이 변하고 문물이 발전하면 그 예법도 세상과 함께 발전하는 것이라고 장담하는 것이다.

十. 子曰,

禘自旣灌而往者 吾不欲觀之矣.

왕실의 조상제사는 이미 물 건너갔다. 나는 보고 싶지도 않다.

禘(체)는 여름에 지내는 왕가의 祖上(조상)을 모시는 큰 季節祭(계절제)이다.

孔子時代에 이르러서는 周王室(주왕실)이 成王(성왕)과 周公(주공)까지의 그 精神(정신)을 잃어버리고 王室(왕실)의 자질도 없어져 버린 데 대한 공자의 自暴自棄(자포자기)하는 소리이다. 어쩌면 공자 스스로 氓民(맹민)의 꼬라지가 되어야 할 그런 세상이 되어 버린 것이다. 이런 판국에 무슨 왕실 조상제사냐고 한탄하는 것이다.

灌而往(관이왕): 물을 대고 가다. 즉 흔적조차 없애다. 은나라의 마지막 수도를 殷墟(은허)라고 한다. 紂王(주왕)은 暴政(폭정)으로 周武王(주무왕)에게 멸망당하고 난 후 都邑(도읍)을 다 파헤치고 물을 대어서 늪으로 만들었다. 흔적을 없앤다는 말이다.

十一.

或問禘之說,

子曰, 不知也. 知其說者之於天下也 其如示諸斯乎, 指其掌.

누군가 禘에 대해 설명해 달라고 하였다.

자 왈, 나는 모르겠다. 손바닥을 가리키면서, 이 세상에서 그 설명이야 이것을 보면 되는 것 아니겠느냐.

禘(체)라는 것과 그 祭禮節次(제례절차)에 대한 것은 공자만큼 아는 사람이 없다. 하지만 공자는 설명하고 싶지도 않은 것이다. 이제는 禘는 보고 싶지도, 말하고 싶지도 않다는 말이다.

王家의 祖上神에 대한 계절제를 禴(약), 禘(체), 嘗(상), 蒸(증)이라고 하는데 통상 禘를 쓰고, 약체, 체, 상체, 증상으로 춘하추동을 구분했다고 한다. 제사의 명칭을 왜 이렇게 붙인 것인가는 바로 환경에 맞춰 지내는 것이다.

봄에는 먹거리가 다 동나고 춘궁기가 시작되므로, 음식보다는 피리나 불면서 음악으로 대신하고, 여름에는 만물이 무성하나 아직 결실이 없는지라 儀式(의식)으로 대신하고, 가을이 되면 오곡백과가 다 익어 먹을 것이 풍성하니 조상신께 맛을 보여 드린다고 해서 嘗으로 하고, 겨울이 되면 사냥하여 돼지를 찌고 사슴을 구워 맛을 보여 드린다고 해서 蒸嘗 이라고 하는 것. 다만, 어떤 계절이건 犧羊(희양)은 산 채로 제사상에 올리는 기본이라고 추정된다.

十二.
祭如在, 祭神如神在.
子曰, 吾不與祭 如不祭.
조상 제사란 살아계실 때처럼 하는 것이고, 神祭(신제)는 神이 있는 것처럼 하는 것이다.
자 왈, 祭같지 않은 祭에는 난 참석하고 싶지 않다.

조상들이 애써서 만들어 물려준 세상을 다 말아먹은 후손들이 무슨 낯으로 제사를 지낼 것인가? 나는 보고 싶지도 생각하고 싶지도 않다고 짜증 내는 공자의 모습이다.

十三.

王孫賈問曰, 如其媚於奧 寧媚於竈, 何謂也.

子曰, 不然, 獲罪於天 無所禱也.

왕손고가 묻기를, '오신을 모시느니 조신을 모시라는 소리가 무슨 뜻인가요?'

사 왈, 쓸데없는 소리, 하늘(세싱)에 죄를 지어 놓고 어디 가서 빈단 말이냐.

奧神(오신): 집안 아늑한 곳에 모신 조상신.

竈神(조신): 부엌 아궁이 신.

'세상을 망쳐 놓고 조상신에게 제사해 봤자 쓸데없는 짓이니, 차라리 죽이나 잘 끓여 먹게 해 달라고 조신이나 모시자.'라는 소리인데, 공자 왈, '세상 말아먹은 놈이 즉, 스스로 죄를 지은 놈이 어디 가서 빈다더냐?'라는, 제사 지낼 자격 못 된다는 힐난이다.

天作孼猶可違, 自作孼不可逭(천작얼유가위, 자작얼불가환). 書經 泰甲(서경 태갑)에 나오는 말이다. 공자 본인이 정리한 歷史(역사)의 한 文章을 그대로 引用한 表現이다.

文王(문왕)이 紂(주)왕의 그 횡포를 견디면서, 자식을 삶아 국물을 마시게 하는 그 恥辱(치욕)을 견디면서 어떻게 일구어 낸 周나라인데, 겨우 수천의 兵士로서 수만의 殷軍을 물리치고 紂王을 단죄한 武王의 易姓革命(역성혁명)이 어떻게 이루어진 것인데, 어린 조카 成王을 王座(왕좌)에 두고 온몸으로 세상을 일궈 낸 周公(주공)의 피땀이 아직 채 마르지도 않았는데, 그 後孫(후손)들은 어찌

하여 조상들의 가르침을 망각하고 왕실을 망조에 이르게 한 것이던가.

하늘이 하는 뻘짓이야 피할 수도 있고, 제사라도 지내어 면해 달라고 요구할 수도 있지만 인간이 되어 스스로 지은 죄는 도망갈수도 없는 것이다.

지배층인 왕실과 그 추종자들의 뻔뻔스러움에 대한 공자의 가혹한 질타이다. 죄를 지은 놈들이 그 책임을 하늘과 조상에게 돌리는 짓이 바로 제를 지내는 짓이다.

죄지은 놈이 오신 조신 모신다고 면책이 된다더냐.

十四. 子曰,
周監於二代 郁郁乎文哉, 吾從周.
周나라는 夏와殷 二代를 보고 그 문화를 더욱 빛나게 한 것이니, 나는 周를 따른다.

역사는 進步한다. 溫故而知新(온고이지신)을 실천하는 모습이다. 夏殷(하은)이 없이 周(주)가 있을까? 夏末, 殷末이 비록 無道(무도)했다고 하지만, 그것을 克服(극복)하면서 殷周로 발전한 것이다.

十五.
子入大朝 每事問, 或曰, 孰謂鄹人之子 知禮乎 入大朝 每事問.
子聞之曰, 是禮也.
공자께서는 대조정에 들어갈 때마다 매사에 대하여 물어보았다. 어떤 이가 말하기를, '누가 공자를 禮를 아는 자라고 하냐? 조정에 나올 때마다 시시콜콜 질문

을 하네.'

공자가 그 소리를 듣고 "이렇게 하는 것이 禮인 것이요."라고 말했다.

시사하는 바 크다. 말직이건 고위직이건 관공서 업무 회의에 나가려면, 그 회의의 모든 내용을 알아야 한다. 저 부분은 내 소관이 아니므로 내가 알 필요는 없다고 말하는 그런 세태를 바꿔야 한다. 설령 소관이 아닌 부분이라도 사안의 내용은 알아야 한다. 다만, 소관 아닌 곳에 불쑥 나서는 일은 非禮이지만, 필히 그 내용은 알아야 한다. 그래야 관련된 일이 생기면 제대로 대처할 수 있는 것이다.

十六. 子曰,
射不主皮 爲力不同科, 古之道也.
활을 쏠 때 과녁에만 신경 쓰는 것이 아니고, 같은 힘으로 쏘지 않는 것은 옛날부터 아는 바다.

대상에 따라서, 상황에 따라서 조절하는 것이 활을 쏘는 도인 것이다.

禮라는 것도 상대에 따라서 맞춰서 하는 것이지 소를 만나도 揖(읍)하고 개를 만나도 揖하는 것은 아니다.

十七.

子貢 欲去告朔之餼羊,

子曰, 賜也 爾愛其羊, 我愛其禮.

자공이 고삭례의 희양을 폐지하고 싶어 하였다.

자 왈, 사야 너는 양을 아끼느냐? 나는 그 禮가 보고 싶다.

해마다 섣달이 되면 天子(천자)는 諸侯(제후)들을 宮(궁)으로 불러서 明年(명년)의 月曆(월력)을 하사하였다. 제후는 그 月曆을 自國(자국)의 祖廟(조묘)에 모셔 두고 매월 초하루에 그달의 月曆을 받들어 내어서 사용한다. 이 절차를 告朔禮(고삭례)라고 하고, 羊을 삶아서 祖廟에 禮物(예물)로 쓰는 것이다. 이때 쓰는 羊은 有司(유사)가 산 채로 준비하는 것이고, 그것을 餼羊(희양)이라고 한다.

周室(주실)이 有名無實(유명무실)해진 상황에서 天子는 월력을 하사하지도 못하고, 또한 제후들이 대부분 고삭례를 지내지도 않고, 魯(노)나라에서도 마찬가지였다. 그런데 有司는 매달 餼羊을 준비하는 것이었다.

고삭례도 없는데 괜히 양만 불쌍하다고 하면서 餼羊을 폐지하자고 빈정대는 자공, 無道(무도)함을 지적한다. 그러나 공자의 생각은 달랐다.

현대 사회에서도 월초가 되면 업무 회의를 하고 뒷풀이로 회식 자리를 가진다. 보기 좋은 모습이다. 어느 중소기업, 월례회의 마치고 회식도 하고 단합대회도 겸하고 3차로 술 한잔, 그러던 회사가 어려움으로 회식은커녕 단합대회, 월례회의도 못 한다. 우리는 언제 회식 한번 안 하나? 회식을 하기 위해서라도 열심히

일해 보자. 파이팅~

목적을 위한 부수적인 수단으로서 회식을 하는 것이다. 고삭례를 하기 위한 부수적 수단인 餼羊을 버리지 못하고, 희양을 보면서 사라진 고삭례를 되살리고 싶은 것이다. 때로는 수단이 목적을 이끌어 낼 수도 있다. 그렇게만 된다면 얼마나 좋을까. 암울한 바람으로 망해 가는 세상이 다시 바로잡히기를 바라는 공자의 속은 오죽이나 답답했을까? 떡 본 김에 제사 지낸다고 하지 않더냐. 餼羊이 있어 고삭례가 되살아날지도 모르니 그냥 두자. 물 건너간 희망이란 것을…. 공자는 몰라서 끌어안고 놓지 못하는 것일까?

十八. 子曰,
事君盡禮, 人以爲諂也.
예를 다해 군을 섬기는 것을 사람들은 아첨이라고 한다.

盡禮(진례)와 阿諂(아첨), 禮儀(예의)와 巧言令色(교언영색). 구분이 잘 될까? 교언영색과 아첨. 이것은 본인만이 알 수 있는 것이고, 타인의 것은 결과를 봐야 알 수 있다. 奸邪(간사)한 자의 눈에는 盡禮가 諂으로 보일 것이고, 禮儀를 하는 자의 눈에는 諂도 未熟(미숙)할 뿐 禮이다.

十九.

定公問 君使臣 臣事君 如之何.

孔子對曰, 君使臣以禮 臣事君以忠.

정공이 묻기를, '왕이 신하를 부릴 때와 신하가 왕을 섬길 때 어찌하는 것이오?'

대 왈, 군은 신을 예로써 부리고, 신은 군을 충으로 섬기는 것입니다.

目下, 한국 사회에서 이 문제로 망신당한 윗전들이 많다. 아랫것
들 마구 부리다가 망신당하는 윗전들, 하지만, 忠心으로 윗전 섬
기는 신하는 한국 사회에는 없다. 그저 한국적 의미의 事君能致
其身(사군능치기신) 하고 뒤통수 치는 下臣들뿐. 진정한 忠心으로
윗전 모시는 자들은 잘 보이지 않는다. 보이지 않는 것은 없다는
것이 아니다. 다만 보이지 않을 뿐이다. 보이는 것은 뒤통수 치
는 경우만 보이기 때문이다.

二十. 子曰,

關雎 樂而不淫 哀而不傷.

관저라는 시는 즐거우나 음란하지 않고, 애처롭지만 마음 아프지 않다.

關關雎鳩 在河之州, 窈窕淑女 君子好逑. 參差荇菜 左右流之, 窈
窕淑女 寤寐求之.

求之不得 寤寐思服, 悠哉悠哉 輾轉反側. 參差荇菜 左右采之, 窈
窕淑女 琴瑟友之.

參差荇菜 左右芼之, 窈窕淑女 鍾鼓樂之.

시경 국풍의 周南(주남) 첫 시이다. 한국에서 쓰는 '요조숙녀'라는

말을 따온 시이다.

廿一.
哀公問社於宰我,
宰我對曰, 夏后氏以松, 殷人以佰, 周人以栗. 曰, 使民戰栗.
子聞之曰, 成事不說, 遂事不諫, 旣往不咎.
애공이 재아에게 社(사)를 물었다.

재이디 알, 히니라는 소나무를, 은나라는 잣나무를, 주나라는 밤나무를 심었는데
백성이 벌벌 떨었습니다.

공자께서 전해 듣고 말하기를, 성사된 일에 말참견할 것 아니고, 일하는 중에 간
섭할 것이 아니며, 지나간 일은 탓하는 것이 아니다. 그냥 넘어가자.

필자는 이 문장에 대해서는 의미를 파악하지 못하였다. 애공이
어떤 문제로 社를 물어본 것인지 그리고 재아의 답이 동문서답
인지, 아니면 비유적 표현인지. 다만 재아의 대답 중 잘못된 것
이 분명한 것은 백성들 벌벌 떨라고 栗(밤나무)를 심은 것은 아니
다. 재아는 栗이란 글자를 慄(율, 두려워하다)이라는 발음이 같은
글자로 연상시켜 오해한 것이다.

시경에서 나오는 나무들을 보면 栗漆桑楊(율, 칠, 상, 양) 모두 실생
활에 쓰이는 생필품을 공급하는 나무들이다.

공자는 그냥 '쯧쯧쯧' 하고 넘어갔지만, 그 의중은 무엇인지 필자
는 알 수가 없다.

다만 추정컨대, 先進 十三章에서 나온 말이 관련된 말이라고 한
다면,

魯人爲長府, 閔子騫 曰, 仍舊貫如之何, 何必改作. 子曰, 夫人不言, 言必有中.

궁궐을 새로 짓는데, 마땅히 社稷壇(사직단)도 손을 봐야 하지 않겠느냐는 의미로 哀公이 물어본 것에 대해 재아가 동문서답한 것이고, 이에 공자는 '돌이킬 수 없으니 그냥 넘어가자'라고 혀를 끌끌 차고 말았다고 할 수도 있겠다.

廿二.

子曰, 管仲之器小哉.

或曰, 管仲 儉乎.

曰, 管氏有之三歸 管事不攝 焉得儉.

然則管仲 知禮乎.

曰, 邦君 樹塞門 管氏亦樹塞門, 邦君爲兩君之好有反坫 管氏亦有反坫, 管氏而知禮 孰不知禮.

자 왈, 관중이란 사람이 그릇이 아주 작구만.

혹 왈, 관중이 검소한가요?

왈, 관중은 私家(사가)가 세 곳인데 어찌 검소하다 할 수 있겠나?

그럼 관중이 예를 아나요?

왈, 왕이 나무를 심어 문을 가리면 관중도 따라서 하고, 왕이 본인 좋아하는 식당을 가지면 관중 역시 식당을 가지는데, 관중이 예를 안다면 누가 예를 모르겠느냐.

춘추오패의 으뜸인 齊桓公(제환공)을 覇君(패군)으로는 만들었지만, 聖王(성왕)으로 이끌지 못한 관중에게 아쉬움을 표하는 공자의 評價이다. 관중이 죽은 후 환공은 仁義禮道를 모르는 側臣(측

논어 정해論語 正解

신)들에 의해 처참한 신세가 된다.

관중이 스스로 儉素(검소)함과 禮를 실천하여 제나라의 道를 바로 세웠다면 그러한 결과는 면했을 터이다. 權臣(권신)의 私慾(사욕)은 衆臣(중신)들의 希望(희망)이 된다.

관중이 깨닫지 못한 儉約(검약)과 禮의 缺如(결여)이다.

十三. 子語魯大師樂曰,

樂 其可知也, 始作 翕如也, 終之 純如也 皦如也 繹如也 以成.

공자께서 魯(노)대사에게 樂(악)에 대해 말하기를, 樂이라는 것은 아시겠지만, 함께 출발하여 (각 요소의) 순수함과 밝음을 엮어 내면서 마쳐야 완성된다.

한편의 樂이란 세상의 운영과 같은 것이다. 모든 요소가 어우러져 돌아가는 것이 세상이다. 세상의 시작처럼 모든 요소가 함께 출발하지만, 그 과정에서 좋은 것들은 돋보이고 천한 것은 억눌리며, 종국에는 그러한 것들을 같이 어울리면서 마침을 하는 것이다.

大師(대사)는 樂을 관장하는 조정의 직책이다.

十四.

儀封人請見曰, 君子之至於斯也 吾未嘗不得見也.

從者見之 出曰, 二三子 何患於喪乎, 天下之無道久矣, 天將以夫子爲木鐸.

'이 땅을 지나가는 군자는 나한테 인사 없이 간 적이 없다'라고 하면서 儀(의) 땅

관리인이 問安(문안) 오라고 요구하였다. 수행원을 인사차 보내었더니 나오면서 하는 말, 얘들아 뭐 잃을 것 있다고 걱정을 하나? 세상이 망조 든 지 오래전이다. 하늘이 스승님을 세상의 목탁으로 삼을 것이다.

망조 든 세상은 원래 완장만 차면 을들이 갑질을 해댄다. 비리한 지방 관리가 過客(과객)들에게 위세 떨면서 갑질하려고 든다. 어제오늘 일 아니다.
공자가 인사 보낸 從者는 초대 제자 중 한 명일 것이다. 아마도 子路일 것이라고 추측되는 부분이다. 저런 기개를 보이는 자는 분명 자로나 자장일 듯, 문안 인사를 하고 나오면서 쓰레기라고 욕하는 장면이다.

廿五.
子謂韶盡美矣 又盡善也, 謂武盡美矣 未盡善也.

"韶는 美와 善을 다 갖추었고, 武는 美는 갖추었으나 善은 좀 모자란다."라고 스승님께서 말씀하셨다.

韶(소)는 舜帝(순제)의 음악이고, 武(무)는 周武王(주무왕)의 음악이다.
美(미)는 들리는 소리의 아름다움을 말하고, 善(선)은 그 소리의 情緒(정서)를 지칭하는 것으로 이해되는데, 이렇게 말한 것은 舜帝와 武王의 治績(치적)을 아는 孔子가 그 음악을 들으면서 느낀 先入見(선입견)이라고 본다.
舜은 무조건 善과 仁으로 세상을 경영하였지만, 武王은 惡(악)에 대해서는 暴(폭)으로 다스린 부분이 있다. 시대 분위기에 따라 음악도 그 정서를 따르는 것이다.

廿六. 子曰,
居上不寬, 爲禮不敬, 臨喪不哀, 吾何以觀之哉.

윗사람이 되어 너그럽지 못하고, 禮를 한다면서 공경심이 없으며, 喪(상)을 당하여 슬퍼하지 않는 것을 내가 왜 봐야 하나? (보기 싫다.)

세상살이 하다 보면 이런 類들 많이 보인다. 윗사람한테 개기는 것을 자랑으로 여기고 으스대면서 아랫사람을 고양이 쥐 다루듯이 하고, 喪主(상주) 입장에서 문상객들을 대하면서 호탕해하는 사람들 하나둘 아니다. 제 딴에는 그것이 폼 나는 것으로 아는 者들이다. 아무리 썩은 시신이라도 나를 낳은 부모이다. 어느 덜 떨어진 자식이 부모의 주검 앞에서 즐거움을 표하는지.

卷之 四. 里仁

一. 子曰,
里仁爲美 擇不處仁 焉得知.

인을 좋은 것이라고 여기는 동네에서 인을 택하지 않으면 무엇을 배웠다는 것
인가?

동네(공자마을) 사람들이 모두 仁을 좋다고 한다. 그런데에도 仁
함을 택하지 않는다면 도대체 무엇을 배웠는가? 仁을 그리도 강
조하고 가르쳤는데 인자하지 못하다면 배운 것이 전부 허사다.
學習(학습)의 基初(기초)는 仁이고, 孝弟는 仁의 출발이다.

二. 子曰,
不仁者 不可爲久處約, 不可以長處樂.
仁者安仁 知者利仁.

不仁한 사람은 가난함을 오래 참지 못하고, 즐거움도 오래가지 못한다.
仁者는 仁을 편안해하고, 知者는 仁을 이롭게 여긴다.

친구 여럿이랑 길 가다가 마주 오던 사람이랑 어깨 치기로 시비
가 붙었다. 아이쿠, 미안합니다. 어디 다치지는 않았는지요?
그래도 상대가 열받아 시비를 걸었다.
야, 참고 가자….

그냥 너그럽게 여기고 넘어가는 것이 서로 마음 편한 것이다.

나중에 혹시 어디서 만날지 아나? 서로 참는 것이 得이다.

참는 것이 이익이다. 싸워 봤자 돈 물어 준다. 손해야.

같은 상황, 같은 행동에서 사람에 따라 그 생각이 다르다.

禮(예)와 勇(용)을 갖춘 仁者, 知者, 손익만 따지는 小人.

三. 子曰,

惟仁者 能好人 能惡人.

오직 인자한 사람만이 사람을 좋아할 수도 있고, 미워할 수도 있는 것이다.

仁이라고 하는 것이 善惡의 구별 없이 다 용서하고 사랑하는 것은 아니다. 仁은 선악을 구별할 줄 알아야 하고 勸善懲惡(권선징악) 하는 것이 仁이다.

四. 子曰,

苟志於仁矣 無惡也.

진정 仁하다면 미운 것이 없다.

진정 仁하다면 미움이라는 것을 모른다. 미워할 줄을 모른다.

'죄가 밉지 사람이 밉나?'라고 하는 자들이 좋아할 소리이다.

五. 子曰,

富與貴 是人之所欲也 不以其道得之 不處也.

貧且賤 是人之所惡也 不以其道得之 不居去也.

君子去仁 惡乎成名.

君子 無終 食之間違仁, 造次必於是 顚沛必於是.

부귀는 누구나 바라는 것이지만, 옳지 못하게 얻었다면 처하지 말고,

빈천은 누구나 싫어하는 바이지만, 옳지 못하게 얻을 바엔 거부하지 말라.

군자가 仁을 버리면 어찌 군자란 이름을 얻을 것인가.

군자란 끝없이 밥을 먹어도, 똥을 누어도, 진창에 엎어져도 꼭 仁에서 벗어나지

말라.

그런데 솔직히 좀 그렇다. 똥 누면서 무슨 인을 행하나?

행한다. 길거리에 누지 않고 밭에다 눈다. 사람들 밟지 말고 거

름 되라고. 是 = 無終違仁.

不處也(불처야): 처하지 말고, 不去也(불거야): 거부하지 말라.

이 말은 老子(노자)의 도덕경(도덕경)에도 같은 의미로 쓰였다.

天下無道戎馬生於郊, 天下有道卻走馬以糞

論語가 쓰이고 오백 년쯤 지난 시기에 白首文(백수문)이라는 千字

文(천자문)을 쓴 자는 다음과 같이 이해하였다. 仁慈隱惻 造次弗

離(인자은측 조차불리).

물론, 천자문은 四書五經을 다 읽은 사람이 쓴 것일 것이다.

六. 子曰,

我未見 好仁者, 惡不仁者.

好仁者 無以尙之, 惡不仁者 其爲仁矣, 不使不仁者 加乎其身.

有能一日 用其力於仁矣乎. 我未見力不足者.

蓋有之矣, 我未之見也.

내 아직 인을 좋아하는 사람도 불인을 싫어하는 사람도 보지 못하였다.

好仁者(호인자)는 당연한 것이고, 惡不仁者(오불인자) 그것이 仁인 것이고, 不仁한 것을 못 하게 하는 것도 몸에 지녀라. 단 하루만이라도 仁에 힘을 써 보았더냐

난 아직 힘이 부족한 자를 보지 못하였다. 있기는 하겠지만 난 본 적이 없다.

스스로 仁하라. 不仁을 미워하라. 不仁을 막아라. 이것이 다 仁이다. 하루만이라도 仁에 힘을 써 봐라. 힘이 없어서 不仁하다는 말은 헛소리인 것이다.

七. 子曰,

人之過也 各於其黨, 觀過 斯知仁矣.

사람의 허물은 입장 따라 다르지만, 그 허물을 보면 그 仁을 알 수 있다.

환경에 따라 사람들의 가치관 형성이 달라진다는 것을 결과로서 파악한 것. 환경결정론의 부분적 수용이다.

八. 子曰,
朝聞道 夕死可矣.
아침에 도를 들으면 저녁에 죽어도 좋다.

일생을 공부하여도 도를 깨우치기는 어렵다. 죽는 날까지 공부
해야 한다. 道(도)란 상황이 변하면 道도 따라 변하는 것이다. 예
를 들어, 가뭄에 흐르는 강의 물길은 실낱같이 꼬불꼬불 蛇行(사
행)하지만 洪水時(홍수시)의 물길은 강 전체가 되는 것이고, 날씨
에 따라 입는 옷의 맵시도 달라지는 것이다.
自然(자연)이건 人間(인간)이건 환경이 변하면 道도 변한다. 변하
는 그것도 道이다. 사람을 해치면 안 되는 것이지만, 전쟁에 임
하면 해처야 하는 것이 또한 道인 것이다.

九. 子曰,
士志於道而恥惡衣惡食者 未足與議也.
道에 뜻을 둔 자가 남루한 의식주를 부끄러워한다면 같이 의논하기 부족하다.

현실적으로 설득력이 많이 떨어지는 말이다. 그러나 사실이다.

十. 子曰,
君子之於天下也 無適也 無莫也 義之與比.
군자로서의 세상살이는 딱히 정해진 바도 없고, 굳이 마다할 것도 없으니, 의로
움이 있으면 더불어 하라.

無莫也(무막아)… 왜? 爲政 十六. 子曰, 攻乎異端 斯害也已. 이 文章이 이유이다. 다르다고 해서 굳이 반대할 것도 공박할 것도 아니다. 다른 것은 그 나름의 이유가 있다. 그저 달라도 의로움이 있다면 함께할 수 있는 것이다.

이 문장을 보면 爲政16章에 대한 주희의 해석이 잘못된 것이라는 것을 알 수 있다.

十一. 子曰,
君子 懷德 小人懷土, 君子懷刑 小人懷惠.

군자는 덕을 생각하고 소인은 땅을 생각한다.

군자는 제도를 생각하고 소인은 나눠진 그 혜택(利)을 생각한다.

刑(형): 어떤 사안을 앞에 두고 그 일을 어찌할 것인가 裁斷(재단)하는 것을 의미한다. 즉, 일을 어떻게 잘할 것인가를 고민한다는 의미이다. 惠(혜) 제사보다 제삿밥에만 눈이 멀다는, 즉 득템에 신경 쓴다는…. 위정14장, 十四. 子曰, 君子 周而不比, 小人 比而不周. 이 부분을 다 내포하는 것이다.

十二. 子曰,
放於利而行多怨.

이익만 찾아서 나대면 원망을 많이 듣는다.

어떤 일이든 그저 어디 돈 되는 것 없을까? 하고 눈이 뻘건 사람들은 어디서든 좋은 소리 못 듣고, 심하면 원수지는 사람도 많이 생긴다. 시골 동네 초등학교 동창회 총무를 하면서도, 인터넷 무슨 모임 동호회를 하면서도 그저 돈 빼먹을 궁리만 하는 그런 소인배들이 있다. 이리저리 욕을 먹어도 부끄러운 줄도 모르는 경우를 두고 하는 말이다.

十三. 子曰,

能以禮讓 爲國乎何有, 不能以禮讓爲國 如禮何.

예와 겸손함으로 나라를 운영한다면 무슨 문제가 있겠는가만, 禮讓(예양)이 통하지 않는 나라에 禮같은 것이 있어 뭣할꼬.

禮讓이 통하는 세상에서는 문제가 생기지 않지만, 禮讓이 통하지 않는 세상의 禮는 쓸데없다. 禮로 통하는 세상이 있고, 몽둥이가 통하는 세상이 있는 것이다.

十四. 子曰,

不患無位 患所以立, 不患莫己知 求爲可知也.

자리를 얻지 못함을 걱정하지 말고 서 있는 자리를 걱정하고, 아는 것이 없음을 걱정하지 말고 알 수 있도록 하라.

수신을 하는 사람이 취직하지 못한 것을 걱정하지 말고, 현재 상황을 걱정해야 할 것이고, 자신의 무식함을 걱정하지 말고 부지런히 공부해야 할 것이다. 현실에 충실하고 부지런히 배우고 익히도록 하라.

十五. 子曰,

參乎, 吾道 一以貫之. 曾子曰, 唯.

子出, 門人問曰, 何謂也.

曾子曰, 夫子之道 忠恕而已矣.

참아, 니의 道는 딱 한기지이디. 증자 왈, 멍심하겠습니다.

공자가 자리를 뜨고 나서 제자들이 물었다. 무슨 말씀이신지요.

증자 왈, 스승님의 道는 忠恕뿐이다.

忠(충): 바른 도리와 성심으로 상대에게 맞춰 주는 내 언행,

恕(서): 받는 내 마음으로 상대의 마음을 수용하는 것.

曾子가 다른 것은 다 잘하는데, 본인 스스로가 허튼짓을 못 하는 성격이라서 同門들 사이에서도 까탈스럽다고 소문난 사람이다. 그래서 공자가 주고받는 마음을 맞춰 보라고 가르친 말로서 易地思之(역지사지) 하라고 가르친 것.

공자께서 '일이관지'라고 가르친 대상은 자공과 증자뿐이다. 다른 제자들에게는 이렇게 말하지 않는다. 왜 그럴까? 하나를 가르치면 최소한 두 개는 알아들어야 한다. 알아듣는 제자들에게만 할 수 있는 가르침이다. 忠恕. 이 단어 하나로 새겨들을 수 있는 제자는 자공과 증자뿐이다.

충서… 공자께서 제자 교육에 전념하면서 본인도 주역을 공부하였다. 그리고 주역을 알기 쉽게 정리하셨다. 주역의 기본 철학이

바로 입장을 바꿔서 생각해 보는 것이다.

주역(周易)이라는 말의 의미가 이리저리 입장을 바꿔서 주어진 사회적 상황과 그 상황에 처한 사회적 개인적 심리를 분석하고 이해하는 것이다.

세상과 타인들의 상황을 분석하려면 먼저 자기 자신에 대하여 솔직하게 돌아보고 이해하는, 즉 지아(知我)가 선행되어야 한다. 나를 알아야 내가 상대하는 타인의 마음도 이해할 수 있는 것이다. 그래서 공자께서 일반적인 제자에게 가르치는 간단하고 쉬운 말이 '내가 싫어하는 것을 남에게 시키지 말라'라고 하는 것이다.

제자들 중에서 이해력이 높고 학습 성취도가 높은 자공과 증자에게만 '忠恕'라는 한마디로 대신하는 것이다.

十六. 子曰,
君子喩於義 小人喩於利.
군자는 義로움을 생각하고, 소인은 利益을 생각한다.

위정 14장의 子曰, 君子 周而不比, 小人 比而不周. 이 문구에 포함되는 의미이다.

十七. 子曰,
見賢思齊焉, 見不賢而內自省也.
현명함을 보면 반듯함을 생각하고, 멍청함(不賢)을 보면 자신을 살펴봐라.

反面教師(반면교사) 하라. 좋은 것을 보면 배우고, 나쁜 것을 보면 나 자신은 없는지 살펴보아 고치도록 하라.

이 문장으로 학이8장에 대한 주희의 해석은 완전 오류가 되는 것이다. 자장 2장에, 공자의 가르침에 대한 교우 문제는 자장의 이해가 맞고 자하의 이해는 틀렸다.

十八. 子曰,

事父母幾諫, 見志不從 又敬不違 勞而不怨.

부모의 허물을 보고 간할 때에는 살갑게 해야 하고, 부모의 뜻을 따를 수 없더라도 공경해야 하고, 어기면 안 되는 것이니 노력하여 원망이 없도록 하라.

十九. 子曰,

父母在 不遠遊 遊必有方.

부모가 계시면 멀리 놀러 가지 말고, 갈 때는 필히 어디 가는지 알려라.

二十. 子曰,

三年無改於父母之道 可謂孝矣.

부모가 돌아가시면 적어도 삼 년은 (부모님이) 바라던 바를 고치지 않아야 효라 할 것이다.

廿一. 子曰,
父母之年 不可不知也, 一則以喜 一則以懼.
부모의 연세는 꼭 알아야 할 것이니, 한편으로는 기쁨이요 한편으로는 두렵기 때문이다.

長壽(장수)하시는 것은 기쁨이나, 언제 돌아가실지 모르기 때문에 두려운 것이다.

廿二. 子曰,
古者 言之不出 恥躬之不逮也.
옛사람들이 말을 잘하지 않는 것은 몸으로 따라잡지 못함을 부끄러워해서이다.

언행일치를 하지 못할까 봐서 말을 조심한다. 행동이 따르지 못할 말은 하지 말아라.
子路는 배우기를 두려워했다고 한다. 왜냐하면 배워서 알면 아는 대로 해야 하니 못할까 봐서.

廿三. 子曰,
以約 失之者鮮矣.
줄이면 잃는 것이 적다.

者: 物, 言, 行, 希, 志 등 모든 것을 포함한다고 봐도 된다. 어떤 상황에서건 맞는 말이다.

廿四. 子曰,

君子欲訥於言 而敏於行.

군자란 말은 어눌하더라도, 행동에서는 민첩해야 한다.

현대인들 잘 새겨들어야 할 것이다. 행동은 못 해도 말은 더 많이 하려고 하는 것은 군자가 아니라 소인배이다.

廿五. 子曰,

德不孤 必有鄰.

덕이란 결코 외롭지 않다. 반드시 이웃이 있다.

德이란 말 자체가 사람들로부터 얻은 칭찬을 들을 수 있는 행동이고, 이는 당연한 것이다.

廿六. 子游曰,

事君數斯辱矣, 朋友數斯疏矣.

자유가 말하기를, 군을 섬기면서 잔머리 굴리면 욕을 보게 되고, 친구한테 잔머리 굴리면 따돌림당한다.

以道事君 以信交友(이도사군 이신교우) 도로서 나랏일을 하고 신뢰로 벗을 사귀는 것.
돈벌이를 하는 일이라면 당연히 계산적이어야 하지만, 공직자의 자리에서 일하면서 요리조리 셈이나 따져서 이익만 골라서 하면 과연 그것이 바른 짓인가?

친구를 사귀는데도 그저 이익이나 따지고 계산적으로 굴면 친구들이 좋아할까?

'以道事君 不可則止(이도사군 불가즉지)'라고 하였다. 道로서 섬기지 아니하고 꼼수 부리다가 형륙을 당한다. '事君之道(사군지도)'란 忠(충)이다. 數(수) 쓰면 안 된다.

數 숫자로서 많다는 의미가 아니라 좋은 수, 꼼수, 이런 것을 의미한다고 봐야 한다. 數라는 말은 '무슨 수 없나? 좋은 수 좀 내어 봐라. 에이, 수 쓰다 망했네.' 이럴 때 쓰는 말로서, 變通之道(변통지도)를 말하는 것으로, '꾀, 술수' 이런 의미이다.

비슷한 의미로 다른 문장에서 한 말이 있다.

南人 有言曰, 人而無恒 不可以作巫醫, 善夫.

不恒其德 或承之羞.

子曰, 不占而已矣.

사군이나 붕우지교나 항심이 있어야 한다. 그저 자신의 이익을 위해서 계산적 행동하면 욕보게 되고 왕따를 당한다. 좋은 수? 그것은 꿋꿋하게 道를 지키면 될 일이다.

이 문장에 대한 주희의 주해는 적절하지만, 한국에서의 해석이 전혀 엉뚱하다. 數(수) 한 글자를 두고 그 의미 파악하느라고 字典(자전)적 의미만 굴리다 보니 엉뚱한 해석을 하게 된 것이다.

한상갑 논어의 오역이 그것을 인용한 이후의 한국 논어 해석 전체를 버린 결과이다.

주희는 주해에서 분명히 數=煩數라고 하였다.

煩(번)은 '빈번한, 자주'라는 말이 아니라 '번민하다, 고민하다'라는 의미이다. 煩數: 안 돌아가는 머리 억지로 짜내어 만든 수. 즉, 잔머리 굴린 것.

卷之 五. 公冶長

一.

子謂公冶長, 可妻也, 雖在縲絏之中 非其罪也,

以其子妻之.

子謂南容, 邦有道不廢 邦無道免於刑戮,

以其兄之子妻之.

공자께서 '공야장은 장가를 가도 되겠다. 비록 옥중에 있었으나 그것은 죄가 아
니다.'라고 하시고 딸을 시집보냈다.

공자께서 '남용은 나라에 도가 있다면 처박혀 살 사람이 아니고, 나라에 도가 없
어도 형륙은 면할 사람이다.'라고 하시고는 질녀를 시집보냈다.

공야장이 무슨 죄를 지어 옥살이를 하고 나온 사람인지는 모르
겠지만, 冶長이란 이름으로 추정컨대 조정의 공무(工務)를 하던
사람으로 보이는 바, 일을 잘못하여 벌을 받은 듯하다. 사람이
일하다 보면 실수도 할 수 있는 것이니, 아무리 군자라도 道인
줄 알고 따라가다가 塗를 만나면 돌아서야 하는 것, 고의로 지은
죄는 아닐 터이니 깨닫고 바른길을 가면 되는 것이다. 過則勿憚
改(과즉물탄개)라. "실수하면 배워서 고쳐 가는 것이 군자의 길이
다."라는 공자의 생각을 볼 수 있다. 즉, 교육의 중요성을 가르쳐
주는 공자의 솔선수범하는 모습이다.

뒤22章에 나오는 伯夷叔齊(백이숙제)의 不念舊惡(불념구원)을 자신
도 실천한 것이다.

남용이 다른 것은 몰라도 적어도 義禮(의례)는 갖춘 것이라고 공자가 판단하여 姪壻(질서)를 삼은 듯하다. 先進 五章에서 언급된 내용으로, 미루어 말조심을 잘하는 故로 질녀를 과부 만들지는 않겠다는 판단이다.

二. 子謂子賤 君子哉. 若人 魯無君子 斯焉取斯.

공자께서 자천에 대해 말하기를, 이런 사람이 군자다.
노나라에 군자가 없다면 어찌 이런 사람을 뽑았겠는가.

공자는 각 제후국의 意識文化(의식문화)에 있어서 魯(노)가 으뜸이고, 다음이 衛 (위) 차차가 齊(제)나라라고 하였다.

三.

子貢問曰, 賜也何如.
子曰, 女器也. 曰, 何器也. 曰, 瑚璉也.

자공이 '저는 어때요?' 하고 물었다.
자 왈, 너는 그릇이다. 무슨 그릇이요? 자 왈, 호련이다.

瑚璉(호련): 그릇 중에서 가장 으뜸으로 종묘에서 黍稷(서직)을 담는 簠簋(보궤)
君子不器(군자불기)라고 말한 공자가 어찌 안회 다음으로 수제자인 자공에게 그릇이라고 했을까?
너라는 그릇은 즉, '너의 인물됨'이라는 의미로 말한 듯하다. 그릇으로 말하면 호련이다. 누구라도 쓸 수 있는 인재로서 가장 으뜸가는 그릇이라는 뜻이다.

四.
或曰, 雍也仁而不佞.
子曰, 焉用佞, 禦人以口給 屢憎於人,
不知其仁 焉用佞.

누군가 말하기를, '仲弓은 仁慈하기는 한데 말재주가 별로다.'라고 하였다.
자 왈, 어찌 말재주를 들먹거리냐? 입으로만 사람을 부리면 미움만 쌓인다.
그 사람의 仁은 모르면서 어찌 말재주로 판단하느냐.

사람들이 모여 일하는데, 어떤 사람은 손 하나 까딱하지 않고 입만 나불거리면 욕먹는 것은 당연하다. 말에는 반드시 행동이 따라야 한다.

五. 子使漆雕開 仕,
對曰, 吾斯之未能信. 子說.

공자께서 칠조개를 出仕 시켰다.
칠조개 말씀드리기를, '시키신 것을 따르겠습니다만, 자신이 없습니다.'
공자께서 기뻐하셨다.

칠조개를 취직시키면서 그가 謙讓(겸양)을 갖춘 데 대한 공자의 기쁨이다.

논어 정해論語 正解

六.

子曰, 道不行, 乘桴浮於海, 從我者 其由與.

子路聞之喜, 子曰, 由也好勇過我, 無所取材.

자 왈, 세상에 道가 통하지 않아서 배를 타고 바다를 건넌다면 나를 따를 자는 자로다.

자로, 그 소리를 듣고는 히죽히죽 기분이 좋았다.

자 왈, 자로야, 너의 용감함은 나보다 좋다만, 그거 아무짝에도 못 쓴다.

순진한 자로, 기분 좋다가 그만 풀이 푹 죽어 버리는, 공자의 자로 놀리기이다. 아울러 가르침이다. 결국, 자로는 그 강직하고 과단한 성격을 고치지 못하여 위나라에서 처형되었다.

七.

孟武伯問, 子路仁乎. 子曰, 不知也.

又問, 由也 千乘之國 可使治其賦也, 不知其仁也.

求也 何如. 子曰, 求也 千室之邑百乘之家 可使爲之宰也, 不知其仁也.

赤也 何如. 子曰, 赤也 束帶立於朝 可使與賓客言也, 不知其仁也.

맹무백이 묻기를, '자로는 인자하오?'

자 왈, 잘 모르겠습니다.

그럼 어떻소?

자 왈, 선승지국의 조세 관리는 잘하겠지만, 인자함은 모르겠소.

염구는 어떻소'?

자 왈, 구는 천실지읍 백승지가의 지방관은 가능하오만 그 인은 모르겠습니다.

공서적은 어떻소?

적은 의복을 단정히 하고 조정에서 빈객 접대는 가능하지만 그 인은 모르겠소.

자로의 능력으로는 일개 제후국 조세를 다스리는 것은 충분히 할 수 있다. 義를 갖춘 자다. 사심 없이 공정한 사람이다.

賦: 세금, 부역, 병역 등 백성들에게 부과하는 의무 사항.

염구는 大夫의 고을 사또로 쓸만하다. 信을 갖추었다. 擅行(천행)을 하지 않고 윗전을 배반하지 않는다.

공서적은 빈객 접대 및 외교 담당을 하면 된다. 禮에 능하다. 하지만 三者 그 仁은 아직 모자란다.

공자의 판단으로 제자들 중에 仁을 갖춘 자는 顔回뿐, 안회를 기준으로 다른 제자들이 다 따라 주기를 바란 것이다. 제자들이 각자 잘하는 바가 있음에, 제자들이 서로의 장점을 다 배워서 완성체가 되어 주기를 바라는 것이다.

그런데 안타까운 것이 顔回를 먼저 잃었다.

知에 있어서는 子貢, 증자가 안회와 비슷하지만, 仁이 안회에 미치지 못하여 공자가 늘 안타까워하였다.

八.

子謂子貢曰, 如與回也 孰愈.

對曰, 賜也何敢望回, 回也聞一知十, 賜也聞一知二.

子曰, 弗如也, 吾與女 弗如也.

공자께서 자공한테 묻기를, '너랑 안회랑 누가 나으냐?'

자공대 왈, 제가 어찌 감히 회를 쳐다볼 수 있나요.

회는 하나를 들으면 열을 알고, 저는 하나 들어서 둘밖에 모르는 것을요.

자 왈, 다르다. 네 말이 맞아. 같지 않아.

공자가 제자들 중에서 우수를 안회와 자공으로 친다.

그런데 자공은 안회가 더 뛰어난 수재라는 것을 인정한다. 즉, 자공이 똑똑하다는 것이다. 내가 모자람을 안다는 것은 엄청난 깨달음이다. 그래서 공자는 자공을 아낀다.

九.

宰予晝寢, 子曰, 朽木 不可彫也, 糞土之墻 不可杇也, 於予與 何誅.
子曰, 始吾於人也 聽其言而信其行, 今吾於人也 聽其言觀其行,
於予與改是.

재여가 낮잠을 자다가 공자한테 들켰다.

공자 왈, 썩은 나무는 조각을 못 하고, 썩은 흙 담장은 맥질도 못 한다고 했으니, 재여를 나무라서 뭘 하냐.

자 왈, 내 처음에는 사람에 대해 그가 하는 말을 듣고 그 행동을 믿었는데, 이제는 그 사람의 말을 듣고 그 행동을 본다. 재여를 보고 이렇게 바뀌었다.

재여가 학당에서 뺀질거리면서 거짓말만 살살 한 것이라고 평가되는 사건이다.

'재여 너는 기본자세가 안 되었으니, 내가 바뀌듯 너도 고쳐라'라는 신랄한 비판.

杇(오): 흙벽에 물을 뿌리고 문질러서 표면을 강화시키는 작업. '맥질'이라고 한다.

十.

子曰, 吾未見剛者. 或對曰, 申棖.

子曰, 棖也慾 焉得剛.

자 왈, 내 아직 강한 자를 보지 못했노라.

누가 말하기를, '신정이 있잖아요.'

자 왈, 신정이 그 녀석은 욕심 덩어리지 뭐가 강하냐.

剛(강): 의로움으로 굳건한 상태를 말한다. 고집스러움이 私慾(사욕)을 위한 것과 義를 위한 것의 차이.

十一.

子貢曰, 我不欲人之加諸我也, 吾亦欲無加諸人.

子曰, 賜也 非爾所及也.

자공 왈, 남이 나에게 떠넘기는 것을 싫어하면, 나도 남에게 떠넘기려 하지 않는 것이다.

자 왈, 사야. 너는 언급할 분야가 아니다.

자공의 말이 틀린 바 아니다. 그런데 공자가 '자공 너는 그런 소리 하지 말라'라는 것은 왜일까? 내가 싫은데 남도 싫다. 남이 싫으니 나도 싫다. 상대적이라는 말이다.

자공의 생업은 장사이다. 사고팔면서 누구든 손해 보기 싫은 것이니, 忠恕가 불가능한 것이 장사이다. 다른 문장에서 공자가 자공에게 남긴 말은 恕를 좀 더 다듬어라. 남의 마음을 헤아리는 내 마음을 더 열어야 한다고 하였다. 남을 탓할 바 없이 그냥 仁

그 자체를 좋아해야 하는 것이다.

回와 賜의 차이이다. 그래서 공자는 '그 입 다물라'라고 한 것. 안회의 경우라면 어떻게 말했을까? 思無邪(사무사). 나쁜 것은 생각도 하지 말라. 상대적이 아니라 혼자 살아도 지켜야 할 것이 仁이다. 밥 먹을 때도 지키고 똥 눌 때도 지켜야 하는 것이 仁이다.

十二. 子貢曰,

夫子之文章 可得而聞也, 夫子之言性與天道 不可得而聞也.

자공 왈, 스승님의 문장은 들으면 알 수 있지만, 스승님의 性과 天道는 들어도 이해하지 못하였다.

이 문장에서 性이라는 文字의 孔子~曾子~子思~孟子的 槪念이 보인다.

性與天道(성여천도) 즉, 天命之謂性(천명지위성)이라는 말은 공자 생전에 쓴 禮記의 중용편 첫머리에 언급되었고 또한 자사가 쓴 중용의 첫머리에 쓰였다. 不善 不仁 不義 邪惡 등, 이런 것은 性의 표출이 아니다.

사람의 삶이 따라야 할 天命 그것이 性이라는 것이다. 또한 性을 따르는 사람의 방법이 道이다. 따라서 孔門의 性은 心 속에 내재된 천명을 말하는 것이지 타고난 품성을 性이라고 하지 않는다.

得 '이해하다, 내 것으로 만들다, 얻다', 가득이문: '들어서 이해하다', 불가득이문: '들어도 이해가 안 된다'.

공자의 수제자인 자공도 공자가 가르친 性과 道에 대한 개념의 이해가 어렵다고 하였는데, 자하도 몰랐을 것이다. 자하·중궁門의 제자인 순자도 당연히 전해 듣지 못하였으니, 나름의 性이라는 개념을 단순히 글자의 의미로만 설정하면서 性惡을 주장하였다. 증자·자사로 이어진 맹자는 性에 대한 개념을 공자와 동일하게 한 것으로 보인다.

중용에서 性이란 '天命之謂性, 率性之謂道'라고 정의하면서 맹자가 말하는 性善 개념의 기초가 되었다.

순자는 단순히 '生之所以然者謂之性(생지소이연자위지성)'이라고 하여 性이라는 문자의 이해가 다르다.

十三.

子路有聞未之能行, 唯恐有聞.

자로는 배워서 행하지 못하면, 배우기를 두려워하였다.

자로는 배운 바를 실천하지 않는 것이 없었다. 어떤 때는 이해를 잘못하여 딴짓하는 경우도 있지만, 그래도 배우면 배운 대로 한다. 그래서 이해하기 힘든 것은 배우면서도 겁을 낸다.

里仁 22장의 文章을 배운 子路, 배우면 배운 대로 따라 한다. 古者言之不出 恥躬之不逮也. 그래서 스승으로부터 한 가지 배울 때마다 머리가 아픈 것이다.

孟子에 나온 말이다. 曾子는 유명한 約束 지키기 狂(광)이다. 그런데 중자가 子路를 두려워하였다. 왜냐하면 자로는 약속하여 뒤로 미뤄 두지 않는다. 약속을 할 것이 아니라 그냥 다 하고 끝난다. 중자보다 위다.

十四.

子貢問曰, 孔文子 何以謂之文也.

子曰, 敏而好學 不恥下問, 是而謂之文也.

자공이 묻기를, '공문자는 왜 문자라고 이름 지으셨나요?'

공자 왈, 배우는 데는 민첩하고 좋아하며, 모르는 것은 아래 사람한테 물어보는 것도 부끄러워하지 않는다. 그래서 문이라고 이름 지어 준 것이다.

孔門에 들어가면 공자가 門名(문명)을 지어 준다. 子貢은 바칠 공사 貢을 이름 시어 준 것이나. 소성에 물선을 대어 주는 장뽈뱅이 출신이라서 貢을 학명으로 받았으니, 文子라고 文字를 붙여 준 것이 부러웠던 모양이다.

孔門 제자들의 門名을 보면 '子~'로 지은 경우가 많은데, 대부분 출신 직업이나 성격을 보고 지어 준 이름임이 다분히 보인다. 子路는 길거리서 깡패 노릇 하던 사람이고, 公冶長은 대장장이 출신이고, 子華는 겉치레를 좋아하는 사람이다. 曾子는 꼬장꼬장하고 깐깐해서 자꾸 물어보는 스타일이라서 부친인 증석과 같이 曾으로 붙여 주었다.

子游, 子夏는 시문학과 禮樂을 즉 놀기 좋아하는 스타일이다.

당시에는 姓이 分化되지 않아서 일반인들은 현재의 姓體系(성체계)를 갖추지 못하였지만, 孔門에서 修學 하고 나름대로의 一家를 이루면 姓을 가지게 되기도 하였다고 한다.

十五. 子謂子産,
有君子之道四焉, 其行己也恭, 其事上也敬, 其養民也惠, 其使民也義.

공자께서 鄭나라 子産에 대해 이르기를, 군자로서 지킬 道가 四 가지 있으니, 행동은 恭遜(공손)하고, 윗사람을 섬김에 恭敬(공경)하며, 백성들을 보살핌에 恩惠(은혜)로웠고, 백성들을 부릴 때에는 義(의)로웠다.

약소국인 鄭(정)나라가 子産(자산)의 지도력으로 한동안 잘 살았다. 후세에 자산에 대한 칭송들이 많다.

十六. 子曰,
晏平仲 善與人交, 久而敬之.

자 왈, 안평중은 사람을 잘 사귄다. 오래도록 존중하였다.

시셋말에 술과 친구는 오래 묵을수록 좋다고 한다.

十七. 子曰,
臧文仲居蔡, 山節藻梲, 何如其知也.

자 왈, 장문중이 거채를 하면서 산절 조절 했다는데, 그가 뭘 아는지 모르겠다.

居蔡(거채): 점치는 거북이 사는 거북집, 山節藻梲(산절조절) 아기자기하게 만드는 것. '조그만 기둥도 세우고 산도 만들고, 대부라는 사람이 거북점이나 치고, 도대체가 머리에 뭐가 들었다는 것인지'라는 힐난이다.

논어 정해論語 正解

十八.

子張問曰,

令尹子文 三仕爲令尹 無喜色, 三已之 無慍色, 舊令尹之政以必告新令尹,何如.

子曰, 忠矣. 曰, 仁矣乎. 曰, 未知, 焉得仁.

崔子殺齊君, 陳文子有馬十乘棄而違之, 至於他邦則曰 猶吾大夫崔子也 違之, 至一邦 則又曰, 猶吾大夫崔子也 違之, 何如.

子曰, 淸. 曰, 仁矣乎. 曰, 未知 焉得仁.

자장이 묻기를, '자문이 세 번이나 영윤벼슬을 하면서 기쁜 표정이 없었고, 세 번 퇴직하면서도 화난 표정이 없었으며, 신구영윤의 이취임 시에는 필히 인수인계를 잘했는데, 어떻게 생각하세요?'

자 왈, 충성스러운 것이다.

仁도 갖춘 것인가요? 자 왈, 잘 모르겠다만, 仁을 갖추지는 못한 것 같다.

최자가 제나라왕(莊公)을 죽였다. 진문자가 말 십승을 버리고 난을 피해 이웃 나라로 도망가서 하는 말이 '차라리 우리 대부 최자이구만' 하고 또 다른 나라에 이르자 하는 말이 또 '우리 대부 최자보다 못하네'라고 하며 또 떠났다.

자장문, 어떻게 생각하세요? 자 왈, 깨끗한 사람이다.

仁인가요? 자 왈, 모르겠다만, 어찌 仁할 수 있나.

영윤 자문이 일을 올바로 한 것은 忠이 확실한데, 사람이 되어 無感(무감)하다는 것은 仁이 들어갈 자리가 없을 듯한 걸로 보인다. 로봇 같은 것이다.

진문자는 一國의 卿(경)으로서, 자중지란을 피해 단촐하게 떠나는 것은 깨끗한 것은 맞지만, 제 몸에 똥물 튀기는 것이 싫어서 혼자만 깔끔 떠는 것은 仁과는 거리가 있다. 진즉에 반란이 일어나지 못하도록 왕을 제대로 보필하든지, 아니면 최자의 반란을 토벌했어야 한다. 君王이 失政을 하여 失位를 하는 것은 天命이라고 하더라도 죽이는 것은 막는 것이 仁이다. 그래서 仁에는 거리가 멀다.

前篇 六章에서 '好仁者 無以尙之, 惡不仁者 其爲仁矣, 不使不仁者 加乎其身'라고 하였다. 즉, 不仁이 싫어서 떠난 것까지는 仁이다. 그러나 不使不仁을 하지 못한 것은 仁에 모자란다.

十九.
季文子三思而後行, 子聞之曰, 再斯可矣.

계문자는 세 번 생각하고 난 이후에 행동을 한다는 소리를 듣고 공자께서 왈, 두 번만 생각하면 되는데.

아무 생각 없이 하는 것은 멍청한 짓이고, 한 번 생각은 잘하자고 하는 것이고, 두 번 생각은 틀리면 안 된다고 확인하는 것이지만, 세 번째는 뭔가 다른 생각을 한다는… 계문자의 인물됨을 아는 공자가 하는 염려이다.

二十. 子曰,
寧武子邦有道則知 邦無道則愚, 其知 可及也 其愚不可及也.

자 왈, 영무자는 나라가 정상적일 때는 슬기롭고, 어지러울 때는 어리석었는데, 나도 그의 슬기로움은 따라잡겠다만, 그 어리석음은 못 따라가겠다.

영무자는 衛文公과 成公 시절의 대부인데, 문공 시절은 道가 반듯하여 나서지 않아도 잘 돌아갔다. 성공 시절은 道가 어지러워 다들 조정을 피하는데, 어리석게도 나서서 나라를 바로잡느라고 고생을 많이 하였다. 결국 그 愚直(우직)함으로 왕을 바로 세우고 사직을 보전하였다.

공자가 제자들을 가르칠 때, '國有道其言足以興, 國無道其默足以容, 旣明且哲以保其身(나라에 도가 있을 때에는 말을 해도 되지만, 나라에 도가 없을 때에는 침묵해야 하고 현명하게 대처하여 몸을 보존하라)'라고 가르쳤으니, 국무도에 나서서 우긴다는 것은 어리석은 짓이다. 목숨을 걸어야 한다.

十一. 子在陳 曰,
歸與 歸與, 吾黨小子狂簡斐然成章 不知所以裁之.

공자께서 陳에 있을 때 '제자들이 쓸데없이 열정만 높아서 말만 번지르르하고 행동은 제대로 하는 것이 없으니 어디다 써먹을지 모르겠다. 그만 돌아가자.'라고 하셨다.

狂簡(광간): 생각만 높고 행동의 결실이 별로인 것을 의미한다.
斐然(비연): 어지럽게 화려한, 꾸밈이 많은
제자들이 가슴만 뜨겁고 머리는 텅 빈 상태이니 어디 써먹을 곳이 없다는 말.

廿二. 子曰,
伯夷叔齊不念舊惡, 怨是用希.
자 왈, 백이숙제는 지나간 나쁜 일은 생각하지 않고, 남을 원망하지 않았다.

廿三. 子曰,
孰謂微生高直, 或乞醯焉 乞諸其鄰而與之.
자 왈, 누가 미생고를 곧다고 하느냐. 누가 식초를 얻으러 오면 이웃에서 얻어다
가 주었다.

주려면 자기 것 주면 되지 왜 이웃에서 얻어다 주나? 그 사람은
발이 없어서 이웃에 못 가나? 내어 준 사람은 이웃인데, 생색은
자기가 내고, 생각해 볼 문제다.

廿四. 子曰,
巧言令色足恭 左丘明恥之, 丘亦恥之.
匿怨而友其人 左丘明恥之, 丘亦恥之.
공손을 넘은 교언영색을 좌구명도 부끄러워하고, 나도 부끄러워한다.
원망을 감추고 그 사람과 벗으로 지내는 것을 좌구명도 부끄러워하고, 나도 부끄
럽다.

참 깨닫기 어려운 부분이다. 巧言令色과 恭遜. 구분하기가 참 힘
들다. 누가 나쁜 감정을 감추고 웃고 있는지, 남의 속을 알 수가
없는 것이다.

좌구명: 공자 사후까지 노나라 사관(史官)을 하던 사람, 공자가 편년체로 쓴 춘추에 해석을 달았고(춘추 좌전), 본인은 國語라는 世事(세사)를 기사본말체로 썼다.

廿五.
顏淵子路侍, 子曰, 盍各言爾志.
子路曰, 願車馬 衣輕裘 與朋友共 敝之而無憾.
顏淵曰, 願無伐善 無施勞.
子路曰, 願聞子之志.
子曰, 老者安之, 朋友信之, 少者懷之.
안회와 자로가 스승님을 모시고 배우는 중이었다.
자 왈, 너희들 각자 생각하는 바를 말해 봐라.
언제나 씩씩한 자로가 먼저 말하기를, '마차랑 모피코트 정도는 친구랑 같이 쓰다가 낡아서 헤져도 서로 감정 상하지 않으면 좋겠어요.'
안회가 말하기를, '잘한 것을 자랑하지 않고, 나의 공치사도 하지 않을게요.'
자로가 말하기를, '스승님이 가르쳐 주세요.'
자 왈, 노인들을 편안하게 하고, 친구를 믿고, 어린애들을 보살펴라.

仁을 실천하라. 그것이 기본이다.

廿六. 子曰,
已矣乎, 吾未見能見其過而內自訟者也.
자 왈, 에혀~ 자신의 허물을 찾아내고 자책하는 사람을 나는 아직 못 봤다.

過則勿憚改를 하라고 했는데. 자신의 허물이 무엇인지도 모르는 사람이 대부분이다.

그리고 자신의 잘못을 알면서도 고치는 사람은 못 봤다.

공자가 보기에, 曾子는 하루 세 번 자신을 돌아본다고 하였지만, 자신의 허물을 다 찾지 못하였다. 공자 스스로도 자신의 허물을 찾기는 했지만, 고칠 수 없었던 것이 있다. 色斯擧矣 翔而後集(색사거의 상이후집)을 하지 못했던 과거를 죽으면서 털어 내고 떠나게 되었다.

廿七. 子曰,

十室之邑必有忠信 如丘者焉, 不如丘之好學也.

자 왈, 웬만한 동네에는 나처럼 忠信(충신)을 하는 사람이 있지만, 나처럼 공부하기를 좋아하는 사람은 없더라.

卷之六. 雍也

一.

子曰, 雍也 可使南面.

仲弓問子桑伯子. 子曰, 可也, 簡.

仲弓曰, 居敬而行簡 以臨其民不亦可乎, 居簡而行簡 無乃大簡乎.

子曰, 雍之言 然.

자 왈, 옹이는 왕을 시켜도 되겠다.

중궁이 묻기를, 자상백자는 어떤가요?

자 왈, 가능하지만 너무 깐깐하다.

중궁 왈, 삶이 정갈하고 행동이 간결하면 백성들에게 임해도 되는 것 아니겠습니까? 사생활도 정갈하고 행동도 간결하면 아주 깔끔한 것이 아니겠습니까?

자 왈, 옹이 네 말이 맞아. 그렇다.

簡: 논리적이고 체계적인, 분별하여 행동하고 따르는, 어수선한 것을 간단명료하게 하는, 상황을 파악하여 필요한 것을 골라서 분류 정리하여 체계화시키는 것을 簡이라고 한다. 공자가 정리한 周易에서 말하는 '乾以易知 坤以簡能'을 참고하면 簡에 대한 의미를 알 수 있다.

居: 사생활로서의 삶, 行: 대외적인 행위.

공직을 맡은 사람이 사생활도 너저분하고 일도 너저분하게 하면 안 될 것이다.

二.

哀公 問弟子孰爲好學. 孔子對曰,

有顏回者好學 不遷怒 不貳過, 不幸短命死矣 今也則亡, 未聞好學
者也.

제자들 중에서 누가 배우기를 좋아하오? 하고 애공이 물었다.

공자대 왈, 안회라는 자가 공부를 좋아하고 변명하지 않고 실수를 반복하지 않습
니다만, 불행히 명이 짧아 죽었으니 지금은 없습니다, 아직 호학자라고 할 사람
이 없습니다.

三.

子華使於齊, 冉子爲其母請粟,

子曰, 與之釜. 請益, 曰, 與之庾. 冉子與之粟五秉.

子曰, 赤之適齊也 乘肥馬 衣輕裘, 吾 聞之也, 君子周急 不繼富.

原思爲之宰, 與之粟九百, 辭. 子曰, 毋, 以與爾隣里鄕黨乎.

자화가 제나라에 출장을 갔다. 염자가 그의 모친을 위해 조를 청하였다.

자 왈, 한 가마 드려라.

염자, 좀 더 주시지요. 자 왈, 그럼 한 섬을 드려라.

염자가 조 5병을 드렸다.

자 왈, 적이 (공서적, 자화) 제나라에 갈 때 살찐 말을 타고 명품 모피 코트를 입
었다. 내 듣기로는 군자란 가난한 사람을 돌보는 것이지 부의 대물림을 돕는 것
이 아니다.

원사를 가신으로 쓸 때 조 구백병을 주었더니 사양하였다.

자 왈, 사양 말고, 이웃 마을과 동네 사람들과 함께하라.

가솔이 있는 제자나 벗을 멀리 출장 보내면 그 가솔들에 대하여
봉양하여야 한다. (能致其身 與朋友交)

四. 子謂仲弓曰,
犁牛之子騂且角雖欲勿用, 山川其舍諸.

공자께서 중궁에게 이르기를, 얼룩송아지가 붉고 뿔이 반듯해도 비록 안 쓰려 하겠지만, 산천이 버리겠나?

출신 성분의 문제가 아니라 노력하기 나름이다.

堯舜(요순) 시대의 舜이 卑賤(비천)하고 무도한 부모에게서 자랐고, 禹(우)왕도 부유했지만 不仁한 鯤(곤)의 아들이며, 공자 스스로도 嫡子가 아닌 서출이며, 제자 중에도 子貢, 子路, 公冶長 능 여럿이 하류민들의 자식들이다. 중궁이 비록 불초한 죄인인 부모에게서 태어났지만, 현재는 아주 반듯한 儒者가 되었으니, 불우했던 과거는 잊으라는 이야기로도 들린다.

'세상 사람들이야 그 출신 성분을 따지려고 하겠지만, 사람만 반듯하면 세상이 어찌 버리겠느냐.'라는 말이다.

얼룩소가 낳은 송아지가 아무리 반듯한들 有司(유사)가 제물로 쓰지 않겠지만, 그렇다고 하여 소들의 세상인 산천은 그 소를 외면하지 않는 것이다. (제물로 쓰는 소는 혈통 좋은 검은 소나 붉은 소를 쓴다고 함)

공자 시대는 신분 계급 사회가 아니다. 천자와 제후는 세습이지만, 그 이하의 민들은 신분의 차등이 없다. 그리고 공자의 사상은 그 어떤 신분도 인정하지 않는다. 현재의 맡은 그 직위는 직위일 뿐, 그것을 신분으로 인정하지 않는다. 그 직을 수행하지 못하여 그 직을 잃는 것은 천명이라고 하였다.

그리고 儒學(유학)은 세상 사람들을 위한 것이지 爲政者(위정자)를 위한 것이 아니다.

공자~맹자의 유학을 '先進유학'이라고 하고, 주희 이후부터는 주자학이라고 구분한다. 한반도 조선의 유학은 주자학으로서 지배층을 위한 도구로 孔孟을 도용했을 뿐이다.

五. 子曰,
回也 其心 三月不違仁, 其餘則日月至焉而已矣.
자 왈, 안회는 그 마음이 석 달 동안 仁을 어기지 않지만, 그 외 나머지 제자들은 하루 또는 한 달도 못 넘기고 그만둘 것이다.

공자의 안회에 대한 편애가 너무 심한 듯. 수제자를 잃은 후 아쉬움이 엄청났던 듯.

六.
季康子問, 仲由 可使從政也與.
子曰, 由也 果於從政乎 何有.
曰, 賜也 可使從政也與. 曰, 賜也 達於從政乎 何有.
曰, 求也 可使從政也與. 曰, 求也 藝於從政乎 何有.
계강자가 묻기를, '자로는 정사를 시켜도 되겠소?'
자 왈, 자로는 정사를 하면 결과를 잘 낼 사람이니 무슨 문제가 있겠습니까.
왈, 자공은 정사를 시켜도 되겠소?
자 왈, 자공은 정사에 통달한 사람이니 충분합니다.
왈, 염구는 정사를 시켜도 되겠소?
자 왈, 염구는 재주가 많으니 정사에 충분합니다.

七.

季氏使閔子騫爲費宰,

閔子騫曰, 善爲我辭焉. 如有復我者 則吾必在汶上矣.

계씨가 민자건에게 費땅 사또를 하라고 시켰다.

민자건이 傳者에게 말하기를, 내가 사양한다고 전달 잘해야 한다. 또 찾아와서 같은 소리 하면 나는 필히 汶上에 있을 것이다.

민자건은 出仕를 하지 않고 공자를 모신 사람이다. 魯대부 계씨가 무도한 줄을 잘 알고 있는데, '그 집 가신을 하느니 차라리 물에 빠져 죽으련다.'라는 말이다. 심부름꾼한테 나 좀 살려 주라고 당부하는 모습이다. 민자건의 인물됨을 보여 주는 대목.

汶上(문상)이라는 말은 汶이 齊(제)나라 남쪽에 있는 물 깊은 강인데, 그 汶강의 절벽 위에 즉, '물에 빠져 죽을 준비 할 것이다.'라는 소리로 보는 것이 적당하다. 왜 汶上이냐 하면, '세 번째 찾아오면 뛰어들어 죽을 것이다.'라는 소리인 것이다.

八.

伯牛有疾. 子問之 自牖 執其手曰, 亡之命矣夫,

斯人也而有斯疾也, 斯人也而有斯疾也.

염백우가 병이 들었다. 공자께서 병문안을 가서 창문 너머로 그의 손을 잡고 말하기를, '망할 운명 같으니. 이 사람에게 이런 병이 오다니, 이 사람에게 이런 병이 오다니.'

착한 제자 염백우가 병이 걸려 죽을 것 같아서 안타까워하며 운명을 한탄하는 모습이다.

九. 子曰,
賢哉回, 一簞食 一瓢飮 在陋巷 人不堪其憂,
回也不改其樂, 賢哉回也.

자 왈, 회는 참 현명하다. 빈촌에서 밥 한 그릇에 물 한 사발로 산다는 것이 견디기 힘든 것인데,
회는 그 즐거움을 고치지 아니하니, 참 賢者로다.

공자께서 늘 하시던 말씀이, 어려우면 어려움을 즐겨라. 그것이 현자다. 안회는 그것을 알고 행한다. 어렵다고 아우성치며 발버둥 칠 것이 아니라, 그냥 그 어려움 속에서도 즐겁게 살면 된다는, 괴로움을 참는 것이 아니라 어려움을 즐긴다는 말이다.

十.
冉求曰, 非不說子之道 力不足.
子曰, 力不足者 中道而廢 今女畫.

염구가 말하기를, 스승님의 가르침이 좋다는 것은 아는데, 따르자니 힘이 부족합니다.
자 왈, 힘이 모자라면 하다가 그만둔다는 것인데, 너 지금 그만둘 작정이구만.

염구가 애는 똘똘한 편인데, 잔머리를 너무 많이 굴리는 편이다. 배워서는 안 될 것이다.

十一. 子謂子夏曰,

女爲君子儒, 無爲小人儒.

공자께서 자하를 두고 하신 말씀이,

제발 군자다운 유학자가 되어야지 소인 같은 儒門人이 되지 말거라.

儒: 孔門學者들을 지칭하는 말.

자하가 여러 면에서 공자의 가르침에 위배되는 이해를 한다.

그래도 문하생들의 숫자는 자하가 제일 많았다고 한다.

十二.

子游爲武城宰, 子曰, 女得人焉爾乎.

曰, 有澹臺滅明者 行不由徑, 非公事 未嘗至於偃之室也.

자유가 무성 사또가 되었다.

자 왈, 너는 사람 좀 사귀었나?

자유 왈, 지름길도 안 다니는 담대멸명자가 있는데, 공적인 일로만 내 집에 옵니다.

澹臺滅明: 子羽(자우)의 별명. 성격이 깔끔하고 반듯하며, 빛을 없애는, 즉 허튼 것을 보면 나서서 정리해 버리는, 공사 구분이 철저한 사람인데, 자유랑 벗을 하지 못한다는 것은 자유에게 뭔가 좀 부족한지, 아니면 자유가 너무 칼 같아서 그런지. 前者 같다. 공자가 자유의 성격을 알면서 '이러니저러니 놀기 좋아하면서도 상대에게는 까탈스러운 내로남불 성격이라, 너는 사람 못 사귈 건데 좀 어떻더냐?'라고 물어본 듯하다.

113

子羽가 자유랑은 사적으로는 얽히고 싶지 않았던 모양이다.

十三. 子曰,

孟之反 不伐. 奔而殿將入門 策其馬曰, 非敢後也 馬不進也.

맹지반은 자기 자랑은 안 하더라. 도망하여 성문에 들어올 때 말을 책하며 하는 말이 '내가 용감해서 뒤에 있었던 것이 아니고 말이 느려서 그랬다'고 하더라.

도망치면서 맨 뒤에 있다는 것은 추격하는 적을 막는 것이다.

十四. 子曰,

不有祝鮀之佞 而有宋朝之美 難乎免於今之世矣.

축타의 말재주 없이 송조의 외모만으로는 요즘 세상을 헤쳐 나가기 힘들다.

祝鮀(축타): 위나라 제사장 타라는 사람. 말재주가 좋다고 한다.

宋朝(송조): 송나라에 기막히게 잘생긴 공자가 있었다고 함.

東西古今. 어떤 세상이건 나라가 살짝 어지럽기 시작하면 이 말이 맞는 말이다. 막말로 입만 잘 놀리면 명사가 되는 세상이요. 그저 외모만 빼어나면 출세하는 세상이다 보니 제대로 하려면 두 가지 다 갖추라. 하나의 장점만으로 세상을 제대로 살기는 어렵다는 것. 공자께서 당 시대를 한탄하신 듯하다.

十五. 子曰,

誰能出不由戶 何莫由斯道也.

집에서 나가지 않는 사람은 없는데, 집을 나서는 사람이 어찌 길을 따라가지 않느냐?

사람이 집을 나서지 않고는 살 수가 없다. 즉, 나간다는 것은 집에서 나가는 것인데, 당연히 길 따라간다. 집을 나선다면 문 앞에 있는 길을 따라가는 것은 당연한데, 孔門(공문)을 나서는 자들이라면 당연히 孔門之道(공문지도)를 따르라는 의미이다.

十六. 子曰,

質勝文則野 文勝質則史, 文質彬彬然後 君子.

자 왈, 바탕은 좋은데 꾸밈이 부족하면 촌스럽다고 하고, 허접한 바탕에 외양만 꾸미면 말단 공무원 같은 것이니, 근본을 제대로 세우고 외양이 어우러져야 군자이다.

별로 바탕도 없는 자가 우아, 고상, 내숭을 떨어 봤자 그것 행동에서 표시 난다. 차라리 야만스러워 보일지라도 속이 알찬 것이 더 편하다. 하지만 세상의 눈은 그렇지 않다. 바탕도 외양도 다 어우러져야 군자다.
논어를 보면 공자는 말단 공무원(吏) 벼슬아치들에 대하여 좋은 평가를 하지 않는다.

十七. 子曰,
人之生也直, 罔之生也幸而免.

자 왈, 사람은 바르게 살아야 하는데, 일그러진 삶은 요행히 罰을 면하는 것이다.

사람은 태어날 때부터 바르게 살라는 天命을 부여받았다.
그런데 바르지 못하게 살아간다는 것은 요행으로 벌을 피하는
것이다.

十八. 子曰,
知之者 不如好之者, 好之者 不如樂之者.

자 왈, 안다는 것은 좋아함만 못하고, 좋아함은 즐김만 못하다.

당면한 것을, 해야 할 바를, 이왕에 할 바엔 즐겁게 하라. 삶도
그렇다. 즐거워하라.

十九. 子曰,
中人以上 可以語上也, 中人以下 不可以語上也.

자 왈, 중간치(知의 단계) 이상의 사람에게는 높은 도를 가르칠 수 있지만, 중간
치 이하의 사람에게는 높은 도를 가르칠 수 없다.

학습의 진행 단계에 따른 눈높이 교육의 방법을 말한 것이다.

二十.

樊遲問知, 子曰, 務民之義, 敬鬼神而遠之 可謂知矣.

問仁, 曰, 仁者先難而後獲 可謂仁矣.

번지가 知에 대해서 물었다.

자 왈, 백성들에게 의로움을 견지시키고, 귀신은 공경하되 멀리하면 知라고 할
수 있다.

仁을 묻자, 자 왈, 仁이란 어려운 것을 먼저 해결하고 난 후에 그 결과를 잡아야
仁이라 할 수 있다.

번지의 습성이 생선구이를 보면 살부터 먼저 파먹고, 다른 사람
은 가시에 붙은 살을 발라 먹느라고 애쓰는 모습을 보신 듯하다.
먼저 먹는 사람이 생선 가시를 쓱싹 들어내면 손실도 적고 남도
먹기 좋은데.

요즘 세상도 굿을 하고, 백일기도도 하는 등등 번지가 귀신을 아
주 좋아한 듯한 대목이다. 동문 제자들과 어울려도 인간으로서
의 의로움보다는 신을 먼저 앞세운 듯.

공자가 제자들에게 한 말 중에 '사람도 다 못 섬기는데 어찌 귀
신을 섬기느냐.'라는 말이 있다.

卄一. 子曰,

知者樂水, 仁者樂山.

知者動, 仁者靜, 知者樂, 仁者壽.

자 왈, 知자는 물을 좋아하고 仁자는 산을 좋아한다.

知者는 활동적이고 仁者는 정적이며, 知者는 삶을 즐기고 仁者는 長壽한다.

산에 오르는 자들은 어려움을 극복하며 타인들의 어려움도 이해하고 서로 도우며 心理적으로 靜的이고, 물가에 놀기 좋아하는 자들의 심리는 遊戲的 動的이다. 心身의 平衡으로 분석한 것이다.

廿二. 子曰,
齊一變 至於魯, 魯一變 至於道.
자 왈, 齊나라는 한번 변해야 魯나라를 이르고, 魯나라는 한번 변하면 道에 이른다.

당시 국별 사회 문화에 대하여 魯 〉 衛 〉 齊 順序으로 至道之度를 말하였다.

廿三. 子曰,
觚不觚 觚哉 觚哉.
자 왈, 뿔잔이 삐죽하지 못하면. 그것이 뿔잔이냐?

하다못해 뿔잔도 자기 모양을 가지는데, 세상사 기본적인 모양과 기능이 있는데, 그것을 못 하면 그것이 근본이 맞느냐? 왕이 왕의 역할을 제대로 못 하면 그것이 왕이냐? 각자 고유의 부여된 격에 맞는 모습을 보여 주기를 바란다.
당연히 군자는 군자로서의 자세를 견지하라.

廿四.

宰我問曰, 仁者 雖告之曰, 井有仁焉 其從之也.

子曰, 何爲其然也, 君子可逝也 不可陷也, 可欺也 不可罔也.

재아가 묻기를, '군자란 막말로 함정에 빠져도 인을 쫓아야 합니까?'

자 왈, 왜 그렇게 하나?(그러면 안 된다.)

군자라도 몰라서 함정에 들어갈 수도 있지만, 그렇다고 그 함정에 빠지면 안 된다. 군자란 모르고 속일 수는 있어도, 고의로 속이면 안 된다.

이 문구의 해석은 劉聘君(유빙군)이 井有仁焉(정유인언)에서 仁을 人으로 고쳐야 한다는 討를 달아서 그 해석에 오류를 범하고 있다. 朱熹는 上考 하여 글귀를 가능한 한 원문에 근접하게 하려고 애쓴 것이 그나마 다행이다.

欺罔(기망)하다: 몰라서 속이고 알면서도 속인다는 말.

大惡(대악)속에 大惡을 爲한 小仁이 있다. 그 仁을 행해야 하느냐? 왈, 하면 안 된다.

그런데 그것이 大惡인지 모르고 小仁을 행하는 경우가 있다. 그런 경우에는 잘 처신하여 빠져나와야 군자이다.

이에 대한 부연 설명으로서 子罕 十八章에서 예문을 들었다. 두 문장은 주희의 편집 과정에서 실수로 분리된 듯하다.

譬如爲山未成一簣 止 吾止也, 譬如平地 雖覆一簣 進 吾往也.

예를 들어서 산을 쌓다가 한 삼태기 남겨 놓고 그만둬야 한다면 나는 그만두고, 땅을 고르게 하여 길을 만드는 데 겨우 한 삼태기 퍼부어서 아직은 까마득하지만, 나아가야 하면 나는 간다.

산을 쌓는 것은 대악에 비유한 것이고, 잘못을 깨달았으면 그칠 것이고, 땅을 고르는 것은 선한 일인데 시작도 못 한 단계이지만, 험한 길이라도 가는 것이 仁을 실천하는 것이다.

이 문장은 자사의 중용11장에 설명이 되어 있다.

子-曰,

素隱行怪 後世有述焉, 吾弗爲之矣.

君子 遵道而行 半塗而廢, 吾弗能已矣.

君子 依乎中庸 遯世不見知 而不悔, 唯聖者 能之.

廿五. 子曰,
君子博學於文 約之以禮, 亦可以弗畔矣夫.

자 왈, 군자란 널리 배우고 예의를 지키면 위반되는 것이 없을 것이다.

廿六. 子見南子,
子路不說, 夫子矢之曰, 予所否者 天厭之天厭之.

공자께서 남자를 만났다. 자로가 불쾌해하자 공자께서 팩 쏘아 말씀하시기를, '내가 부정한 놈이라면 하늘이 싫어한다.'

述而 章 廿三章. 二三子 以我爲隱乎, 吾無隱乎爾. 吾無行而不與 二三子者. 是丘也.

이 문장이 연결된 문장인데, 편집 과정에서 쪼개진 듯한 의심이 든다. 남자의 행실이 나쁜 것을 세상이 다 아는데, 공자가 그녀를 만나자 심히 걱정스러운 것이다. 이 대목에서 공자의 변명이 참 구차하다.

南子(남자)는 衛靈公(위영공)의 후처이다. 태자와 간통하여 태자가

논어 정해論語 正解

도망을 쳤다. 공자가 위나라에 있을 때에는 남자가 지원을 많이 해 주었다. 그래서 공자는 위나라에 가면 감사 인사를 하러 들른다. 영공이 죽은 후 자로가 위나라에서 벼슬을 하다가, 도망간 태자가 돌아와 반정하는 과정에서 결국 자로는 죽는다.

卄七. 子曰,
中庸之爲德也 其至矣乎, 民鮮久矣.
자 왈, 중용의 덕은 아주 깊은 것인데, 오래전부터 하는 사람이 드물다.

中庸이란 '어중간한, 중간의' 그런 의미가 아니고, '아주 정확하고 떳떳하게, 틀림이 없는'이라는 의미이다. 콕 집어서 '족집게 같은, 그런 딱 맞는'이라는 의미이지만, 한국 사회에서는 일반적으로 '중간 정도, 너 좋고 나 좋고, 너무 꼬장꼬장하지 않게'라는 의미로 알고 통한다.
子思가 쓴 中庸에서 不偏之謂 中, 不易之謂 庸이라고 하였다.
정확하게, 나중에 봐도 바꾸고 싶지 않은 상태를 중용이라고 할 것이다.

廿八.

子貢曰, 如有博施於民而能濟衆 何如, 可謂仁乎.

子曰, 何事於仁 必也聖乎. 堯舜 其猶病諸.

夫仁者 己欲立而立人, 己欲達而達人.

能近取譬 可謂仁之方也已.

자공 왈, 백성에게 널리 베풀고, 대중을 구제한다면 어떤가요? 仁이라 할 수 있습니까?

자 왈, 어찌 仁에다 붙이느냐. 반드시 성스럽다고 할 것이다. 그것은 요순도 힘들어했다. 仁者란 자신이 서고 싶으면 남도 세우고, 자신이 이루고 싶으면 남도 이루게 한다. 쉬운 것부터 하고 견주어 취해 나가는 것이 인의 방법이라고 할 것이다.

공자가 자공에게 아쉬워하는 한 가지가 있었다. 恕이다.

'내가 싫은 것은 남도 싫어하니 스스로 안 하는 것은 습성화되어 있지만, 내가 좋아하는 것 중에 남이 좋아하는 것도 있으니 남들도 좋게 좀 해 줘라. 남들이 나한테 좀 서운하게 해도 너그러이 받아 주는 마음도 길러 보자.'라고 가르쳤던 부분이다.

자공과 증자는 남에게 실수를 하지 않고, 똑 부러지는 성격이며, 자신이 해야 할 바를 철저히 하는 사람이지만 결벽증이 있을 정도로 차가운 면모를 보였던 것으로 판단된다. 시셋말로 '맑은 물에는 고기가 모이지 않는다'라는 말이 있듯이, (뇌섹남+차도남) 같은 자공과 증자에게 너그러움도 갖춰 달라고 가르친 부분이 보인다.

卷之七. 述而

一. 子曰,
述而不作 信而好古, 竊比於我老彭.
옛것을 믿고 좋아하여 따르면서 거역하지 않으니 노팽을 흉내 내 볼까.

옛 聖人, 賢人들의 行跡(행적)과 가르침에서 전해지는 것을 정리
하고 펴놓기는 하지만, 내 맘대로 무엇을 지어내거나 거역하지
않으니 노팽의 명성을 빌려 볼 것이다.
가르침의 근본이란 聖人이 아니면 만들 수 없는 것이다. 아무나
근본을 세울 수 없는 것이니, 공자도 그저 지금까지 쌓였던 옛
聖人들의 가르침을 펴서 따르고 '傳할 뿐이다'라고 謙讓(겸양)의
道를 견지한 것이다.

二. 子曰,
默而識之 學而不厭 誨人不倦 何有於我哉.
말없이 이해하고, 공부에 싫증 내지 않고, 사람 가르치기를 게을리하지 않는 것
을 내가 왜 해야 하는가?

聖人, 賢者들이 해야 할 일을 왜 내가 하는 것인가. 왜 해야 하는
데? 가르치다 보면 언젠가는 좋은 세상을 만나는 後學이 있을 것
이다. 그때를 期必(기필)하지는 못하지만, 언젠가는 올 것이니 부
지런히 하자.

문장 중에 가끔 전후 인과관계가 설정되지 못한 語者가 있다. 벽경 판자 조각이 흩어져 있던 경우에는 취합하지 않고 독립문장으로 처리한 경우가 많이 보인다. 즉, 술이부작 한 경우이다.

甚矣, 吾衰也久矣, 吾不復夢見周公.

唐棣之華 偏其反而. 豈不爾思 室是遠而

鳳鳥不至 河不出圖, 吾已矣夫

未之思也 夫何遠之有

默而識之 學而不厭 誨人不倦 何有於我哉.

三. 子曰,
德之不修 學之不講 聞義不能徙 不善不能改,
是吾憂也.

덕을 쌓지 않고, 배워서 가르치지도 못하고, 의로움을 듣고도 옳기지 못하고, 잘못을 알고도 고치지 못할까. 이것이 나의 걱정이다.

講(강) 가르치다, 외우다, 익히다,
배운 것을 달달 외우면 행동도 몸에 따라붙는다. 제자들을 가르치면서, 학생들이 지행일치가 되지 못할까 우려함이다.

四. **子之燕居 申申如也, 夭夭如也.**
공자께서 쉬실 때에는 쭉 펴고, 그저 기분 좋은 표정이다.

五. 子曰,
甚矣, 吾衰也久矣, 吾不復夢見周公.
하이고, 나도 이젠 다 늙었구만, 아무래도 꿈속에서 주공을 다시 못 보겠구나.

문왕의 둘째 아들로서 왕이 되지 못한 周公, 형인 武王을 보필하며 피땀으로 세상을 일구었고, 조카인 成王을 보필하며 周室을 磐石(반석)에 세운 인물이다.

공자의 삶을 先導(선도)한 주공. 꿈속에서 볼 수 없다는 것은 바램을 포기하고 후세 양성에 주력하려는 입장을 취한다.

그 꿈은 제자들을 통해 이루리라는 것이 다른 문장으로 나온다.

子罕 八章, 鳳鳥不至 河不出圖, 吾已矣夫

子罕 終章, 唐棣之華 偏其反而. 豈不爾思 室是遠而

이 문장이 연결된 문장으로 보인다.

甚矣, 吾衰也久矣, 吾不復夢見周公.

唐棣之華 偏其反而. 豈不爾思 室是遠而

鳳鳥不至 河不出圖, 吾已矣夫

未之思也 夫何遠之有

默而識之 學而不厭 誨人不倦 何有於我哉.

이렇게 되면 완성된 문장이 될 수 있다.

六. 子曰,
志於道, 據於德, 依於仁, 游於藝.
道에 뜻을 두고 德을 안아 들고 仁에 기대어 藝로서 즐기리라.

이 문장은 학습을 하여 군자가 된 사람의 세상살이를 설정한 것
이고, 泰伯 八章, 興於詩, 立於禮, 成於樂은 修學 중인 학생들의
자세로 설정된 듯하다.
붙어 있던 문장이 수차례의 筆寫編輯 과정에서 분리된 듯하다.

七. 子曰,
自行束脩以上 吾未嘗無誨焉.
육포 한 묶음 들고 배우고 싶어 찾아온 이상, 나는 가르치기 전에는 입도 안 댄다.

以上이란 말은 요즘도 쓰는 말이다. '~한 이상', 즉 '~한 데 대하
여'라는 의미로, 현재도 쓰는 말이다.
以上의 조건은 自行이다. 배우고 싶지만 가진 것이 없어서 그저
포 한 묶음 들고 찾아든 사람이다. 공자는 가난한 자라고 하여도
다 받아 주었다.
陽貨 11章과 견주어 볼 말이다. '禮라는 것이 옥과 비단을 싸 들
고 와야 禮가 되는 것은 아니다.'라는 것과 같다.

- 한상갑 선생의 해석을 보고 베껴 쓴 항간의 해석은 공자에 대
하여 심각한 모독을 한 것이다. 한 묶음 이상 가져와야 가르치고
한 마리를 들고 오면 안 가르친다는 말인가.

八. 子曰,

不憤不啓, 不悱不發, 擧一隅 不以三隅反則不復也.

분발하지 않으면 깨달을 수 없고, 갈무리하지 않으면 펼 수가 없으며, 한 모퉁이를 보면 나머지 세 모퉁이는 보지 않아도 알아야 하는데, 이것도 모르면 두 번 말하지 않는다.

공자의 가르치는 입장을 말한 것이다. 부지런히 하라. 조금 안다고 촐싹대지 말라. 뻔한 이치인 네모의 한 모서리를 알려 주면 나머지 세 모서리는 알아서 깨달아라. 이것도 못 하면 너 이상 반복해서 가르치지 않는다.

不悱不發(불비불발): 마음속에 안 담아 두고, 조금 알면 바로 촐싹거리면 못 편다. 개구리 쭈그리는 이유는 멀리 뛰려고, 즉 쭈그릴 줄 알아야 한다.

悱 : 알아도 마음속에 담아 둠, 겉으로 드러내지 않음

- 세간 해석들은 의미도 모르고 한 것들이다.

九.

子食於有喪者之側 未嘗飽也. 子於是日哭則不歌.

공자께서는 喪服을 입은 자의 곁에서는 배부르게 먹지 않았다. 哭을 한 날에는 (問喪) 공자께서 노래를 하지 않았다.

世間 解釋은 생각을 잘하면서 이해를 해야 한다.

문상을 하면 哭(곡)을 하는 자는 喪主이다. 問喪客이 哭을 하는 경우는 哭의 形式(형식)도 死者와의 관계에 따라 각각 다르다.

아직까지 한국 사회가 공자의 예법에서 완전하게 벗어난 것은
아니다. 따라서 공자가 가르친 禮의 根本을 좀 알아 두는 것도
나쁘지 않다.

天崩(천붕)을 당한 사람을 두고 염장 지르는 짓은 하지 말라는 가
르침을 행동으로 보여 주는 부분이다.

요즘 세태는 많이 변하였는데, 상주가 호상이라고 하면서 환하
게 웃는 자들도 보이고, 문상객들과 호탕하게 떠들고 웃는 사람
들도 있다. 문상 가서 만난 지인들끼리 모여서 술판 벌이는 사람
들도 있다. 좋게 보이지는 않는 모습들이다.

十.

子謂顔淵曰, 用之則行 舍之則藏 惟我與爾有是夫.

子路曰, 子行三軍則誰與.

子曰, 暴虎馮河 死而無悔者 吾不與也, 必也臨事 而懼好謀 而成
者也.

안회에게 말씀하시기를, '맡기면 하고 거두면 마는 자는 너랑 나뿐이다.'

자로 왈, 스승님, 삼군을 맡으시면 누구를 데리고 가실 거예요?

호랑이한테 대들고 하수에 뛰어들어 죽더라도 후회하지 않는 자와 나는 같이 안
한다. 일을 맡으면 필히 두려워하며, 좋은 방법을 찾아야 성공하는 것이다.

안회(顔淵)는 仁義禮를 거의 갖춘 자라고 칭찬하는 공자의 말씀
이다. 제후나 대부들이 일을 맡기면 하고, 그만두라고 하면 그저
물러날 뿐, 아쉬워하거나 그런 것은 없다.

자로는 용감하다고 스승님한테 인정받고 싶어서 지가 잘하는 것

으로 물어본 것이다. '당연히 자로 너랑 해야지 누가 할 만한 사람이 있냐?'라는 대답을 들을 기대로 물어본 것인데….

공자께서 또 자로의 기를 죽였다. '그런 쓸데없는 용기는 필요 없다. 저돌적 습성을 버려라.'라는 가르침이다.

공자께서 자로의 勇敢(용감)을 칭찬하기도 하고 무시하기도 한다. 그 내용을 보면 다 상황에 맞춘다.

十一. 子曰,
富而可求也 雖執鞭之士 吾亦爲之,
如不可求 從吾所好.

돈이 벌린다면 마부인들 내 못하겠냐만,
못 버는 것이라면 그냥 내 좋아하는 것 하련다.

十二. **子之所愼齊戰疾.**

공자께서는 본인의 병구완을 하실 때에는 신중하셨다.

병에 걸리면 타인에게 전염될까 조심하면서 누워 계신 방에 아무나 못 들어오게 하고, 스스로 극복하기 위하여 노력하셨다. 질병과 싸우고 다스린다는 것은 병구완을 의미하는 것이다.

제사, 전쟁, 질병이라고 해석하면 愼의 의미가 또 달라진다. 공자의 思想에서 전쟁에 관한 말은 하지 않았다. 위영공이 진법을 묻자 모른다고 하고 보따리 싸서 떠난 공자이다. 이런 공자에게 전쟁에 대해서 신중하다는 억측으로 해석을 하는 것은 주희의 문객들이 그저 글자만 보고 억지로 짜 맞춘 것이다.

주희는 글자를 바꿔 가면서 억지 해석을 하였다. 이를 답습한 항간의 해석도 바뀌어야 한다.

그리고 이 문장은 의미상 향당편에 분류되었어야 할 것이다.

十三.

子在齊聞韶 三月不知肉味, 曰, 不圖爲樂之至於斯也.

공자께서 齊나라에 계실 때 韶를 듣고 '노래가 이 지경에 이를 줄이야 생각지도 못했다'고 하시며, 석 달 동안 고기 맛을 몰랐다.

韶(소)는 舜代(순대)의 음악이다. 제나라에서 아주 변형이 심하게 되었던 모양이다. 너무도 어이없어서 고기 맛도 몰랐다는 것이다.

十四.

冉有曰, 夫子爲衛君乎. 子貢曰, 諾 吾將問之.

入則, 伯夷叔齊 何人也. 曰, 古之賢人也.

曰, 怨乎. 曰, 求仁而得仁又何怨.

出曰, 夫子不爲也.

염유 왈, 스승님이 衛王을 도와주실까?

자공 왈, 글쎄, 내가 여쭤볼게.

자공 들어가서 묻기를, '백이숙제는 어떤 사람인가요?'

공자 왈, 옛 현인이다.

문 왈, 그들은 후회를 했나요?

왈, 仁을 구하다가 仁을 얻었는데 무슨 후회냐?

나와서 말하기를, 스승님 안 하신다.

위영공이 죽은 후 위나라는 복잡했다. 문제의 발단은 영공의 후실 남자와 태자의 불륜이 화근이다. 후사를 정하지 못해 고민하다가 결국 쫓겨난 태자의 아들 첩이 왕위를 이었는데, 그 아비인 괴외를 귀국하지 못하게 하면서 새로운 문제가 생긴 것이다. 그래서 위왕은 공자에게 도움을 청하였다.

이에 염유가 어찌 될 것인가를 자공에게 물은 것이고, 자공은 공자에게 물어보는데, 참 기막히게 물어본다. 영민한 자공과 仁義禮를 실천하는 공자. 느닷없이 伯夷叔齊를 들먹인다.

백이숙제는 형제간에 서로 왕을 안 하려고 도망간 사람들인데, 위나라는 왕자리 두고 신경전이다. 대별된다. 그래서 자공은 백이숙제에 대하여 물어보았고, 공자는 구인 득인을 한 사람이 왜 후회하느냐고 답한다.

가는 것을 말하면 뭐가 올지 안다고 칭찬을 들은 자공, 그의 이해는 또한 정확하다.

스승님은 자신이 알고 있는 바에 대하여 실천적 행동을 하시는 분이라고 믿는 자공. 염유에게 전하기를, '스승님은 위나라에서 일 안 하신대~'라고 잘라 말하는 것이다.

스승에 대한 정확한 이해와 믿음 그리고 그 스승의 가르침은 文行忠信으로 교육자의 절대적 요소를 견지하는 것이다.

歲月이 다르다고 하더라도 현대의 敎育者들은 필히 배워야 할 德目(덕목)이다.

十五. 子曰,

飯疏食飲水 曲肱而枕之 樂亦在其中矣.

不義而富且貴 於我 如浮雲.

나물밥을 먹고 물 마시고 팔 베고 누웠어도 그 속에 즐거움은 있는 것이니라.

의롭지 못한 부귀영화라는 것은 나에게 뜬구름 같은 것이니라.

十六. 子曰,

加我數年五十 以學易 可以無大過矣.

내 인생에 50년을 더 살게 해 주면 주역을 배워 큰 실수를 하지 않을 수 있었을
것인데….

공자께서는 本人의 大過(대과)를 가슴속에 묻고 사셨다. 陳蔡之
間(진채지간)에서 절반 넘게 제자들을 죽음으로 내몰고 많이 잃으
셨다. 易地思之, 세상을 내 마음으로만 생각하고 나만 善하면 된
다고 생각하며 固執(고집)하여 큰 禍(화)를 당하신 것에 대한 후회
하심이 있다. 旣往之事(기왕지사)라고 한들 그 禍가 없어지는 것
은 아니다. 色斯擧矣 翔而後集(색사거의 상이후집)하지 못한 것을
늘 가슴속에 묻고 아픔을 숨기는 것이다. 沒世(몰세)에 임박하여
겨우 털어놓는 모습이 鄕黨(향당) 편 끝에서 보인다.

十七. **子所雅言 詩書執禮, 皆雅言也.**

스승님이 말씀하시는 雅言(아언)은 시경, 서경, 예기 등 다 雅言이다.

雅(아) 周代의 음악을 말하는 것으로 협주를 하면서 화합과 단조로움(각 요소의 특징을 다 보여 주는)을 잘 구성하여 서정적이면서도 때로는 진취적인 것이 특징이다.

雅樂의 음률이 기록으로 전해지지 않는 바, 그 정확한 악보는 없다. 다만, 朝鮮에서는 上考하여 나름의 雅樂(아악)으로 발전시켰을 뿐이다.

공자께서 古言(고언)을 傳(전)하실 때 노래하듯 시를 읽듯 말씀하셨다.

十八.
葉公 問孔子於子路, 子路不對.
子曰, 女奚不曰, 其爲人也 發憤忘食 樂以忘憂 不知老之將至
云爾.

섭공이 자로에게 공자를 물어보았다. 자로가 대답하지 못했다.

자 왈, 너는 왜 '그 사람은 열받으면 밥 먹는 것도 잊고, 기분 좋으면 근심도 잊어버리고 늙어 죽는 것도 모르는 사람이오.'라고 말하지 않았느냐?

공자께서는 모르는 것이 있어서 궁금하면 열불 나게 공부하고, 반대로 學而習之時 樂이다. 즉, 밥 먹는 것도 잊고 공부하고, 즐겁게 사느라고 근심도 버리고 세월 가는 줄 모르는 사람이다.

十九. 子曰,
我非生而知之者, 好古敏以求之者也.
내가 알고 태어난 것이 아니라, 옛것을 좋아하고 재빨리 배우는 사람이다.

나면서부터 알고 태어난 것이 아니라, 기존의 쌓여 온 지식(古)을 좋아하고 빨리 찾아서 배운 것이다.

二十. **子不語怪力亂神.**
공자께서는 귀신이나 괴물 같은 것은 가르치지 않으셨다.

老莊之類(노장지류)들인 道家(도가)적 사상과는 기본적으로 거리가 멀다.

廿一. 子曰,
三人行 必有我師焉,
擇其善者而從之, 其不善者而改之.
세 사람이 있으면 반드시 내 스승이 있으니,
좋은 것을 보면 그것을 골라 배우고, 나쁜 것이 보이면 나를 돌아보아 고치는 것이다.

남의 허물은 물어뜯고 세상을 뒤집어서라도 나쁘다고 욕을 하지만, 정작 그것이 자신에게 있으면 허물이라고 하지 않는 것이 일반적 세상이다. 고쳐져야 할 아주 나쁜 짓이다.

논어 정해論語 正解

세상은 내가 보고 배워야 하는 대상이며, 또한 나의 허물을 보여 주는 거울이다.

卄二. 子曰,

天生德於予, 桓魋其如予何.

하늘이 나에게 德을 생기게 하셨는데, 환퇴가 나를 어쩔 수 있겠는가?

환퇴도 德이라는 것을 아는 사람일진대, 내가 덕이 있음을 알면 해치지 않을 것이다. 그러나 공자의 믿음과는 달리 환퇴는 죽이려고 달려들었고, 공자는 避行(피행)하였다. 陳蔡之間의 일화.

卄三. 子曰,

二三子 以我爲隱乎, 吾無隱乎爾. 吾無行而不與二三子者. 是丘也.

제자들아, 내가 너희들에게 숨기는 것이 있다고 생각하느냐? 내가 너희들에게 숨기는 것 없다. 나는 너희들과 함께하지 않는 것이 없다.

이것이 바로 나다.

세상살이 하다 보면 많이 겪는 경우이다. 나는 숨김이 없는데, 이해하지 못한 상대는 뭔가 숨긴다고 생각한다. 즉, 상대가 나를 믿기는 하는데 자신이 이해하지 못하다 보니 뭔가 다른 것이 있다고 의심한다.

공자와 南子와의 부적절함에 대해 자로가 기분 나빠 하는 것을 변명하는 것 같다.

子見南子, 子路不說, 夫子矢之曰, 予所否者 天厭之天厭之.

二三子 以我爲隱乎, 吾無隱乎爾. 吾無行而不與二三子者.

是丘也.

이렇게 붙어 있던 문장이 전래 과정에서 분리된 듯하다.

卄四. 子以四教, 文行忠信.

스승님의 네 가지로서 가르치신다. 문, 행, 충, 신.

文: 가르치는 내용, 지식, 예의

行: 본인의 실천적 행동

忠: 본인의 진정성과 성실함

信: 본인의 타인들 또는 일에 대한 믿음

즉, 배우는 자들이 지식만 배우는 것이 아니라 그 사회성 전반을 배워야 한다는 것. 온몸으로 가르치신다.

人性교육이라고 하는 것이 지식을 바탕으로 하지 않으면 안 되는 것이다. 그래서 文은 필히 강조한다. 교육자의 도구는 2가지이다. 하나는 책에 나온 세상의 지식이고, 나머지 하나는 바로 선생이다. 책과 지식은 선생이 아니어도 존재하는 것이니 어디서 구한들 못 구할까만, 선생의 언행은 선생 없이는 구할 수 없다. 따라서 선생은 학생들을 대상으로 행, 충, 신을 실천함에 매우 愼重하고 恒心을 유지해야 한다.

卄五.

子曰, 聖人 吾不得而見矣, 得見君子者 斯可矣.

子曰, 善人 吾不得而見矣, 得見有恒者 斯可矣.

亡而爲有, 虛而爲盈, 約而爲泰 難乎有恒矣.

자 왈, 내 성인은 만나 볼 수 없으니, 군자라도 만났으면 좋겠다.

자 왈, 내 선인은 만나볼 수 없으니, 有恒 (심지 굳은) 자라도 만났으면 좋겠다.

없으면서 가진 듯, 비었는데 찬 듯, 약한데 강한 척하는 자들은 항심을 지키기가 어렵다.

恒心(항심): 성실하고 믿음 있고 바른 의리를 지키는 변함없는 마음.

卄六. 子釣而不網 弋不射宿.

공자께서는 낚시는 하지만 그물질은 안 하시고, 주살은 하되 깃든 새는 안 쏜다.

사람이 아닌 짐승을 대상으로도 仁을 실천하신다. 결국 사람을 위한 일이다. 그물질을 하면 어린 치어까지 다 잡혀서 고기 씨가 마르고, 둥지에 깃든 새를 쏘면 품고 있던 알이 다 죽는다. 결국은 인간에게 해가 되는 것이다.

廿七. 子曰,
蓋有不知而作之者 我無是也. 多聞 擇其善者而從之, 多見而識之
知之次也.

대충 알지도 못하면서 짓는 자가 있지만 나는 그러지 않는다. 많이 듣고 그중에서 좋은 것을 골라서 따르고, 많이 보고 이해하여 안 다음에 한다.

廿八.
互鄕 難與言, 童子見, 門人 惑.
子曰, 與其進也 不與其退也 唯何甚. 人潔已以進 與其潔也 不保
其往也.

동네 사람은 가르치기 어려운데, 어린애가 공자를 찾아와서 문인들이 의아했다.
자 왈, 가르칠 만하면 오라 하고, 그렇지 못해서 쫓아내면 그것은 심한 것이다.
사람이 씻고 나오면 그 깨끗함과 어울리는 것이다. 과거를 들추는 것이 아니다.

互鄕에 대한 해석을 지명으로 하는 것이 아니라 동네 사람들.
동네 사람들은 상대를 너무 잘 안다. 그 집 부뚜막에 놓인 숟가락 모양까지 다 안다. 이런 동네 사람한테, 내가 좀 배워서 안다고 하여 道가 어쩌고 하면 욕을 듣는다.
공자가 이 부분을 상당히 염려한 것은 다른 문장에서도 보인다.
어려서 같이 자랐다고 하여 자라서 똑같이 사는 것이 아니며, 동문수학했다고 하여 그 삶이 똑같은 것도 아니며, 똑같은 것을 안다고 해서 똑같이 출세하는 것은 아니라고 말하였다. 현대인들도 삶에서 뻔히 느끼는 바이다.
동네 친구들한테 道가 어쩌고 하면 그건 씨알도 먹히지 않는 것이 당연하다. 하여 互鄕이란 말은 한동네에 사는 사람들이라는 말이다. 요즘 말로 고향 까마귀라고도 한다.

지연 공동체는 이성적 판단보다는 감성적 정서로 얽혀 있는 사람들이다. 情으로 어울려 사는 사람들에게 천명이 어쩌고, 도가 어쩌고 해 봐도 씨알도 먹히지 않는다.

그런데 동네에 사는 어린애가 무엇인가 배우려고 찾아왔다. 즉, 배우고 싶다는 것이다. 그저 동네 노인으로 알고 있었는데, 그것이 아니라 엄청난 스승이라는 것을 깨닫고 배우려고 찾아온 것이다.

한동네에 사는 애가 배우려고 찾아왔다는 것은 이미 뭔가를 깨달았다는 것이다. 즉, 배워야 할 스승인 줄 알고 찾아온 것이다. 그저 말 안 통하는 동네 사람이라고 하여 돌려보낼 일은 아닌 것이다. 제자들의 의혹에 대해서 그렇게 가르쳐 준 공자이다.

陽貨 13章에서 鄕原 德之賊也 라고 말한 공자가 왜 그리 말을 했을까?

儒學이 정착되고 마을 단위의 교육이 중요시된 이후부터는 이 말이 적용되지 않는다. 그러나 공자 시대의 동네라는 것은 유학이 정착되지 못한, 유학이 뭔지도 모르는 시절이다. 그저 한동네 살면서 뭉쳐진 힘을 가져야만 생존해 나가던 시절의 동네라는 것은 德이라는 것, 禮라는 것이 필요치 않다. 친하게 지내는 사이에서는 어지간한 허물은 그냥 덮어 두고, 도둑질도 어울려서 하며 무엇이 善이고 무엇이 惡인지 그 기준도 설정할 수 없는 상황이다. 딱히 말하면 요새 한국 사회 같은 곳이다. 친하면 도적질도, 깡패 짓도 어울려서 하는 그런 상황이었음을 말하는 것이다. 그런 동네 상황에서 무슨 道와 德을 운운하겠는가?

공자 시절의 동네 문화를 宋나라와 朝鮮의 동네 문화와 비교하면 큰 오산이다. 공자 시절의 동네 문화는 현대 한국의 패거리 문화와 동일 선상에서 봐 줄 대상인 것이다.

廿九. 子曰,

仁遠乎哉, 我欲仁 斯仁 至矣.

仁이 멀리 있는 것인가? 내가 仁을 바라고 仁을 따르면 이르는 것이다.

三十.

陳司敗問, 昭公 知禮乎. 子曰, 知禮.

孔子退, 揖巫馬期而進之曰, 吾聞君子 不黨, 君子 亦黨乎.

君取於吳爲同姓 謂之吳孟子, 君而知禮 孰不知禮.

巫馬期以告. 子曰, 丘也幸, 苟有過 人必知之.

진사패가 묻기를, '소공이 예를 아십니까?'

자 왈, 그렇소.

공자가 나간 후, 진사패가 무마기에게 읍하고 나서 말하기를, 내 듣기로 군자는 패거리를 이루지 않는데, 군자도 역시 黨을 이루는군요. 君(昭公)께서 吳나라의 同姓과 결혼하고, 그 부인을 오맹자 하고 하였는데. 君이 禮를 안다면 예를 모르는 사람이 어디 있겠소?

무마기가 공자께 고하자, 자 왈, 나는 다행일세. 진실로 허물이 있다면 사람들이 필히 안다.

진소공에 대한 국내 여론이 좋지는 못한 상황이지만, 남의 나라

왕가의 혼사 문제에 함부로 왈가왈부해서는 안 되는 것이다. 그래서 공자는 그저 진사패의 질문에 왕을 감싸 주었더니, 진사패가 왕과 공자를 싸잡아서 패거리 라고 비난한 것이다. 소공의 문제점을 모르는 바는 아닌데, 사패가 저렇게 자신의 왕에 대해 멸시하니, 그를 흠할 수도 없는 것이다. 다만 과는 만천하에 드러나는 것일 뿐이라고 말하고 만다.

이 문장에서 말하는 바, 자공의 이해도 같은 맥락이다.

子張 卄一. 子貢曰, 君子之過也 如日月之食焉. 過也 人皆見之 更也 人皆仰之.

자공 왈, 군자의 허물은 일식·월식과 같은 것이다. 허물이 있으면 모든 사람이 다 보게 되고, 고치면 모든 사람이 우러러보는 것이다.

卄一. 子與人歌而善 必使反之 而後和之.

공자께서 사람들과 노래하여 잘하면 반드시 다시 시킨 후 화답하셨다.

卄二. 子曰,
文莫吾猶人也, 躬行君子 則吾未之有得.

이론적으로는 내가 남보다 못한 것이 없지만 몸소 실천하는 군자로서는 내 아직 이르지 못하였다.

躬行君子(궁행군자)가 되려면 나도 아직 더 증진해야 한다.

卅三. 子曰,
若聖與仁 則吾豈敢, 仰爲之不厭 誨人不倦 則可謂云爾已矣.
公西華曰, 正唯弟子不能學也.

인자한 성인을 내 어찌 감히 넘보겠나. 그저 따르기를 싫어하지 않고, 사람을 가르침에 게으르지 않으면 될 뿐이다.

공서화 왈, 정녕 제자들로서는 쳐다볼 수 없는 바입니다.

子罕 마지막 句節에 未至思也 夫何遠之有. 후세에 좋은 시절을 만났을 때 태평성대를 이끌어 갈 後學을 가르치는 것이 내가 할 수 있는 마지막 일이다. 생각이 이르지 못했을 뿐 그것이 어찌 멀리 있으리오. 훗날 다가올 太平聖代를 위한 준비이다.

卅四.
子疾病, 子路請禱, 子曰, 有諸.
子路對曰, 有之, 誄曰, 禱爾于上下神祇. 子曰, 丘之禱久矣.

공자께서 병이 나셨는데, 자로가 기도하겠다고 허락을 청하였다.

자 왈, 무슨 좋은 것 있냐?

자로대 왈, 예 있어요. 뢰사에 이르기를, 당신을 도와주십사 천지신명께 비는 것입니다.

자 왈, 내가 오래전부터 빌었다.

자로는 스승님이랑 농담을 자주 주고받는다. 그런데 그 농담 속에 가르침이 있다. 농담으로 가르친 것도 자로는 이해하면 지킨다. 알면 지키는 것이 자로라는 것을 아시는 공자는 정색해서 가

르치면 자로가 힘들어하는 것을 아신다. 배우기를 두려워하는
자로, 왜? 행해야 하기 때문이다. 知行一致를 몸으로 실천하는
자로이기 때문에, 공자는 걸핏하면 농담으로 주고받는다.

공자의 대답으로 '내 오래전부터 빌었다.' 즉 '효과 없더라'라는
말이다. 공자의 사상은 道家 사상과는 멀다.

卅五. 子曰,

奢則不孫 儉則固, 與其不孫也寧固.

사치는 불손하고 검소는 고루한데, 불손하느니 차라리 고루한 것이 낫다.

卅六. 子曰,

君子坦蕩蕩, 小人長戚戚.

군자는 안정되고 평온하며, 소인은 길길이 뛰면서 불안하다.

卅七. 子 溫而厲 威而不孟 恭而安.

공자께서는 푸근하며 단정하고, 느긋하며 사납지 않고, 공손하며 평안하셨다.

卷之 八. 泰伯

一. 子曰,
泰伯 其可謂至德也已矣. 三以天下讓 民無得而稱焉.

태백은 덕이 지극하다고 할 것이다. 세 번이나 천하를 양보했음에도 세상 사람들은 그의 德을 모른다.

泰伯(태백)은 大王의 長子이다. 王位를 물려받아야 하는데, 辭讓하여 결국 셋째 아들인 季歷(계력)이 보위를 잇게 되었다. 그가 바로 文王이다. 文王으로 이어짐으로써 武王(무왕)이 나고 周公(주공)이 나오는 것이다. 하여 결과적으로 道가 바로 선 周代의 기틀을 만든 엄청난 德을 이루어 낸 것은 바로 泰伯의 보위에 대한 사양(辭讓)이 있었기 때문이다.

조선으로 비교한다면 太宗의 장자인 양평대군이 亂行(난행)하면서 보위를 거절하여 셋째인 세종에게 보위가 이어져 조선의 문화를 이루어 낸 것이다.

어리고 나약한 季歷이 왕위를 이었음에 殷나라 紂왕이 말랑하게 보고 그저 위기를 의식하지 못하였다고 볼 수도 있는 것이다. 文王은 천자인 殷나라 紂王에게 엄청난 굴욕을 당하면서도 그냥 견디어 내었다고 한다. 紂王은 文王을 불러다 놓고 文王의 아들 한 명을 죽여 湯(탕)을 끓여서 문왕에게 먹으라고 주었고, 문왕은 屈服(굴복)하여 먹었다고 한다. 이 사건으로 文王의 주왕에 대한 복수심이 더욱 굳어지는 것이야 당연한 것. 그러나 文王은 천하

2/3를 차지할 때까지 천자인 주왕을 섬겼다고 한다.

아들 武王은 결국 紂王을 죽이고 그 궁전을 痕跡(흔적)도 없이 파내어 버리고 연못을 만들었다고 한다. 그리고 무왕의 동생 周公은 전국을 몸으로 뛰면서 殷의 天下를 전부 周나라 천하로 바꾸었는데, 그 방법은 다름 아닌 仁德義이었다.

孔子가 500년 전의 일에 대하여 의미 부여 하는 것은 결과를 두고 평가를 한 것이다. 역사를 현재의 입장에서 평가하고 당시의 상황을 고려하지 않는다는 것은 다소 무리인 듯하지만, 泰伯이 보위를 이었다면 당시까지는 勢가 유지되던 紂王이 그냥 두었을까? 어쩌면 본인의 평안한 삶을 구하기 위한 辭讓이라고 볼 수도 있다. 그러나 태백의 덕은 폭정을 끊어 내고 백성들이 번성할 수 있는 토대를 마련한 것이다.

二. 子曰,

恭而無禮則勞, 愼而無禮則葸, 勇而無禮則亂, 直而無禮則絞.
君子篤於親則民興於仁, 故舊不遺則民不偸.

공손하면서 예를 모르면 피곤하고, 신중하면서 예를 모르면 겁쟁이가 되고,
용감한데 예를 모르면 亂雜한 것이고, 바른 행동도 예를 모르면 교살당한다.
군자가 부모에게 효도하면 民이 仁을 깨닫고, 묵은 약속을 지키면 백성들의 싸움이 없어진다.

현실적으로 맞는 말이다.

그런데 禮라는 것이 아주 주관적인 것이다 보니 난감하다.

禮라고는 닭발에 털만큼도 없는 자들이 힘을 가진 윗자리를 차

145

지하고 있다면, 그 아랫사람들의 禮란 그저 屈從만이 禮이다.

三.

曾子有疾 召門弟子 曰, 啓予足 啓予手.
詩云, 戰戰兢兢 如臨深淵 如履薄氷,
而今而後 吾知免夫 小子.

증자가 몹쓸 병에 걸려 있을 때 문하생들을 불러서 말하기를 '내 손발을 잘 봐라'. 시에 이르기를, 깊은 물가에 서 있듯, 얇은 얼음 위를 지나가듯 조심조심해야 한다.
제자들아, 내 이제야 면함을 깨달았느니라.

詩는 小雅, 小旻
不敢暴虎 不敢憑河, 人知其一 莫知其他,
戰戰兢兢 如臨深淵 如履薄冰.
身體髮膚受之父母 不敢毁傷孝之始也.
호랑이한테 대들지 말고 거센 강물에 뛰어들지 말라.
사람이 하나(용기)만 알고 다른 것은 모르는구나.
깊은 물가에 선 듯, 얇은 얼음을 밟 듯, 조심 또 조심해야 한다.
터럭 하나라도 부모님께 물려받은 것이니 상하게 하지 않는 것이 효의 시작이다.

병이 들면 가장 큰 걱정이, 나의 몸이 상하는 것이 아니라 不孝가 될까 봐서 걱정하는 것이다. 병들어서 자리에 누워 보니 가장 큰 걱정이 부모님이다. 이대로 죽으면 가장 아픈 사람은 바로 부모다. 증자의 말에서. '내 이제야 면함을 깨달았다'라는 말은 내 손발이 멀쩡하니 부모님께 걱정을 끼치지 않겠구나. 즉, 효를 깨달았다는 말이다.

四.

曾子有疾 孟敬子問之,

曾子言曰, 鳥之將死 其鳴也哀, 人之將死 其言也善.

君子貴乎道者三, 動容貌 斯遠暴慢矣, 正顔色 斯近信矣, 出辭氣 斯遠鄙倍矣, 籩豆之事則有司存.

증자가 아플 때 맹경자가 문병을 갔다.

증자 말하기를, 새는 죽을 때가 되면 그 소리가 애처롭고, 사람이 죽을 때가 되면 그 말이 선하다.

군자가 귀하게 여겨야 할 세 가지 도가 있는데, 행동을 사납고 거만하게 하지 말고, 표정을 바르게 하여 믿음 있게 할 것이며, 말투를 저속하게 하지 말아야 한다. 변두지사는 유사들이 하는 대로 둬라.

대부 맹손가의 자제인 맹경자가 뺀질뺀질. 선생의 가르침에 헛소리나 하면서 빈정대던 애인 모양이다. 스승한테 뺀질거리는 애는 보나 마나 하인들에게 갑질을 심하게 하는 것은 뻔한 것일 것이다. 그래서 말하기를, '죽는 사람의 입에서는 나오는 소리는 선한 것이니 내 말을 잘 들어라.'라면서 맹경자의 행실에 대한 맞춤 교육을 하고 있다.

상탁불하청, 윗사람으로서 행실을 바로 하면 아랫사람들이 바르게 따를 것이니 자신부터 고쳐라.

주희의 주해가 잘못되어 籩을 祭器(제기, 제사용 그릇)라고 인용한 것은 오해가 있다.

鼎豆之事, 籩斗之事, 俎豆之事, 盤豆之事. 용어별 차이가 있다. 정두지사는 삶거나 굽거나 음식 장만하는 것이고, 변두지사는 정두에서 나온 대량의 음식을 대그릇에 담아 물을 빼거나 펴 놓는 것이고, 조두지사는 자르고 다듬고 손질하여 제기에 담는 것, 반두는 준비된 제기를 제상에 배치하는 것이다.

대부 이상의 집안에는 가솔들이 많으므로 제사를 지내든 잔치를 지내든 일상적으로 음식의 준비가 많다. 따라서 변두지사는 일상적이다. 일상적 먹거리 장만에 주인이 나서서 왈가왈부하면 격에 맞지 않고 유사들이 피곤하다. 실무진들이 할 일이다.

五. 曾子曰,
以能問於不能, 以多問於寡, 有若無, 實若虛, 犯而不校, 昔者吾友 嘗從事於斯矣.

증자 왈, 아는 것도 모르는 사람한테 물어보고, 많으면서도 모자란 사람한테 물어보고, 있으면서도 없는 듯, 알차면서도 텅 빈 듯하고, 무시당해도 개의치 않는, 예전에 내 벗이 행하던 것이었다.

子路를 생각하면서 하는 말이다.

六. 曾子曰,
可以託六尺之孤, 可以寄百里之命, 臨大節而不可奪也, 君子人與
君子人也.
증자 왈, 외로운 왕을 맡길 수 있고, 백리의 명을 맡을 수 있으며, 그 절개를 뺏을
수 없으니 군자 중의 군자이다.

周公을 닮으면 마땅히 군자이다. 어린 조카인 성왕을 보위하여
왕실을 지키고, 중원 전역을 다니면서도 命(명: 사회성)을 어긴 적
이 없으며, 그 절개를 지켰으니 군자 중의 군자인 것이다. 공자
가 주공의 삶을 따라 살고 싶었던 것인데 세상은 무도했다.

七. 曾子曰,
士不可以不弘毅. 任重而道遠.
仁以爲己任 不亦重乎, 死而後已 不亦遠乎.
증자 왈, 선비란 마음이 넓고 굳세어야 한다. 책임이 무겁고 갈 길이 멀기 때문
이다. 仁으로 임해야 하니 무거운 것이며, 죽어야 그만둘 것이니 멀다고 하는
것이다.

責任(책임)과 信義(신의)를 강조한, 죽을 때까지 가야만 하는 군자
의 길이다.

八. 子曰,
興於詩, 立於禮, 成於樂.
자 왈, 詩에서 일어나, 禮로서 서고, 樂으로 이루어라.

제자들의 공부하는 기본자세를 알려 주는 것으로, 본인도 하던 방법이다.

詩를 읽어야 한다는 것은 글을 배움이요, 지식을 쌓는 일이다. 배워서 깨달았으면 행동으로 나타내야 하는데, 그 행동은 필히 예를 견지하라. 그리고 세상에 나아가서 조화를 잘 이루어야 한다. 樂이란 조화를 이루어야 성립이 되는 것이다.

泰伯 八, 興於詩, 立於禮, 成於樂. 입문한 초학자들의 자세.

述而 六, 志於道, 據於德, 依於仁, 遊於藝 다 배우고 군자가 된 이후의 자세.

九. 子曰,

民可使由之 不可使知之.

백성을 설득할 수는 있지만, 깨닫게 할 수는 없다.

由: 단순 인과 관계를 밝히는 것, 知: 始終을 아는 것.

이 말은 현재도 사실이다.

十. 子曰,

好勇疾貧 亂也, 人而不仁疾之已甚 亂也.

난폭한 자가 가난함을 싫어하면 난리가 나고, 사람 나쁘다고 너무 치대면 난리가 난다.

周易을 읽으시고, 鄕原의 인심들을 잘 살펴보신 듯하다. 흔히들 경험한 부분일 것이다.

친구에게 잘못한 것을 지적하면 '1절만 해라'라며 싫어한다.

爲政 十六, 攻乎異端 斯害也已 이 문장과 함께 생각해야 할 내용이다.

十一. 子曰,

如有周公之才之美 使驕且吝, 其餘 不足觀也已.

주공의 인물됨을 갖추었다고 하더라도 교만하고 인색하게 굴면, 나머지는 볼 것도 없다.

義와 德이 갖춰지지 못한 사람의 행동이 아무리 주공의 흉내를 낸다 한들 감춰지지 않는다. 繪斯後素(회사후소)를 하지 못한 자의 모습인 것이다.

十二. 子曰,

三年學 不至於穀 不易得也.

삼 년을 배우고도 한 톨 깨달은 바 없으면 (학문을) 이루기 쉽지 않다.

穀(곡)을 곡식 한알이라고 보는 것이 원문을 해치지 않는 의미일 것이다. 공자는 가능성이 보이지 않는 사람을 무작정 잡아 놓고 우려먹는 짓은 하지 않는다. 3년 정도 배워 보고 기초적인 깨달음을 얻지 못하면, 농사짓고 살라고 일러 준다. 그저 배우겠다고 찾아오면 평생을 잡아 두고 우려먹는 학원이 아니다.

이 文句는 述而 七章에서 말한 擧一隅 不以三隅反 則不復也와 맥이 통한다. 즉, 사각의 한 모서리를 알려 주면 나머지 세 모서리는 당연히 알아야 하는데, 그것을 반복해서 말해야 하는가?

穀(곡)이라고 말을 한 것은 일 년 농사에서 얻어지는 것이 穀이다. 그런데 삼 년을 공부해도 배운 티가 안 나면 공부를 더 해서 무슨 소용이 있겠는가?

이 문구의 세간 해석은 주희의 주해부터 문제가 심각하다. 孔門에 入門하려는 일반적 이유는 職(직)을 얻기 위함이다. 그리고 孔門修學은 3년 만에 이루어지지 않는다. 공자가 쓴 禮記(예기)의 曲禮(곡례) 18장에서 다음과 같이 말하였다.

人生十年日幼學 二十日弱冠 三十日壯有室 四十日强而仕 五十日艾服官政~. 어려서부터 배우기 시작하여 40살이 되어야 任使(임사) 하는데, 어찌 3년 만에 하나?

漢字로 공부하여 삼 년 만에 공무원을 할 수 있을까? 현대 세상도 불가능하다. 朱熹의 주해는 原字까지 바꿔 가면서 억지 해석을 하였다. 至를 志로 바꾸고 穀을 祿(녹)으로 바꿔 가면서까지 억지 짜맞추기를 하였다.

十三. 子曰,
篤信好學 守死善道. 危邦不入 亂邦不居.
天下有道則見 無道則隱.
邦有道 貧且賤焉 恥也, 邦無道 富且貴焉 恥也.
자 왈, 믿음을 쌓고 배우기를 좋아하며, 죽더라도 善과 道는 지켜라.

위험한 나라에는 가지 말고 난잡한 나라에서 살지 말라.

도가 바로 선 세상이면 나서고 무도하면 나서지 말아라.

도가 바로 선 나라에서는 가난하고 천한 것이 부끄러움이지만, 무도한 나라에서는 부유하고 귀한 것이 부끄러운 것이니라.

十四. 子曰,

不在其位 不謀其政.

자신의 위치에 맞게 임하라.

자신의 직분을 넘어선 주제넘은 짓은 하지 말라. 맡은 바 아닌 일에 대해서는 나서는 것 아니다. 각기 직위에 따라 주어진 일이 있으니, 묻기 전에는 답도 하지 말고, 물어도 잘 모른다고 해라.

十五. 子曰,

師摯之始 關雎之亂 洋洋乎盈耳哉.

사지가 연주한 관저의 시작 부분은 현란함이 아주 좋아서 귀가 가득하였다.

關關雎鳩 在河之州, 窈窕淑女 君子好逑. 參差荇菜 左右流之, 窈窕淑女 寤寐求之.

求之不得 寤寐思服, 悠哉悠哉 轉轉反側. 參差荇菜 左右采之, 窈窕淑女 琴瑟友之.

三差荇菜 左右芼之, 窈窕淑女 鍾鼓樂之.

위의 관저라는 詩는 글의 내용이 강의 모래밭에 노는 새 떼들의 모습을 시각적으로 그려 낸 시이다. 시의 내용처럼 音律과 각 樂器들의 연주 구성이 기막혔던 모양이다.

朱熹가 上古 편집한 詩經에 나오는 문장은 위와 같다.

亂을 卒章이라고 朱熹가 해석한 것은 좀 어색하다. 卒章이라고 한다면 후렴구를 의미한다고 보겠지만, 후렴구는 각각 樂器들의 특성을 개별적으로 나타내는 모양이다. 그리고 마지막 후렴구는 반복을 하면서 鐘鼓로 마감을 한다.

시작의 현란함은 모여든 새들이 무질서하게 수컷들이 암컷들에 대한 집단 구애 행동을 표현하는 것이고(前句), 신중하게 수컷을 고르는 암컷들의 행동은 단아하게 개별적으로 묘사한 것이다. 즉, 관저라는 시는 雅樂의 특성과 잘 맞아떨어지는 시라고 할 것이다. 시작은 합주로 하고 이후에는 악기별 특성을 단아하게 연주해내고 마침은 조화를 이루어 내는 구성이다. (무질서로 시작-조정 과정-합의된 질서)

十六. 子曰,
狂而不直, 侗而不愿, 悾悾而不信, 吾不知之矣.
뜻만 높고 바르지 못하고, 미련하면서 성실하지 못하고, 호들갑 떨면서 믿음이 없으면 내 알 바 아니다.

꼴도 보기 싫다고 하는 것이다.

狂: 자전에는 그저 미친이라고 하지만, 공자 시대의 의미는 공자가 규정한 바, 생각만 높고 행동은 급하고 과정과 결과는 형편없는 것에 대한 의미이다.

十七. 子曰,
學如不及 猶恐失之.
이해하지 못하는 듯, 오히려 잊어버릴까 봐 걱정하는 듯, 하면서 배워라.

선뜻 이해한 것같이 하다 보면 나중에 잘못 이해한 것이 많다. 배운 것을 차곡차곡 쌓아 가면서 복습하여 정확하게 깨닫는 것이 더 이득이다. (中庸之美)

十八. 子曰,
巍巍乎 舜禹之有天下也 而不與焉.
진짜 대단한 것이다. 舜禹의 천하는 도저히 재현할 수 없는 것일 뿐.

순왕과 우왕은 본인이 원하여 천하를 얻은 것이 아니다.
요왕이 순에게 천하를 떠맡기는 과정과 순왕이 요왕에게 천하를 기탁하는 과정은 후세에 다시 볼 수 없는 태평성대의 표본이다.
不與焉: 함께할 수 없다. 다시 볼 수도 없다. 언급, 평가, 비교를 할 수 없다.

十九. 子曰,
大哉 堯之爲君也,
巍巍乎唯天爲大 唯堯則之 蕩蕩乎民無能名焉,
巍巍乎其有成功也, 煥乎其有文章.
요왕은 위대하시다.
하늘의 지고한 위대함을 요임금이 행하셨으니 너무 넓어서 백성들이 이름을 붙일 수 없다. 드높은 공적이며 빛나는 문장이다.

요임금 때 시간과 달력을 정하였다. (하루 12시간, 1년=366일-閏). 그리고 촌뜨기 舜을 발탁하여 왕위를 떠맡기고, 불인한 세력을 제거하였다.

二十.
舜有臣五人而天下治. (禹, 稷, 潔, 皐陶, 伯益)
순은 5명의 신하로 세상을 통치하였다.
(우, 직, 설, 고도, 백익)

武王曰, 予有亂臣十人.
(周公 旦, 召公 奭, 太公 望, 畢公, 榮公, 太顚,
閎夭, 散宜生, 南宮适, 其餘一人也 文母 邑姜)
무왕 왈, 나는 골치 아픈 신하 10명이 있다.
(주공단, 소공석, 태공망, 화공, 영공, 태전, 굉요, 산의생, 남궁괄, 그 외 한 명은 어머니 강씨)

무왕이 신하를 왜 난신이라고 했는가 하면, 왕을 정신 사납게 간언하고 몰아붙이고 해서이다. 즉 충신이다. 왕을 그저 좀 편하게 두면 되는데, 그걸 그냥 못 봐주는, 나를 괴롭히는 신하라는 역설적 표현이다.

孔子曰,

才難 不其然乎. 唐虞之際於斯爲盛.

有 婦人焉, 九人而已.

三分天下有其二以服事殷, 周之德 其可謂至德也已矣.

인재 얻기가 힘든 것은 당연하다. 요순 시절 시절은 많았고, 무왕은 문왕의 부인인 姜씨가 있으므로 실은 9명이다.

천하의 2/3를 가지고 은나라를 섬겼으니, 주문왕은 지덕이라고 할 것이다.

廿一. 子曰,

禹 吾無間然矣. 菲飮食而致孝乎鬼神, 惡衣服而致美乎黻冕, 卑宮室而盡力乎溝洫. 禹 吾無間然矣.

우왕은 내가 간여할 수 없다.

음식은 대충 먹으나 제사는 반듯하게 챙기고, 의복은 허름하게 입어도 제례복은 갖춰 입었고, 궁실은 비루했으나 치수를 하는 데는 진력을 다하였다.

우왕은 내가 낄 틈이 없다.

요왕 시절 후계자 선정에서 不仁의 이유로 제외되고 우산에서 처형당한 강상 세력 곤(鯤)의 아들이 바로 禹이다. 舜은 왕이 되자 禹를 등용·치수를 맡겼고, 禹는 3년간의 대홍수를 불가사의한 대토목공사로 극복하였다. 운하를 파서 강과 강을 연결하여 물이 잘 빠지게 하여 주거지와 농지를 보호하여 백성들이 살기 좋게 만들었다. 그때 판 운하가 이후에는 교통로로 쓰이는 현재 운하의 기초가 된 것이다.

舜왕은 禹의 그 공적이 높고 근면 성실함과 인자함이 있어 왕위를 물려줬다. 이 禹왕부터 세습왕조가 되어 河나라가 되었다.

卷之九. 子罕

一. 子罕言利與命 與仁.

공자께서는 命과 仁을 利에 결부시키지 못하게 하셨다.

'天命을 수행하고 仁을 행하는데 어찌 利益을 생각하느냐. 損益을 따질 대상이 아니다.'라는 말이다.

문법적으로 '罕言利~ 利'는 '말을 못 하게 하다', '罕'는 '금하다, 막다'라는 의미로 적용해야 한다고 본다.

이 문장에 대한 주희의 해석과 한국의 세간 해석은 공자를 이해하지 못하고 논어의 문구를 이해하지 못한 해석이다. 특히 주희는 스승인 정자의 해석에 기댄다.

세간의 해석은 공자께서는 '利, 命, 仁'에 대해서 드물게 말씀하셨다. 즉, '자주 안 하셨다.'라는 해석인데, 이런 해석은 공자의 가르침을 공부하려고 한 사람이 아니다.

논어의 기본은 仁에 관한 것이다. 어찌 仁을 드물게 말씀하셨다고 말할 수 있는가?

공자학의 기본은 孝, 仁, 命, 義, 禮, 德이다. 仁(인)을 가르쳤더니 利(이)를 취하려고 不仁한 짓을 하는 사람들의 짓거리이다.

주희가 주해에서 그렇게 설명했다고 하더라도 논어를 읽어 보면 뻔한 내용인데, 그냥 따라만 하는 것은 의미를 모르고 책을 써서 세상에 악행을 하는 것이다. 그것을 보고 공부하는 사람들이 어떤 상태가 되라는 것인가? 주희의 해석은 과거지사라 어쩔 수 없다지만 한국의 세간 해석은 신랄한 비난을 받아야 한다.

二.

達巷黨人曰, 大哉 孔子, 博學而無所成名.

子聞之 謂門弟子曰,

吾何執, 執御乎 執射乎, 吾執御矣.

저잣거리 왈패들이 말하기를, 저렇게 박식한 사람이 이름 내걸 자리 한 곳 없으니. 공자란 분, 대~단한 사람일세.

공자께서 들으시고 제자들에게 말하기를, 말고삐와 활 중에서 내 어떤 것을 잡을까? 나는 말고삐를 잡을 것이다.

達巷黨人(달항당인)의 해석에서 달항을 지명으로 해석하는 경우가 일반적인데, 의미는 저잣거리 왈패들, 제 마음대로 휘젓고 다니는 조폭 패거리로 보는 것이 적절하다.

해석으로는, 공자께서 저잣거리를 지나가는데 왈패들이 왈, '공자가 박식하다는데 뭐 잘하는 것 한 가지 있나?'라고 비꼬았고, 이 소리를 들은 공자가 '저놈들을 그냥 칵~ 활로 팍~ 쏴 죽일까? 아니면 말고삐를 잡을까? 말고삐를 잡아야지.'

말도 가르치면 말의 도를 안다. 왈패들이 뭘 모르고 저러는 것이니 지도 편달을 하면 알게 될 것이다.

말고삐를 잡다: 말을 교육시키려면 말에 대해서 잘 알아야 한다. 즉, 맞춤 교육을 해야 하는 것이다. 상대에 맞춰 교육하는 것, 쉬

운 것 같지만 天命을 깨달은 자가 할 수 있는 일이다.

　말로 해서는 알아듣지 못할 왈패들이라, 두들겨 패서라도 가르쳐야 한다는 진정한 교육자의 자세를 견지한 것이다.

당시 사회에서 공자의 사회적 지위는 상당하였다. 현대 사회로 말하면 유일한 대학 총장이다. 학생들을 가르쳐서 각 나라 및 대부들에게 필요한 인재를 보내 주는 유일한 교육 기관 수장이었으니, 제후들이나 대부들도 다 인정하는 유명인이다. 이런 공자에게 길거리 왈패 떨거지들이 빈정대었으니 현장에서 맞아 죽어도 될 중죄를 저지른 것이다. 그런데 공자는 그저 몰라서 그러는 것이니 '가르쳐야 할 대상이다'라고 하면서 제자들의 분노를 막는다. 얼굴에 돌을 맞아도 바른 도를 취하는 진정한 교육자의 자세이다. 진정한 仁의 자세로 세상을 대하신다.

三. 子曰,

麻冕 禮也, 今也純 儉, 吾從衆.

拜下禮也, 今拜乎上, 泰也. 雖違衆, 吾從下.

예를 갖추려면 삼으로 만든 건을 써야 하겠지만, 요즘은 면이 검소하니 衆志를 따르리.

절은 낮춰서 하는 것이 禮인데, 요즘은 높여서 하는구만. 참 큰일이다.

내 비록 衆意를 거스르더라도 낮춰서 할 것이다.

實用性(실용성)과 意味(의미), 어느 것을 쫓을 것인가에 대한 공자의 합리적 사고이다.

세상이 변하면 변하는 것을 수용해야 하는 것과 세상이 변해도 바른 의미는 지키고자 하는 것이다.

세간의 해석은 절하는 곳의 위치를 높은 곳에서 낮은 곳으로 이해하고 있는데, 잘못된 것이다. 절하는 자세를 말하는 것이다. 즉, 몸을 낮춰서 하는 것이 옳은 것이지 고개만 까딱하면 되냐? 이런 의미이다. 예를 들어 왕이 행차를 하면 장소의 높낮이에 상관없이 그 자리에서 엎드려 절하면 된다. 장소의 문제가 아닌 자세의 문제인 것이다.

요즘 세상에서도 이것을 많이 본다. 까만 양복 일색으로 차려입은 조폭들이 큰형님이 나오시면 허리를 팍 숙인다. 대가리만 까딱하는 놈은 싸가지 없다고 두들겨 맞는다.

四. 子絶四, 毋意 毋必 毋固 毋我.

공자께서 네 가지를 버렸다. 내 생각, 당위성, 내 고집, 그리고 나(我)라는 것을 버렸다.

順理(순리) 順命(순명)의 道를 행하신 것이다. 자신의 판단이 아니라 命을 따른다.

五.

子畏於匡. 曰, 文王既沒 文不在玆乎. 天之將喪斯文也 後死者 不得與於斯文也, 天之未喪斯文也, 匡人其如予何.

공자께서 광땅에서 위험에 처하셨다.

왈, 문왕이 죽었다고 하여 그 道가 여기 없단 말이냐? (세상에 남아 있다.) 세상이 그 도를 없애려고 하였다면 나중에 죽는 자가 그 도를 얻을 수 없겠지만, 아직 세상이 그 도를 잃지 않았으니 광인들이 나를 어찌 하겠는가?

문왕은 죽었지만 그 도는 세상에 남아 있으니 내가 배운 것이다. 하늘(세상)이 그 도를 버렸다면 마땅히 나중에 죽을 내가 이어받지 못하였겠지만, 하늘이 버리지 않았으니 세상에 남아 있고 내가 배운 것이다. 그러니 광인들도 문왕의 도(인자함)를 알 것이니 나를 어찌하지는 않을 것이다.

六.

大宰問於子貢曰, 夫子 聖者與, 何其多能也.

子貢曰, 固天縱之將聖, 又多能也.

子聞之曰, 大宰知我乎. 吾少也 賤故 多能鄙事, 君子 多乎哉 不多也.

牢曰, 子云, 吾不試故藝.

대재가 자공에게 묻기를 공자께서는 성인이요? 어찌 그리 다능하신가요?

자공 왈, 진짜로 하늘이 늘어놓은 큰 성인이시고, 다방면에 능하십니다.

공자 들으시고는 왈, 태재가 나를 아는구만, 내 어린 시절에 천하게 자라서 하찮은 것을 많이 아는데, 군자가 많이 알아야 하는가 하면 그것은 아닐세.

뢰(자개) 왈, 공자께서 '내가 취직을 못 해서 재주를 익혔다'라고 말씀하셨다.

다른 문장에서 공자 하신 말씀이 있다.

돈이 벌린다면 말꾼인들 못하랴 한다만, 돈이 안 된다면 나는 내 좋아하는 것 하련다. 어려서 취직도 안 되고 해서 그냥 이런저런 재주를 많이 익혔다.

七. 子曰,

吾有知乎哉, 無知也. 有鄙夫問於我 空空如也, 我叩其兩端而竭焉.

내가 아는 것이 있느냐? 아는 것이 없다. 어느 멍청한 자가 횡설수설 질문하면 나는 그 앞뒤 사정을 잘 살펴서 정리해 줄 뿐이다.

八. 子曰,

鳳鳥不至 河不出圖, 吾已矣夫.

봉조도 아니 오고 하도도 안 나오니 내 이제 끝났나 보다.

鳳鳥(봉조)는 舜帝(순제) 때도 나오고, 文王(문왕) 때도 기산에서 울었다는 왕좌를 점지하는 상징이고, 河圖(하도)는 伏義氏(복희씨) 때 하수에서 용마가 등에 짊어지고 나왔다는 그림으로서 주역 八卦의 기초로서 새 세상을 여는 秘器(비기)를 하늘이 점지함을 비유한 것이다.

공자 본인의 박복함을 한탄하는 것은 아니고, 그러한 天運이 없이는 공자께서도 어쩔 수 없이 포기할 수밖에 없는 世態(세태)를 말씀하신 것이다.

공자께서 천하를 隊行(대행)하면서 周公(주공)처럼 섬길 왕을 찾았으나 그런 곳이 없어서 포기하고 鄕里(향리)로 돌아와 후세를 양성하여 언젠가는 재현될 시운을 만나면 그 뜻을 펴리라고 다짐하기 전에 한 말일 것이다.

나는 이제 늙어서 힘도 없고 하늘도 시운을 내리지 않지만, 생각이 미치지 못해서 그런 것이지 그것(태평성대)이 어찌 멀리 있으리오.

甚矣, 吾衰也久矣, 吾不復夢見周公.

鳳鳥不至 河不出圖, 吾已矣夫

唐棣之華 偏其反而. 豈不爾思 室是遠而. 未之思也 夫何遠之有

默而識之 學而不厭 誨人不倦 何有於我哉.

하이고, 나도 이제는 늙었구나. 이제는 꿈속에서 주공을 다시 볼 수도 없구나.

봉조도 아니 오고 하도도 안 나오니 내 이제는 다 끝난 것인가?

태평성대가 뇌리를 떠나지 않는구나. 어찌 너를 잊으리오만 현실은 아득하구나.

생각이 이르지 못할 뿐이지 그것이 어찌 멀다고 하겠는가.

묵묵히 깨닫고 공부를 좋아하고 사람들을 부지런히 가르치는 것을 내가 왜 하는가?

왜 하는가? 시운이 찾아오는 날을 기다림이다. 후학들이 나의 꿈을 이룰 그때를.

九. 子見齊衰者, 冕衣裳者, 與瞽者 見之 雖少 必作, 過之必趨.

공자께서는 병약한 자, 상복을 입은 자, 소경을 보면 비록 어린애 일지라도 필히 길을 비켜 주고 지나간 뒤에 가던 길을 가셨다.

아주 작은 것 같지만 중요한 仁과 禮의 몸에 밴 생활이다.

현대 한국 사람들, 제발 상여 차량이 줄지어 가면, 揖(읍)은 못하더라도 끼어들기 좀 하지 말자.

十.

顏淵 喟然歎曰, 仰之彌高, 鑽之彌堅, 瞻之在前 忽焉在後. 夫子循循然善誘人 博我以文, 約我以禮. 欲罷不能, 旣竭吾才, 如有所立卓爾. 雖欲從之 末由也已.

안연 왈, 하~ 참 스승님 대단하시다.

우러러볼수록 높고, 뚫어 볼수록 견고하고, 바라보면 앞에 있더니 어느새 뒤에 계시네. 스승님은 차근차근 사람을 잘 이끌어 주시고, 나를 글로써 넓게 해 주시고 禮로서 整頓(정돈)시켜 주셨다. 따라잡고 싶어도 되지 않아 내 바닥만 드러나고, 그저 그 자리에 우뚝 서 계시니, 아무리 쫓아가 본들 그림자에도 못 미치네.

안연이 공자를 제대로 알아보는 단계에 이른 것이다. 愚者(우자)의 눈에는 賢者(현자)가 안 보인다. 達巷黨人(달항당인)의 눈에는 별것 아닌 공자이다. 그런데 공문 제자들 중에서 수에 이른 안연은 공자의 深大(심대)함을 알아본다.

十一.

子疾病, 子路使門人 爲臣.
病間曰, 久矣哉 由之行詐也. 無臣而爲有臣, 吾誰欺, 欺天乎.
且予與其死於臣之手也 無寧死於二三子之手乎.
且予縱不得大葬 予死於道路乎.

공자께서 병이 나셨다. 자로가 문인들을 시켜 수발을 들게 하였다.

병석에서 공자 왈, 자로가 오래전부터 속여 왔구만. 신하 없는 사람한테 신하가 있다니, 내가 누군데 속이려 드느냐. 하늘을 속일래?

그리고 내가 신들의 손에서 죽는 것보다 너희들의 손에서 죽는 것이 불편하단 말이냐? 또한 내 죽어서 큰 장례를 바라지는 않지만, 내 그냥 길거리에서 죽으란 말이냐?

君臣(군신) 관계와 師弟(사제) 관계는 격이 다르다, 군신 관계는 계약된 관계이고 사제 관계는 父兄(부형) 관계와 동격이다.

공자가 병들어 누워 있는데, 자로가 문인들을 시켜 臣으로 근무하게 한 것이다. 공자는 그것이 싫은 것이다. 病간호를 하던 계약 관계의 臣은 병자가 죽으면 임무가 끝난 것이고 떠난다. 臣은 장례에 관여하지 않는다.

공자는 자로의 信義(신의)를 믿었는데, 아니, 저 인간이 내가 죽을 때가 되니 밑바닥을 보이는구만. 이놈아, 네가 나를 평생 속이고 살았구만. 臣을 쓰지 않는 사람한테 臣이 있다니. 내가 누군데 나를 속여?

자로는 본인 생각에는 잘한다고 했는데, 공자의 생각을 알지 못했던 것이다. 공자는 또 혼을 내면서 가르친다. 군신 관계는 계약 관계이고, 부자 사제지간은 일차적 무한 책임의 관계라는 것을. 자로는 혼나도 막 즐겁다. '아하~ 이런 것이었구나'라고 깨달으면 두들겨 맞아도 즐거워하였다고 한다.

十二.

子貢曰, 有美玉於斯 韞匵而藏諸 求善賈而沽諸.
子曰, 沽之哉 沽之哉, 我待賈者也.

자공 왈, 좋은 옥이 있으면 가죽 궤에 담아서 간직해야 하나요, 아니면 좋은 사람을 찾아 팔아야 하나요?

자 왈, 팔아야지. 당연히 팔아야지. 하지만 나는 살 사람을 기다린다.

자공은 스승님을 美玉에 빗대어 물어본 것이다. 공자는 팔려고 다녔지만 살 만한 사람이 없다. 지금의 세상은 道가 없으니 도가 바로 설 때를 기다리는 것이 좋다. 기다리자. 후학들을 가르치며 기다리자.

이 문장은 陽貨十九장과 연관된 내용이 전래 과정에서 분리된 듯하다. 하여 관련된 문장은 子罕편 마지막장에 다시 모았다.

子貢曰, 有美玉於斯 韞匵而藏諸 求善賈而沽諸.

子曰, 沽之哉 沽之哉, 我待賈者也.

子曰, 予欲無言.

子貢 曰, 子如不言 則小子何述焉.

子曰, 天何言哉, 四時行焉 百物生焉, 天何言哉.

十三.

子欲居九夷. (東方之夷, 有九種, 欲居之者, 亦乘桴浮海之意)

或曰, 陋 如之何. 子曰, 君子居之 何陋之有.

공자께서는 東夷땅에서 살고 싶다고 했다.

누군가 말하기를, '누추할 터인데 괜찮겠어요?'

자 왈, 군자가 살면 누추하지 않다.

十四. 子曰,

吾自衛反魯然後 樂正 雅頌各得其所.

내가 위나라에서 노나라로 돌아온 후에 음률을 바로 잡아서 雅頌이 각각 제자리를 잡게 되었다.

周室(주실)이 동주로 갈라지면서 周나라의 樂이 각 지역에 따라 흐트러졌음을 일러 주는 동시에, 시경을 정리하면서 風(풍), 雅(아), 頌(송)으로 구분하여 나름대로 음률을 재정립하고자 노력한 공자가 天下를 隊行(대행)하면서 들은 것들을 토대로 다시 정립하게 되었다는 이야기인 듯하다.

국풍(國風): 각 지역(나라)에서 불리는 대중가요

小雅, 大雅: 士, 君子들의 건전 가요

頌: 聖人, 聖王에 대한 칭송 가요

十五. 子曰,
出則事公卿, 入則事父兄, 喪事不敢不勉, 不爲酒困 何有於我哉.
문밖을 나서면 공경을 섬기듯 하고, 집 안에 들어오면 부형을 섬기듯 하고, 상사에 임하여 정성을 다하고, 술을 마셔도 취하지 않는 것을 내가 왜 하는가?

공자의 제자 교육은 文(문) 行(행) 忠(충) 信(신) 4가지로 한다고 하였다. 말로만 가르치는 것이 아니라 행동으로 가르치심이다. 제자들은 따라 하라.

十六. 子在川上曰,
逝者如斯夫 不舍晝夜.
공자께서 냇가에서 흐르는 물을 보고 하시는 말씀이, 물이 길을 따라가는 것이 밤낮 쉬지도 않는구나.

물은 물길을 따라간다. 즉, 道이다. 도를 따르는 물은 쉼 없이 흐르는 것이다. 물이 물길을 따라 쉬지 않고 흐르듯, 사람도 人道를 따라 쉬지 말고 정진하자.

逝(서)라고 쓴 것은 거꾸로 되돌아갈 수 없기 때문이다. 물은 결코 뒤돌아 가지 않는다. 왜냐하면 낮은 곳으로 따라가는 정해진 법칙을 따를 뿐이기 때문이다. 塗(도, 웅덩이)를 만나 中塗以廢 하는 경우가 있지만, 다시 낮은 곳으로 스며든다.

十七. 子曰,

吾未見好德 如好色者也.

내 아직, 德을 좋아하기를 좋아서 하는 사람을 보지 못했노라.

'덕을 좋아하기를 마음속에서 우러나서, 즉 기분 좋은 마음으로 하는 사람을 못 봤다.'라는 말. '베풀면서 좋아하는 사람이 없더라.'라는 말.

덕을 베풀다: 물심양면으로 손익을 따지면 손해이니 좋아서 하는 사람이 드물다.

이 문구에 있어서 好色을 여자를 좋아한다고 해석하는 세간의 해석은 참, 뭐라고 해야 할지. 好色이란 말은 學而 편에서도 호색지심이라고 사용하였다.

맹자에서도 如惡惡臭, 如好好色라는 문구로 호색이란 말을 썼는데, 이 호색이란 '좋아하는 색깔' 또는 '좋아하는 분위기'로 해석하는 것이 옳다. '여자를 좋아하다'라고 해석될 일은 결코 아니다.

十八. 子曰,

譬如爲山未成一簣 止 吾止也,

譬如平地 雖覆一簣 進 吾往也.

산을 쌓는 데 한 삼태기를 부으면 완성된다고 하더라도 그만둬야 한다면 나는 그만두고,

땅을 고르는 데 한 비록 삼태기 부었어도 계속해야 하면 나는 한다.

무슨 일이든 완성이 눈앞에 있더라도 그 목적과 결과가 나쁜 것이라면 깨닫자마자 바로 그쳐야 하며, 목적과 결과가 좋은 것이라면 까마득해도 계속해야 한다.

완성을 목전에 두고서라도 아니면 그만두는 것이고, 턱없이 부족하더라도 해야 하면 하는 깃이다. 천명과 순리를 따르라.

해서는 안 될 일이면 아무리 늦게 깨달았더라도 그만둬야 한다. 또한 아무리 까마득하고 힘들어도 해야 할 일이면 계속해야 하는 것이다.

이 문구는 雍也 24章의 뒤에 붙은 문장임이 유추된다. 전래와 편집 과정에서 분리된 듯하다. 산을 쌓는다는 것을 大惡에 비유한 것이어서, 不仁임을 알면 바로 그치는 것이고, 仁이 길 건너 저쪽에 있음에 땅을 골라 길을 내야 갈 수 있지만, 흙 한 삼태기 뿌린 험한 길이어도 나아가는 것이 仁이다.

당연히 '공자는 길이 험하더라도 仁을 쫓아갈 것이다.'라는 의미이다.

이 문장에 대한 증자와 자사의 이해는 다음과 같다.

素隱行怪 後世有述焉 吾不能爲之矣. 君子 遵道而行半塗而廢 吾

不能已矣, 君子 依乎中庸 遯世不見知而不悔, 唯聖者 能之

里仁8장 朝聞道 夕死可矣 아침에 도를 들으면 저녁때 죽어도 좋다. 나도 아직 득도하지 못했다.

朱熹의 해석은 전혀 意味 전달을 하지 못하는 상황이다. 이해하지 못하여 횡설수설하는 주해를 따라 갈팡질팡하는 한국 학자들의 해석 또한 무슨 의미인지도 모르는 횡설수설이다.
공자의 발언은 간단명료하다. 억지로 의미 부여 해 가면서 해석할 그런 내용은 없다.
세간의 해석은 ~ 그만두어도 내가 그만두는 것이고, 나아가도 내가 나아가는 것이라고 하는데, 이런 해석은 의미를 모르고 해석한 것이다. 결정의 주체는 공자 본인이 아니라 천명, 즉 道가 하는 것이다.
道를 따라 하다가도 非道(塗)이면 그만둬야 하는 것이고, 苦難이 있어도 道이면 하는 것이다. 그래서 아직까지도 조문도 석사가의 (朝聞道 夕死可矣)라고 한 것이다.

十九. 子曰,
語之而不惰者 其回也與.
가르쳐 주면 게으르지 않은 자는 안회일 것이다.

二十. 子謂顔淵曰,

惜乎. 吾見其進也 未見其止也.

공자께서 안연에 대하여 말씀하시기를, 애석하구나!

나는 그의 나아감은 보았는데 그의 멈춤은 보지 못하였다.

顔淵(回)이 수제자였음에 공자가 매우 아쉬워한다.

일찍이 하나를 배우면 열을 알아 행하는 안연이었지만, 끝없이 배우고 증진하다가 요절하였다. 따라서 공자는 안연의 그침, 그만둠, 쉼이라는 것을 보지를 못한 것이다.

廿一. 子曰,

苗而不秀者有矣夫, 秀而不實者有矣夫.

싹이 나오고 꽃이 못 피는 경우도 있는 것이고, 꽃이 피고도 열매를 못 맺는 경우도 있는 것이다.

안연의 요절에 대한 하늘의 결정을 수용할 수밖에 없는 공자의 자조적 표현이다.

29장 子曰, 可與共學 未可與適道, 可與適道 未可與立, 可與立 未可與權.

붙은 문장이 분리된 듯한 의심이 든다.

卄二. 子曰,

後生 可畏, 焉知來者之不如今也, 四十五十而無聞焉 斯亦不足畏 也已.

후생들이 두려운 것이니, 훗날 나타날 사람이 지금보다 못할 것일지 어찌 알겠는가만, 나이 40, 50이 되어도 그 명성이 별로 들리는 바가 없다면 두려워할 것은 못 된다.

卄三. 子曰,

法語之言 能無從乎 改之爲貴, 巽與之言 能無說乎 繹之爲貴. 說 而不繹 從而不改 吾未如之何也已矣.

바른말은 따라야 하겠지만 자신의 과를 고치는 것이 잘하는 것이고, 배운 것을 말로 표현하지 못하더라도 제대로 이해하는 것이 잘하는 것이다.

말을 하면서 의미도 모르며 따라 하기만 하고, 자신의 문제를 고치지 못한다면 나도 어찌할 수가 없다.

참 기막힌 지적이다. 중고등학교 수업 시간, 선생님은 열심히 설명하고 난 후 "이해돼요?"라고 묻는다. 그럼 "네~" 하고 대답한다. 그리고 나중에 시험을 보면 결과는 아주 아닌 경우가 태반이다.

"길거리 보행 규정은 우측 통행이니 잘 지켜 주세요."

"예~!"

그런데 막상 길거리에 보면 핸드폰을 들여다보며 이어폰을 귀에 꽂고 길 가운데서 좌우로 왔다갔다 하며 걷는다.

이런 것은 공자도 어쩔 수 없다고 하는 부분이다.

廿四. 子曰,
主忠信 毋友不如己者, 過則勿憚改.

바른 도리로 정성을 다하여 믿음 있게 대하면 자기보다 못한 자가 없으니, 자신
에게 잘못이 있으면 고치기에 주저하지 말라.

學而 八章과 同句.

廿五. 子曰,
三軍 可奪帥也, 匹夫 不可奪志也.

삼군을 뺏을 수 있어도, 필부의 마음은 뺏을 수 없다.

사람의 마음이란 것이 참 그렇다. 어리석은 사람일수록 고집이
세다. 삼군의 將兵(장병)들을 다 뺏을 수는 있지만, 배우지 못한
어리석은 사람의 마음은 뺏을 수 없다.

한국말에 '무식한 사람이 용감하다'라는 말이 있다. 무지한 사람
은 한번 마음을 정하면 그 틀에서 벗어나지 못한다.

그래서 공자 왈, '不學則固(불학즉고)이니 學則不固(학즉불고)'라고
하였다.

廿六. 子曰,
衣敝縕袍 與衣狐狢者 立而不恥者 其由也與.
詩云, 不忮不求 何用不臧.
子路終身誦之, 子曰, 是道也何足以臧.

공자 왈, 자신은 낡아 헤진 옷으로 칭칭 감고, 남들은 명품 모피 코트를 입었어도
같이 어울리며 부끄러워하지 않는 자는 자로이다.

시에 나오듯이, 남을 해치지 않고 탐하지 않으니 어찌 쓴들 착하지 않으리오. 자로가 외우고 다니자, 공자 왈, 맞는 말이지만 착한 것만으로는 좀 부족하다.

공자께서 시를 인용하여 자로를 칭찬했더니 자로가 그 시의 한 구절만 달달 외우면서 다니니, 이에 대하여 공자께서 한마디 더 첨언한 것이라고 볼 수 있다.

詩는 國風 邶風 雄雉
雄雉于飛 泄泄其羽, 我之懷矣 自詒伊阻. 雄雉于飛 下上其音, 展矣君子 實勞我心.
瞻彼日月 悠悠我思, 道之云遠 曷云能來. <u>百爾君子 不知德行, 不忮不求 何用不臧.</u>
子路는 제자들 중에서 나이가 많다. 孔子보다 9살 연하라고 한다. 공자가 젊었을 때 達巷人(달항인=길거리 왈패)이던 자로를 꼬셔서 글을 가르치고 제자로 삼았다. 자로는 공자가 가는 곳이면 어디든 따라다니면서 동네 큰형님처럼 모셨다. 공자의 수행 제자 겸 보디가드 역할을 톡톡히 하였던 자로이다. 하지만 순박하고 착하기만 해서 허구한 날 스승께 구박받는다. 그런데 자로는 그 구박이 좋은 것이다. 왜냐하면 가르침이기 때문이다.
꿀밤을 맞아도 배우고 깨달으면 좋아하는 자로다. 그래서 공자는 자로를 배우 아낀다. 왜? 과즉물탄개를 실전하는 세사로서 躬行君子(궁행군자)이기 때문이다.
위의 대화에서 공자 왈, 맞는 말이지만 착함만으로는 좀 부족하다. 그 말은 불기불구 하용부장의 앞 구절이 다름 아닌 '백이군자 부지덕행'이라는 문구가 있다는 것을 알려 주는 것이다. 군자는 덕행을 알아야 하는데, '그것을 몰라도 쓰기에는 무난하다'라고 했으니, 이왕이면 덕행을 알아야 한다. 자로는 또 흐뭇해하다가 심각해졌다.

자로는 장끼 같은 사람이다. 남을 해칠 줄 모른다. 용감하여 불쑥 잘 나서기는 하지만 근본이 순박하다. 그래서 공자는 자로를 '웅치(장끼)'라고 비유하는 것 같다.

廿七. 子曰,

歲寒然後 知松栢之後彫也.

날이 추워진 후에야 송백이 늦게 시든다는 것을 알게 될 것이다.

군자는 평소에는 별로 표시 나지 않는다. 세상이 험난해지면 그 인물됨이 보인다.

廿八. 子曰,

知者 不惑, 仁者 不憂, 勇者 不懼.

안다는 것은 의심스러운 것이 없다는 것이고, 인자란 근심하는 것이 없다는 것이며, 용자란 두려워하는 것이 없다는 것이다.

廿九. 子曰,

可與共學 未可與適道, 可與適道 未可與立, 可與立 未可與權.

같이 공부할 수 있지만 학업 성취도는 같지 않으며, 성취도가 같아도 같은 길을

논어 정해論語 正解

가는 것은 아니며, 같은 길을 간다고 해서 같은 자리에 서는 것은 아니며, 같은 자리에 선다고 해도 그 권세는 같을 수 없다.

21章에서 '苗而不秀者有矣夫, 秀而不實者有矣夫.'이라고 하였다. 하늘이 결정하는 자연에서도 싹이 난다고 다 꽃이 피는 것은 아니고, 꽃이 핀다고 다 열매 맺히는 것을 아닐진대, 하물며 사람살이도 동문수학 해도 세상사는 방법은 다른 것이고, 설령 같은 일을 하며 산다고 해도 그 위상은 다를 것이며, 설령 같은 모습으로 산다고 해도 그 권세는 같지 못하다. 안회는 그리 똘똘해도 요절을 했다.

三十.
唐棣之華 偏其反而 豈不爾思 室是遠而.
子曰, 未之思也 夫何遠之有.
태평성대가 뇌리에서 아른거리니 어찌 너를 잊으리오만 집(적용할 곳)은 멀구나.
자 왈, 미처 생각하지 못했을 뿐이지 (夫)그것이 어찌 멀리 있겠는가.

이 문구의 해석은 주희의 詰 한마디가 후생들의 상상을 막아 버린 격이다.
唐棣之華(당체지화)는 理想鄕(이상향)을 비유한 시적 표현이고,
偏其反而(편기반이)는 기울었다가 반대쪽으로, 즉 '뇌리에 아른거린다'라는 표현이며,
豈不爾思(기불이사)는 항상 마음속으로 그려 보는 이상향을 위한 군자의 갈망이다.

室是遠而(실시원이)는 어디에도 이상 사회가 정착될 만한 곳이 없다는 말이다.

未之思也 夫何遠之有: 마음속에 담은 바 생각하지 못했을 뿐, 그것이 어찌 멀겠는가.

하지만 그 꿈은 언젠가는 이루어지리라는 한 사상가의 자기 자신에 대한 다짐이다. 그 방법은 후세 양성을 통하여 이루리라는 것이다.

당체지화(이상향, 태평성대) → 爾 → 夫

글로 남겨지지 않았지만 공자 또한 그 바람은 있었던 것이다.

(자공의 말)

夫子之得邦家者, 所謂立之斯立 道之斯行 綏之斯來 動之斯和 其生也榮其死也哀, 如之何其可及之.

이 문장은 분서갱유 이후 천오백 년의 전래 과정에서 문구들이 흩어진 채 필사되어 朱熹의 재편 과정에 이른 것으로 보는 것이 타당한 이해이다. 대화의 내용으로 분석해 보면 다음과 같다.

甚矣, 吾衰也久矣, 吾不復夢見周公.

하이고, 힘들다. 내 이제 늙어서 더 이상 꿈속에서 주공을 못 뵙겠구나.

(공자의 꿈은 주공처럼 백성들이 살기 좋은 세상을 만드는 것이었음.)

鳳鳥不至 河不出圖, 吾已矣夫.

성군도 나타나지 않고 하늘도 도와주지 않으니 나는 이제 끝났나 보다.

唐棣之華 偏其反而. 豈不爾思 室是遠而.

태평성대는 아른거리는데, 한시도 잊은 적이 없었지만 적용할
곳이 없구나.

未之思也 夫何遠之有.

생각하지 못했을 뿐 어찌 멀리 있겠는가.

默而識之 學而不厭 誨人不倦 何有於我哉.

말없이 깨닫고 부지런히 공부하고 사람들을 가르치는 것을 내가
왜 하느냐.

子貢曰, 有美玉於斯 韞匵而藏諸 求善賈而沽諸.

자공 왈, 스승님 아름다운 옥을 간직만 하실 건가요? 좋은 곳을
찾아서 팔아야 하지 않겠어요?

子曰, 沽之哉 沽之哉, 我待賈者也

자 왈, 암~ 팔아야지. 당연히 팔아야지. 하지만 나는 살 사람을
기다린다.

子曰, 予欲無言.

자 왈, 난 아무 말도 하기 싫다. (이제는 너희들이 하산하여 제자들을
가르쳐라.)

子貢 曰, 子如不言 則小子何述焉.

자공 왈, 스승님이 말씀을 안 하시면 저희 소자들은 어찌 하라고요.

子曰, 天何言哉, 四時行焉 百物生焉, 天何言哉.

자 왈, 하늘이 무슨 말을 하나? 사계절이 돌아가고 백물이 나는
데, 하늘이 왜 말하나?

(하늘이 말하지 않아도 계절은 돌아가고 만물이 피고 지듯이 이제는 너희들
이 씨앗이 되어라.)

자공은 어떻게 해서라도 스승님의 세상을 현생에서 보고 싶은 것이다. 어찌 스승님 이상의 더 좋은 美玉이 세상에 있다는 말인가? 이렇게 좋은 옥을 그저 간직하고 있기는 아까운 것이다. 물론 세월이 지나도 변하지 않을 玉 같은 가르침이지만, 어찌 퇴색되지 않게 간직할 수 있을까 걱정스러운 것이다.

하여, "어떻게든 세상에 나서야 하지 않겠습니까?" 하고 물어본 것이다. 그러나 孔子는 이미 깨달음을 얻으신 분이다. 적어도 現世에서는 불가능하다는 것을 아신다.

따라서, "당연히 내다 팔아야 할 玉이지만, 제대로 된 구매자를, 즉 세상이 변하여 儒學을 적용시킬 수 있는 堯舜禹湯 文武같은 성군이 나타날 그때를 기다려 周公처럼 살아라."라고 말씀하신 것이다.

계절이 돌아가면 꽃이 피고 지듯, 너희들이 면면히 이어져 세상의 꿈을 이루라.

卷之十. 鄕黨

鄕黨篇(향당편)은 공자의 일상생활 속에서 제자들의 눈에 보인 모습을 기록한 것이다. 따라서 제자 한 사람이 아닌 여러 사람의 느낌을 각자 기록한 것을 취합한 것이므로 내용의 의미에 대한 가치 기준에서 文章間 상호 모순되는 부분이 있을 수도 있다. 예를 들어서, 근검절약을 강조한 공자의 일상생활에서 가르침과 실천에서 차이가 나는 부분이 있지 않을까 하는 우려도 있다.

공자의 말씀 중에 '共學하였지만 모두 同道일 수는 없다'라고 하였으니, 제자들마다 공자의 행동으로 가르치는 표현에 대한 이해가 다를 수도 있고, 또한 현대의 관점에서 이해하기 어려운 사회 문화적, 물질문화적, 정신문화적 차이도 있을 것이다.

- 對人關係 -

子於鄕黨 恂恂如也 似不能言者.
동네에서는 그저 순해 빠져서 말도 잘 못하는 사람 같았다.

述而 卅八章 互鄕 難與言, 陽貨 十三章 鄕原 德之賊也.
이 문구를 참고해 보면 왜 그저 순하고 어리바리하면서 처신했는지 알 수 있다.

술이편에서 互鄕難與言(호향난여언)이라고 말하였듯이 동네 사람들한테 道가 어쩌고 禮가 어쩌고 해 봐야 通하지 않는다. 괜히 욕만 먹는다. 공자의 가르침을 받고 이해하려면 상당한 정도의 기본적 배움이 있어야 가능한데, 그저 學堂 밖의 동네 사람들이 어찌 공자의 말을 이해할 것인가? 대문 밖 출입하면서 만나는 사람들에게 그저 인사는 하는 정도로 지내고, 좋은 사람 소리는 못 듣더라도 '저 인간 별스럽고 웃긴 놈이네'와 같은 소리는 듣지 말아야 할 것이다. 하여, 그저 사람 순하고 어리숙하고 남들 편하게 해 주는 것이 나도 편한 것이다. 쉬운 仁이다.

其在宗廟朝庭 便便言 唯謹爾.
종묘나 조정에서는 부드럽지만 분명하게 말씀하시고 언행을 경건하게 하셨다.

종묘나 조정이라는 곳은 당연히 경건한 분위기로 임해야 하는 곳이다. 할 말이 있으면 분명하고 조리 있게 해야 하는 곳이며, 장난스레 시시덕거릴 장소가 아니다.

朝與下大夫言 侃侃如也, 與上大夫言 誾誾如也.
조정에서 하대부들에게 말할 때는 깐깐하게 하시고, 상대부들에게는 은은하게 하셨다.

일을 앞에 두고 사람들과 이야기하는 것은 일하는 것이다.
그리고 泰伯 九章에서 분명히 선을 그었다. 不在其位 不謀其政.
상대부와 하대부를 대하는 공자의 말투가 다르다는 것은 그 중간의 지위인 卿(경)의 위치일 것으로 가늠되는데, 위에서 결정한 일에 아랫사람이 왈가왈부할 것 아니다. 위치에 따라서 하는 일이 다르다. 윗선에서 결정한 사안을 지시 또는 전달받을 때는 순순하게 하는 것이 조직의 禮에 맞는 것이고, 아랫사람들에게는 분명하고 책임감 있게 지시하는 것이 일을 바르게 하는 것이다. 현대 한국 사회에서는 이런 사람이 욕을 많이 먹는다. 윗사람에게는 슬슬 기면서, 아랫사람한테는 꼬장꼬장하면 아랫사람들이 뒷담화를 한다. 거꾸로, 윗사람에게는 잘 치받고 아랫사람에게는 은은하게 구는 사람들이 더러 있다. 그것을 잘하는 것으로 안다. 그러나 그것은 결코 좋은 현상이 아니다.

- 行動樣式 -

君在 踧踖如也 與與如也.
임금이 계시면 발을 붙들어 맨 듯하면서도 그 상황에 잘 맞추셨다.

공자 시대의 君을 요즘 말로 하면, 절대 권력을 가진 굼뜬 돼지 한 마리가 럭비공 구르듯 한다고 보면 된다. 그런 왕이 조정에 나오면 참 난감한 것이다. 그래도 발생하는 상황에 다 맞춰 나갔다는 말. 禮라는 것은 상황에 맞춰야 하는 것이다.

君召使擯 色勃如也, 足躩如也.

왕이 접객 업무를 시키려고 부르면 활짝 핀 얼굴로 사뿐사뿐 종종걸음으로 걸었다.

의관을 갖추되 제대로 여미지도 못하고, 수레를 불러 놓고 기다리지 않고 수레 쪽으로 찾아갔다. 즉, 슈(령)을 隨行(수행)할 때에는 서두르는 것이 예의다. 다만 바삐 가면서도 안전을 염두에 두어야 한다.

기업체, 사장실에서 개발과장을 불렀다. 뛰지 않고 느적느적 어기적거리면서 오면 얼마 못 가서 잘린다. 명심들을 해야 한다. 윗사람의 호출에는 쿵쿵거리지 않고 사뿐히 뛰어가는 것이 예를 지키는 것이다. 설령 윗사람이 할 일이 없어서 빈둥거리는 사람이라고 할지라도 뛰어가서 일을 보는 것이 윗사람에게 자리값을 하도록 忠諫(충간)하는 자세이다.

揖所與立 左右手衣前後襜如也.

읍을 하고 서 있을 때에는 양손을 두루마기 앞치마를 뒷쪽으로 하셨다.

요즘과는 의상이 달라서, 옛날의 禮服, 朝服에는 襜(첨, 앞치마)이 있었다.

趨進 翼如也

뛰어서 가실 때는 날개를 단 듯하셨다.

팔을 휘저으면서 뛰는 모습이 마치 날갯짓하는 듯했다.

賓退 必復命曰, 賓不顧矣.

손님이 가고 나면 '별고 없이 손님 가셨습니다'라고 반드시 보고하셨다.

入公門 鞠躬如也, 如不容.

궁문에 들어갈 때에는 구부려서 얼굴이 안 보이는 듯했다.

立不中門, 行不履閾.

문 가운데는 서 있지 않고, 문지방을 밟지 않고 가셨다.

過位 色勃如也, 足躩如也, 其言 似不足者.

다른 사람이 있는 자리를 지나갈 때에는 조심하는 표정을 지으며 빨리 지나가면서, 좀 모자란 사람처럼 말했다.

즉, 남 앞을 지나갈 때에는 미안한 표정으로, "어이구, 이런, 죄송합니다." 하면서 빨리 통과한다는 것이다.

攝齊升堂 鞠躬如也, 屛氣 似不息者.

도포 자락을 들고 당에 오를 때에는 몸을 구부리고 기운을 절제하여 숨도 쉬지 않는 듯했다.

185

조정의 당에 올라가는 것은 公務(공무)를 하러 가는 것이다.
공무를 행할 때에는 기본 자세부터 恭敬(공경)하게 해야 한다.

出降一等 逞顔色 怡怡如也.
沒階 趨進翼如也, 復其位 踧踖如也.

당에서 나와 한 계단 내려선 후에 안색을 밝게 하고 편한 표정을 지었다.
계단을 다 내려가면 날개 달린 듯 빨리 가고, 자리에 오면 천천히 걸었다.

執圭 鞠躬如也 如不勝, 上如揖 下如授, 勃如戰色,
足蹜蹜如有循.

홀을 잡으면 몸을 숙이고 마치 무거워서 못 드는 듯했고, 올리실 때는 읍 하듯,
내릴 때에는 물건을 건네듯 하고, 두려운 표정으로 긴장하셨고, 돌아설 때에는
발걸음을 짧게짧게 하셨다.

홀은 주어진 직책과 직급, 공적 신분의 표식이다. 그 직을 경건
히 받들어야 하는 것이다.

亨禮 有容色

예물을 올릴 때에는 정색을 하시고,

私覿 愉愉如也

사적인 만남에서는 화사한 표정을 지으셨다.

- 衣服 -

君子 不以紺緅飾

군자의 의복은 감색과 추색으로 꾸미지 않고,

(감색: 붉은빛이 도는 짙은 청색 즉, 짙은 핑크빛. 추색: 검붉은 색.) 이런 색은 마음을 淫亂(음란)하게 한다.

紅紫 不以爲褻服

붉은색과 자색은 속옷으로 쓰지 않으며,

當暑 袗絺綌 必表而出之

더위에는 홑 칡베 옷을 속에 입고 겉으로 내보이게 하고,

緇衣 羔裘, 素衣 麑裘, 黃衣 狐裘.

검은 옷에는 염소 가죽 외투, 흰옷엔 어린 사슴 가죽 외투, 누런 옷에는 여우 가죽 외투로 구색을 맞추셨다.

褻裘長 短右袂

평소 입는 외투는 길게 입으시고 오른손 소매는 짧게 하셨다.

(오른손은 많이 사용하는 쪽이므로 글을 쓰든 식사를 하든 소매가 길면 불편하다.)

必有寢衣 長一身有半, 狐貉之厚 以居

이불은 꼭 길게 하셨는데, 몸길이의 한 배 반으로 하였고, 너구리 모피로 넉넉하게 하셨다.

去喪 無所不佩

喪中이 아니면 항상 패물을 달았다.

패물이라는 것이 귀고리, 팔찌, 목걸이 그런 것이 아닌 옷에 매다는 것으로서, 간단한 생활의 도구나 그런 것들이라고 보면 된다. 예를 들어 사슴뿔로 만든 송곳, 옥으로 만든 도넛 모양의 고리 등.

非帷裳 必殺之

제례복이 아니면 반드시 간편하게 하였다.

(휘장 아래. 즉 제례에 참석하는 옷, 폭이 넓고 긴 것을 잘라낸다는 의미로 殺.)

羔裘玄冠 不以弔

조문할 때에는 염소 모피 외투와 검은 관을 쓰지 않았다.

현대 사회의 문상 의복과는 다른 색이다. 현대의 검은색은 서양식을 수용한 것이다.

吉月 必朝服而朝
초하루에는 필히 조복을 입고 입조를 하셨다.

왜? 告朔禮(고삭례)를 하는 날이다. 그러나 퇴색되어 없어졌지만 하기를 바라는 것이다.

- 衛生 -

齊必有明衣, 布
목욕재계하면 반드시 깨끗한 옷을 입는데, 베옷이다.

齊必變食, 居必遷坐
목욕재계하면 꼭 음식을 바꾸시고, 자리를 옮기셨다.

문화의 차이….
공자께서 활동하시던 그 지역은 비가 많이 오지 않는 지역이다. 그리고 고래로부터 중국에서는 별로 목욕을 잘하지 않았다. 목욕은 행사가 있을 때에나 하는 정도이지 아무 때나 하는 것이 아니었다. 목욕을 자주 하지 않으니 팬티를 한번 입으면 떨어질 때까지 벗지 않는다는 것이다.
그리고 의심이 너무 많아서 결코 팬티를 벗는 일이 없다고 한다. 왜냐하면 홀러덩 벗고 있을 때 누가 옷이나 귀중품을 가지고 도망가면 따라가서 잡기 힘들기 때문이라고 한다. 한국의 속담 중 '저 인간 떼놈팬티를 입었나 왜 저리 사람을 못 믿어?' 이러한 말에는 다 이유가 있는 것이다.

중국의 목욕 문화가 일반인들에게까지 현대화가 된 것은 불과 십수 년 전이다. 1990년대 중반까지만 해도 중국인들이 일상적 샤워를 하는 것은 아주 꿈 같은 이야기였다. 중국 속담에 '(장자에 나온 말) 목욕을 한 사람은 갓을 털고, 목욕을 하지 못한 사람은 옷을 턴다.'라는 말이 있다. 왜 그런가 하면, 이와 벼룩(외부 기생충)이 항상 사람들과 동거하기 때문이었다. 공자께서도 목욕하고 나면 자리를 옮기셨다는 것이 바로 그 자리에 이와 벼룩이 있기 때문에 피하시는 것이다. 한국의 사정도 뭐, 별로 다르지는 않았다. 1970년대 초반까지만 해도 한국 사람들도 이가 드글드글하였고, 여학생들의 머리에는 이의 알, 즉 서캐가 하얗게 끼어 있었다.

요즘 젊은 사람들은 논어를 읽고 이해 못 할 부분이 많은 것이 바로 그 문화적 차이를 모르기 때문이다.

목욕하고 왜 음식을 바꿔 먹느냐 하면, 몸에 기름기를 다 씻어 내어서 피부가 건조해진다. 그래서 기름기 많은 음식으로 빨리 보충해야 하기 때문이다.

- 飮食 -

食不厭精, 膾不厭細

밥은 정제된 것을 싫어하지 않고, 회는 가늘게 썬 것을 싫어하지 않았다.

논어 정해論語 正解

'좋아한다'라고 하면 되는데 왜 '싫어하지 않았다'라고 했을까? 검소와 절약을 가르치고 飯蔬食(거친 나물밥)도 마다하지 않았지만, 기왕 잘 찧어진 곡식으로 밥을 하는 것이 나쁘지는 않다는 것이다.

오늘날의 쌀은 현대식 기계로 도정하여 쌀이나 곡류가 깔끔하게 도정이 되지만, 기계화되지 못했던 옛날에는 방아 찧기가 곤란하던 시절이다. 한국도 일제시대 이전에는 지금처럼 하얀 쌀은 없었다. 필자도 어린 시절에는 디딜방아로 조도 찧고 수수, 기장도 찧었다. 겉껍질을 벗겨 내고 속껍질을 벗겨내기가 참 힘들었다. 요즘에는 여성들이 미용과 다이어트에 좋다고 현미 쌀을 먹는 경우가 있는데, 그것은 실은 먹기 힘들고, 먹어도 소화가 잘 안 된다. 위에서 精(정)이라고 하는 것이 바로 방아가 잘 찧어진 것을 말하는 것이다. 껍질이 덜 벗겨진 것이 듬성듬성 섞여 있으면 참 먹기 어렵다.

공자께서 생선이나 육류를 날것으로는 잘 먹지 않았다고 했는데, 가늘게 썬 회는 싫어하지 않는다고 한 것이 아마 소화가 잘 되었던 모양이다. 현대 한국 사회에서 회라고 하면 대부분 생선 회라고 여기는 것이 보통이다. 이것은 일제 말기에 부산 지방에서부터 시작된 일제문화의 유입에 의한 것이다. 일본에서도 스시라고 하면 지금의 한국적 회가 아닌 염장하여 발효된 것이었지만, 현대 사회에 들어서서 날생선으로 얇게 썰어 먹게 된 것이라고 한다. 하지만 옛날의 회라고 하면 기본적으로 오늘날의 육회, 즉 생고기를 회라고 하였다.

食饐而餲 魚餒而肉敗 不食, 色惡不食, 臭惡不食, 失飪不食不時不食.

쉬거나 설은 밥, 상한 생선이나 썩은 고기는 먹지 않았고, 색이 나빠도 안 먹고, 냄새가 나빠도 안 먹고, 덜 익어도 안 먹고, 시간 맞춰 드셨다.

(이 부분은 현대에서도 당연한 것이다.)

割不正 不食, 不得其醬 不食.

정갈하게 자르지 않으면 안 먹고, 맞는 장이 없으면 안 먹었다.

醬(장): 요즘으로 말하면 간장, 초장, 젓갈 등등 음식에 따라 맞는 장이 있다고 한다.

갈로 썬 것이 서로 모양이 다르다고 하여 먹지 않았다는 것은 한 편으로는 사치가 아닐까 하고 생각할 수도 있다. 하지만, 이왕 칼질을 할 것이면 균일하고 단정하게 하는 것이 일하는 사람의 기본적인 마음가짐이라고도 볼 수 있는 것이다. 이것은 음식을 대하는 자에 대한 禮의 일부가 되는 부분이고, 일을 대하는 마음가짐, 즉 忠心의 單面일 수도 있다고 본다.

肉雖多 不使勝食氣, 惟酒無量 不及亂

고기가 아무리 많아도 밥보다 많이 드시지는 않았고, 유독 술은 무한정 마시지만, 결코 주사를 부리지는 않았다.

沽酒市脯 不食

장터에서 파는 술과 장터의 포는 안 드셨다.

술이나 포는 장사꾼들의 것은 믿을 수가 없다. 쉬어 터지거나 상하기가 일쑤다. 담아 먹거나 제자들이 담아서 가져오는 것, 또는 입문자들이 가지고 오는 것으로도 충분하기 때문이다.

不撤薑食
생강은 항상 드셨다.

당시 중국 황하 유역에는 고추가 없었다. 만약 있었다면 매운 고주를 드셨을 듯하다.

不多食
이것저것, 음식의 종류를 많이 차려 드시지 않았다.

즉, 간편한 식단을 드셨다. 절약을 삶의 기본으로 여기는 공자가 반찬을 많이 차리는 것은 싫어하셨다.

祭於公 不宿肉, 祭肉 不出三日, 出三日 不食之矣.
조정에서 받은 제육은 밤을 넘기지 않고 먹어 치우고, 제사 지낸 고기는 삼 일을 넘기지 않으며, 삼 일을 넘긴 고기는 먹지 않았다.

부패와 상함의 문제이다. 조정에서 받은 제육은 받으면 이미 잡은 지 3일이 지났다.

食不語, 寢不言

식사 중에는 가르침을 하시지 않았고, 잠자는 동안은 말을 하지 않았다.

雖疎食菜羹 瓜祭, 必齊如也

비록 거친 밥에 나물국이라도 조제를 하고, 반드시 단정히 하셨다.

식사가 부실하다고 하여 대충 걸터앉아 먹거나 그러지 않고 단정히 밥상을 대하셨다는 말이다. 그리고 瓜祭(조제)란 아주 간소한 제례를 말하며, 오늘날의 식사 전 기도와 같은 것이다.

告食禮라고 하기도 하는데, '잘 먹겠습니다'라고 예를 갖추는 것이다.

告食禮, 告始禮, 告朔禮의 意味는 다음과 같다.

고식례: 잘 먹겠습니다.

고시례: 일 시작하겠습니다.

고삭례: 초하루가 되었습니다.

席不正 不坐

자리가 반듯하지 않으면 앉지 않으셨다.

중국은 한국의 앉은뱅이 밥상이 아니고 현대식 테이블과 같은 식탁 문화이다. 식탁 앞에 의자를 반듯하고 단정하게 놓아야 밥상을 대하는 사람의 자세도 반듯해진다.

鄉人飮酒 杖者 出, 斯出矣

동네 사람들과 술을 마시는 경우는 노인이 먼저 나가면 따라 나가셨다.

(동네에서는 스승과 제자가 아니라 그저 동네 사람일 뿐이다.)

杖者(장자) 지팡이를 짚고 다니는 노인이니 마땅히 어른에 대해 공경을 하는 것이다.

上下 구분의 기준은 처한 상황에 따라 각기 다르다.

동네에서는 연령에 따라서, 조정에서는 직제에 따라서, 회사에서는 직급에 따라서, 학문에서는 실력에 따라서…, 孔門의 上下의 구분 기준을 무조건 나이라고 생각하면 잘못된 이해이다.

鄕人儺, 朝服而立於阼階

동네 사람이 굿을 하면 조복을 입고 섬돌에 서 계셨다.

공자는 神을 섬기지는 않는다. 그러나 동네 사람이 굿을 하면 심적인 도움은 줘야 하는 것이다. 따라서 조복을 입고 섬돌에 서서 복을 염원해 주는 것이다. 남 굿 하는 데 고춧가루를 뿌릴 일은 아니다. 仁의 기본이다.

問人於他邦 再拜而送之

타국에 사는 사람에게 안부를 전할 때에는 使者에게 두 번 절하고 보내었다.

왜 두 번인가 하면, 전하러 가는 사람은 나를 대신하므로, 만남의 인사와 헤어짐의 인사를 使者에게 기탁하는 것이다. 즉, 사자가 받아서 전하는 것이다.

康子饋藥, 拜而受之曰, 丘未達, 不敢嘗.

계강자가 약을 보내 주었다. 절하여 받고 왈, 제가 약을 잘 몰라서, 죄송하지만 먹을 수 없습니다.

싫어하는 사람으로부터 선물이 오면 받는 것이 禮이다. 하지만 선물은 버리는 것이다. 안 먹고 버리는 방법으로, 몰라서 못 먹는다고 듣기 좋게 말했다.

廐焚, 子退朝曰, 傷人乎, 不問馬

마구간에 불이 났다. 공자께서 퇴조하여 왈, 사람 다치지 않았나? 말은 물어보지도 않으셨다.

사람이 우선이다.

君賜食 必正席先嘗之, 君賜腥 必熟而薦之, 君賜生 必畜之.

왕이 음식을 하사하면 반드시 자리를 반듯하게 하고 먼저 맛을 보았다. 왕이 생고기를 하사하면 반드시 익혀서 반찬으로 쓰셨다. 왕이 산짐승을 하사하시면 반드시 길렀다.

절대권자에 대한 禮이다.

侍食於君 君祭 先飯

왕의 식사에 동석하면, 왕은 爪祭(조제)를 올리고 밥을 먼저 드셨다.

이 문구에 대한 해석은 주희의 註解에 依據하여, '왕의 식사 수발을 할 때에는 왕이 기도하는 동안 氣味(기미)를 하셨다'라는 세간의 해석은 공자를 폄훼해도 너무 심하게 난도질한 것이다. 문구의 내용을 이해하지 못한 주희/문객에 의한 해석이겠지만, 어느 예법에 윗전보다 먼저 음식에 손을 대었는지, 그리고 공자를 기미 상궁이 하던 역할에 억지로 짜 맞춘 것은 宋시대의 문화까지 왜곡시켜 적용한 해석이다. 전혀 어울리지 않는다. 또한 정황상으로도 어울리지 않는다.

노나라에서 대신들이 왕의 식사에 동석하였을 때 그렇게 기미를 하는 것이 일반적이면 공자의 侍食을 논할 필요가 없다. 남들과 다른 무엇이 있었기 때문에 언급하였을 것이다. 그리고 先飯(선반)이라는 단어의 飯을 嘗(상)으로 썼더라면 주희의 해석도 고민해 볼 만하겠지만, 분명히 飯으로 썼다. 주희가 전혀 엉뚱한 해석을 한 것이다.

다른 사람들이 侍食할 때와는 다른 것을 말하기 위하여 기록하였을 것이다.

공자께서도 항상 식사 때에는 조제를 하셨다. 그리고 밥상 위의 음식들의 중요도 서열을 매기라고 하면 당연히 밥이 으뜸이다. 다른 사람들이 君의 侍食을 하면, 그냥 禮라는 것은 없이 먹고 싶은 것부터 먹는다는 말이고, 공자께서 侍食을 하면 다른 사람들 과는 달리 왕이 弔祭를 하고 先飯을 하였다는 것이다.

그리고 글귀 자체도 祭와 先飯의 주어는 君이다. 공자의 행위는 侍이다.

당 문장에 대한 필자의 의견은 다른 책에서도 찾아볼 수 있는 내용이다.

韓非子에서 다음과 같이 공자의 일화를 소개하였다.

孔子侍坐於魯哀公, 哀公賜之桃與黍。哀公曰, 請用。

공자가 노애공을 모시고 앉아 있는데 노애공이 기장밥과 복숭아를 주면서, '드시지요' 하였다.

仲尼先飯黍而後啗桃, 左右皆揜口而笑。

공자께서 먼저 기장밥을 먹고 난 후에 복숭아를 입에 넣자 좌우 사람들이 입을 가리고 키득거리며 웃었다.

哀公曰, 黍者, 非飯之也, 以雪桃也。

애공 이르기를, 기장밥을 먼저 먹는 것이 아니요. 설도(백도) 먼저이지요.

仲尼對曰, 丘知之矣。夫黍者, 五穀之長也, 祭先王爲上盛。

공자대 왈, 제가 알기로는 기장이란 오곡의 으뜸입니다. 선왕의 제사상에도 윗자리입니다.

菓蓏有六, 而桃爲下, 祭先王不得入廟。

과라(과일과 채소 열매)가 6가지 있습니다만, 복숭아는 그 아래로서 선왕 제사의 종묘에 들어가지도 못합니다.

丘之聞也 君子以賤雪貴, 不聞以貴雪賤。

제가 듣기로, 군자로서 복숭아를 천시해도 귀하지만, 복숭아를 귀히 여기고 천해지라고는 들어 보지 못했습니다.

今以五穀之長 雪菓蓏之下, 是從上雪下也。

지금 오곡의 으뜸인 기장과 과라의 꼴등인 설도라면 으뜸을 따르고 설도를 아래로 두는 것이 맞습니다.

丘以爲妨義, 故不敢以先於宗廟之盛也。

제가 의로움을 어지럽혀 설도를 앞세워서 감히 종묘의 제상을 훼손할 수 없습니다.

孔子의 이 주장은 이후 王의 식사에서도 義라고 우기면서 通하게 한 것으로 보인다. 조선에서도 祭床에 복숭아는 안 쓴다.

- 禮行 -

疾, 君視之, 東首, 加朝服拖紳
왕이 병문안을 오면 머리를 동쪽으로 두고 조복을 입고 큰 띠를 하셨다.

왕이 들어왔을 때 南面(남면)을 하여 자신의 오른쪽 옆에서 볼 수 있도록, 즉 윗사람을 대할 때에는 北面을 하는 것이 禮이다.

君 命召, 不俟駕行矣
왕의 부름을 받으면 가마를 기다리지 않고 먼저 가셨다.

윗사람이 불렀는데 가마를 기다릴 시간이 어디 있느냐? 한 걸음이라도 빨리 가야 한다. 그러면 가마꾼이 막 서둘러서 빨리 따라 와서 태워 가므로 시간이 단축된다.

入太廟 每事 問
태묘에 들어 가면 매사를 물어보았다. (모든 사안을 점검하셨다는 의미)

朋友死, 無所歸, 曰, 於我殯
벗이 죽어 연고가 없으면 자신의 집에 빈소를 차렸다.

能致其身 與朋友交⋯

朋友之饋 雖車馬 非祭肉 不拜
친구가 보낸 음식은 아무리 많이 보내어도 제사 음식이 아닌 한 절을 하지 않았다.

친구는 서로 몸을 바꿀 수 있는 사이이다. 너 대신 내가 먹는다
고 생각하면 된다.

寢不尸, 居不容
죽은 사람처럼 쓰러져 잠자지 않았고, 집 안에서는 몸치장을 하지 않으셨다.

見齊衰者, 雖狎 必變, 見冕者與瞽者, 雖褻 必以貌
상복을 입은 자를 만나면 친한 사이라도 필히 예를 갖추었고, 면류관을 쓴 자나
소경을 만나면 비록 평상복을 입고 있어도 예를 갖추었다.

평상복을 입고 길을 가다가 만난 면을 쓴 사람은 대부 이상이
다. 소경을 만나면 길을 한쪽으로 비켜 준다. 고위층이 다니는
것은 대부분 공무이다. 소경은 앞을 볼 수 없으니 편하게 해 줘
야 한다.

凶服者 式之, 式負版者
상복을 입은 자나 왕명 수행자를 만나면 수레에서도 예를 표시하였다.

式 → 軾(수레의 앞 손잡이)을 잡고 읍을 하여 인사를 하는 것

有盛饌 必變色而作
대부로부터 푸짐한 음식 선물을 받으면 필히 예의를 차리고 자리를 뜨셨다.

예의를 차림은 보낸 사람에 대한 감사의 예를 다함이고, 자리를
뜨는 것은 그 음식을 피하는 것이다. 선물을 보낸다는 것은 무엇

인가 다른 목적이 있다. 그래서 안 먹는 것이다. 다만 보낸 자에게 禮儀는 하는 것이 禮인 것이다.

孟子가 이런 경우에 대하여 설명한 것이 있다. (萬章下 4章)

'이것을 받아도 되는지 모르겠습니다'라고 하면서 받으면 안 된다. 이것은 '物'이 대상이 된다. 받았다는 것은 請과 바꾸겠다는 말이다. 그렇게 말을 할 것이라면 받지 말아야 한다. 하지만 下賜(하사) 품을 거절할 수는 없다. 그냥 받고 禮儀를 표하는 것이 禮인 것이다. 그리고 裏面의 그 부분(청탁)을 외면하는 것이 음식을 피해 버리는 것이다.

윗 문장에서 나온 康子饋藥, 拜而受之曰, 丘未達, 不敢嘗. 이 문구도 같은 의미이다. 계강자가 보낸 약을 받고 인사는 하였지만, 먹는 것은 합리적으로 거절하였다. 請을 할 때에는 선물을 보내고 請을 한다. 즉, 선물은 請을 하기 위한 禮儀이다. 그러면 선물을 받고 禮를 표시한 후 선물을 피하면 그 禮儀에 대한 禮는 갖추는 것이고, 請은 拒絶하는 것이 된다.

迅雷風烈 必變

천둥 벼락이 치고 바람이 거세면, 즉 태풍이 불면 걱정스러워하셨다.

본인의 문제뿐 아니라 세상 사람들에 대한 걱정이다. 仁이다.

升車 必正立執綏

수레에 오르면 똑바로 서서 고삐를 잡았다.

사소한 사안에도 정성을 들인다는 것이다. 까딱 잘못하여 넘어지면 다친다.

車中 不內顧, 不疾言, 不視指

수레에서는 두리번거리지 않고, 쓸데없는 소리 하지 않고, 손가락질하면서 보지 않았다.

요즘 운전하는 사람들이 이것을 좀 제대로 배워야 한다.

- 臨終 -

色斯擧矣 翔而後集
曰, 山梁雌雉 時哉時哉, 子路共之 三嗅而作.

이 문구의 해석에서 編著者인 朱熹는 알 수 없다고 하였다.

그리고 嗅를 臭, 또는 戛로, 共을 拱으로 바꿔 써야 한다고 말하는 사람들이 있어서 此著에 바로잡는다.

山梁雌雉(산량자치)는 孔子 자신을 어리석은 까투리에 빗대어 한 말이다. 왜 어리석은 까투리인가 하면 수풀 속에 숨어 다니지 않고 山梁(산마루)에 노출되었기 때문이다.

꺼병이를 데리고 다니는 까투리가 남들 눈에 잘 띄는 산량에 있으면 천적들에게 쉽게 노출되어 희생당한다. 진채지간에서 과반의 제자들을 죽음으로 내몰았던 대행 과정의 트라우마에서 죽을 때까지 벗어나지 못한 것이다.

時哉 時哉(시재 시재) 때가 되었다, 때가 되었어. 즉, 죽을 때가 되었다.

三嗅(삼후)는 제사에서 향을 피우면 그 냄새를 맡는 것으로 三年喪(삼년상)을 말하며, 而作(이작)은 '일어서다, 제사상 앞에서 일어서다, 떠나다', 즉, '永別하셨다'라는 의미다.

色斯擧矣 翔而後集(색사거의 상이후집)

분위기에 따라서 흩어진 후 모여라.

세상 돌아가는 정황을 보고 피할 곳은 피해야 하는데, 陳蔡之間의 그 災禍를 피하지 못하고 많은 제자를 죽음으로 내어 몰았던 한스러운 과거를 가슴속에 담고 있다가, 臨終(임종)에 임박하여 혼잣말로 중얼거린 것을 제자들이 의미를 알았지만, 그저 말씀 그대로 기록만 한 듯하다.

色斯擧矣 翔而後集 분위기 살펴보고 일어나서 흩어진 후에 다시 모일 것을, 자신은 그렇게 하지 못한 것에 대한 후회이자, 제자들에게 들으라고 한 말이다.

子路共之 三嗅 而作 자로와 함께 삼년상을 받고 일어나셨다.

子路가 죽고 4달 만에 공자도 沒世하셨다. 師弟가 같이 삼년상을 받으신 것이다.

三年喪 後, 다른 제자들은 떠나고, 子貢만 혼자 남아 三年을 더 侍墓살이를 하였다.

많은 제자 중에서 우수한 子貢이 유독 後學들을 가르치지 않았다. 그저 자신은 도저히 흉내도 낼 수 없는 스승의 몰세로 인하여 스스로는 그저 평범한 삶을 택하였다. 자공 본인의 입으로 강조하던 하류 세상으로 들어가서 민들과 부대끼면서 살아간 듯하다. 뒤에 나오는 문장 중에서 '紂之不善~'을 말한 자공은 스스로 자신의 말을 지킨 것으로 보인다. 동문들 중에서 자신이 좋아하고 인정한 안연과 자로가 먼저 죽고 나서 다른 나이 어린 후배들에게 知行一致의 君子之道를 率先하면서, 스승의 혈육인 子思를 꼿꼿한 曾子에게 맡기고 경제적 지원을 하는 것으로 스승의 부탁을 가름하였다고 한다.

공자는 수제자인 안회, 자공, 증자, 중궁 등이 자신이 이루지 못한 세상을 열 수 있도록 후학들의 교육에 전념해 주기를 바랐다. 그러나 안회가 먼저 죽자 자공에게 일임하려고 언질한다. 그러나 자공은 끝내 못 들은 척하며 공자 없는 세상은 태양 없는 하늘이라 말하며, 감히 스승의 역할을 대신하려 하지 않는다.

공자 死後에 孔門의 대를 이으려고 제자들끼리 회의를 하여 子夏를 儒宗으로 추대하였으나, 曾子가 반대를 하여 무산되었다고 한다. 자하는 그저 생김새가 공자와 닮았고, 문하생들이 제일 많다는 이유로 추대되었다고 한다. 하지만, 증자가 보기에는 子貢에 비하면 한참 뒤떨어지는 대상이어서 반대하였다고 한다.

孔子 사후 三年喪이 진행되는 동안에 2대 제자들이 論語를 편찬한다. 그리고 이 책은 여러 권으로 복제되어 문파별로 제자들이 싣고 떠난다. 동시에 孔子의 저서인 오경도 다 필사되어 제자들의 후학 교육을 위한 보물로 여겨지게 된 것이다.

이후 儒門은 크게 曾子학파와 子夏학파로 큰 맥을 나눠서 잇지만, 다른 제자들도 뿔뿔이 흩어져서 중국 각 지역으로 진출하여 나름대로 儒學의 脈을 이어 가는 역할을 하게 된다.

曾子 학파는 子貢의 경제적 지원을 받으면서 孔子의 孫子인 子思로 이어지고 孟子로 이어진다. 子夏 학파는 仲弓이 중심이 되어 훗날 荀子로 이어진다.

孟子와 荀子에 이르러 儒學이 제대로 자리를 잡는 듯하였으나, 秦始皇의 통일과 焚書坑儒(분서갱유)로 인하여 儒門은 문을 닫는다. 다만, 政勢를 간파하여 色斯擧矣 翔而後集의 가르침을 따라 前人未踏(전인미답)의 奧地(오지)로 隱居(은거)를 하거나, 漆書壁經(칠서벽경)을 하고 도망을 친 자들이 있어서 秦 나라 패망 이후 漢代(한대)에 다시 그 脈(맥)은 維持(유지)가 된 것이다.

色斯擧矣 翔而後集
曰, 山梁雌雉 時哉時哉,
子路共之 三嗅而作
정황을 살펴보고 (위험하면) 흩어져서 피한 후 다시 모여라.
'내가 죽을 때가 되었구나'라고 말씀하시고,
자로와 함께 삼년상을 받으시고 永別(영별) 하셨다.

卷之 十一. 先進

一. 子曰,
先進於禮樂野人也, 後進於禮樂君子也, 如用之則吾從先進.

예전의 예악은 순박하고 요즘의 예악은 세련되었다고 하겠지만, 골라서 쓰라고
하면 나는 옛것을 따를 것이다.

述而 卅五. 子曰, 奢則不孫 儉則固, 與其不孫也寧固.

雍也 廿三. 子曰, 觚不觚 觚哉 觚哉.

十六. 子曰, 質勝文則野 文勝質則史, 文質彬彬然後 君子.

八佾 八. 子夏曰, 巧笑倩兮 美目盼兮 素以爲絢兮, 何謂也. 子曰,
繪事後素.

曰, 禮後乎. 子曰, 起予者 商也. 始可與言詩已矣.

과거와 현재의 禮樂에 대한 공자의 입장은 質文(질문. 바탕과 외양)
으로 비교할 만큼 차이를 두었다.

과거에는 근본에 충실했지만 세련되지 못한 부분이 있어 보이
고, 현재는 근본을 무시하고 技巧만 重視하는 경향이 다분하므
로 군자에 빗대어 세태를 꼬집은 것이다.

근본이 반듯하면 그림은 다시 그리면 될 일이다. 하지만 바탕이
어지러운 그림은 고쳐봤자 허사이다. 하여 따르라면 근본이 반
듯한 옛것을 따르고, 그림은 다시 그리면 된다는 의미다.

예절이라는 것은 상대를 대하는 표현보다 순수한 마음, 즉 恭敬
이 우선이고, 樂이란 배려와 조화가 그 바탕이다. 따라서 禮樂

논어 정해論語 正解

(예악)의 근본은 仁이다.

二. 子曰,
從我於陳蔡者皆不及門也.
진채지간에서 나를 따르던 자들이 다 돌아오지 못하였다.

진채지간의 厄(액)에서 과반의 제자들을 잃었다고 한다. 공자는 그 災禍를 잊지 못하고 가끔 중얼거리듯 말씀하시면서 트라우마를 극복하지 못하신 듯하다.

德行 顏淵 閔子騫 冉牛 仲弓, 言語 宰我 子貢,
政事 冉有 子路, 文學 子游 子夏.
덕행엔 안연 민자건 염우 중궁, 언어엔 재아 자공,
정사엔 염유 자로, 문학엔 자유 자하

이 문장은 제자들이 구분한 것으로 보인다. 공자께서 제자의 잘하는 부분을 칭찬하고 못난 부분을 지적하여 격려하고 바로잡아주는 것은 다 일대일이다. 이런 식의 구분은 공자식 발언이 아니다. 제자들에 대해서 구분 짓는 말을 하지는 않을 성격이다. 비교육적 처사가 될 수 있는 언행은 삼가시는 분이다. 이 문장은 17장과 붙어 있던 것이 주희의 편집 과정에서 분리되어 엉뚱한 곳에 붙여넣은 것으로 보인다.

三. 子曰,
回也 非助我者也, 於吾言 無所不說.
안회는 나에게 도움이 안 된 인물이다. 내 말에 討다는 적이 없었다.

안회에 대한 칭찬이자 요절한 것에 대한 원망이다. 너무 잘하는 제자였는데, 다른 제자 전부와 바꾸고 싶을 만큼 잘하는 제자였는데 일찍 죽어서 아쉬움과 恨(한)이 남았다.
'내 말에 討를 달아야 나도 뭐라고 생각하면서 돌아볼 것은 돌아보고 할 것인데, 그저 배우면 바로 이해하고 좋다고만 하니 나의 발전에는 도움이 안 되더라.'라는 말이다. 즉, 다른 제자들에게 하는 말이다. '누가 討(반문)를 한다는 것은 내가 생각해 보고 돌이켜 배울 수 있는 것이다. 기분 나빠 하지 말아라.'라는 말이다.

四. 子曰,
孝哉 閔子騫, 人不間於其父母昆弟之言.
민자건은 참 효자다. 부모 형제들의 자랑에 사람들이 간섭하지 않았다.

오늘날에도 내 자식 잘나가고 효자라고 자랑하는 사람이 많이 있다. 그런데 그 집안 사정을 잘 아는 이웃이나 친인척들이 왈 "거, 무슨 말도 안 되는, 에~라이."라고 흉보는 경우들 많다. 또한, 잘은 몰라도 이웃들이 괜히 질투한다.
부모들의 자식 자랑에 타인들의 반론이 없다는 것은 자타가 공인하는 사안이라는 것이다. 공자의 제자 가르침은, 가정 방문은 물론 그 동네 인심까지 다 살피는 것이다.

五.

南容三復白圭, 孔子以其兄之子 妻之.

남용이 백규시를 하루에 세 번 되뇌었다. 공자께서 질녀를 시집보냈다.

백규시는 大雅 湯之十의 抑片

質爾人民 謹爾侯度, 用戒不虞 愼爾出話, 敬爾威儀 無不柔嘉,

<u>白圭之玷 尙可磨也, 斯言之玷 不可爲也.</u>

公冶長 一章에서 언급한 邦無道 免於刑戮의 이유를 설명한 것이다.

(조정에 입조하여 홀을 받들고 있음에) 하얀 홀에 묻은 오점은 갈아서 지워 버리면 되지만, 말실수를 하게 되면 어찌할 방법이 없다. 왕이 무도한데 조정에서 말 한마디 잘못하면 바로 처참하게 죽는다. 따라서 말조심해야 한다.

六.

季康子問弟子孰爲好學.

子對曰, 有顔回者好學 不幸短命死矣, 今也則亡.

제자들 중에서 누가 공부를 잘하냐고 계강자가 물었다.

공자대 왈, 공부 잘하는 안회라는 자가 있었는데, 불행히도 단명하여 죽었습니다. 지금은 잘하는 제자가 없습니다.

七.

顏淵死, 顏路請子之車 以爲之椁.

子曰, 才不才 亦各言其子也.

鯉也死 有棺而無椁 吾不徒行, 以爲之椁 以吾從大夫之後 不可徒
行也.

안회가 죽었다. 안로가 곽으로 쓰기 위하여 공자의 수레를 달라고 하였다.

자 왈, 잘나나 못나나 다 자식이다. 리가 죽었을 때 관은 하고 곽은 하지 않았던
것은 내가 도행을 할 수 없기 때문이며, 내가 대부의 뒤를 따라야 하는데, 수레로
곽을 하면 도행이 불가하다.

椁(곽) 관을 넣는 외부의 큰 관. 자신이 타던 운행 수단으로서의
수레나 배 등의 판재를 사용하여 저승 가는 길을 편하게 가라는
의미에서 관을 넣었다. 즉, 죽은 자의 수레라고 이해하면 적절
하다.

徒行(도행): 여럿이 줄을 지어 가는 것. 신분에 따라 그 줄의 위치
가 정해져 있다.

鯉 공자의 아들 白魚의 호명. 鯉는 아들인 子思가 어릴 때 공자
보다 먼저 죽었다.

공자는 초대 제자들을 다 자식처럼 여겼다. 師父 一體라고 공자
는 생각하였고, 제자들도 다 그렇게 생각하였다.

그런데 朱熹 이후의 儒學에서는 君師父 一體라고 바꿨다.

백어가 친아들이지만 공자는 다른 제자들과 같이 대하였다. 백
어가 총명하지는 못했지만 그래도 아들이고, 안회가 뛰어나게
총명하지만 그래도 아들이다. 잘나나 못나나 다 자식인데, 리가
죽었을 때 곽을 짓지 않았던 것은 자식이 저승길 잘 가라고, 부

모가 걸어 다니는 것은 죽은 자식으로서 자식 된 도리를 못 하게 하는 것이다. 하여 곽을 짓지 않았고, 또한 현실적으로 공자는 대부 다음 반열인 경의 신분인데, 수레로 자식의 곽을 짓고 나면 도행을 못 한다. 아비의 수레로 자식의 곽을 지으면 그 아비는 수레를 쓸 수 없다. 새로 장만할 수 없다.

아비의 수레로 자식의 곽 짓기, 이것은 慈愛와 孝와 禮의 문제가 얽힌 부분이다. 먼저 죽은 자식은 먼저 죽은 것만으로 불효막심한데 거기다가 또 아비의 수레로 자신의 곽을 삼는다면 불효를 더욱 추가하는 것이 된다. 잘나나 못나나 다 같은 자식인데, 자식들을 불효로 만들고 싶지 않은 것이다.

喪事나 祭事나 처지에 맞게 지내는 것이 禮이다. 陋巷(누항)에서 貧寒(빈한)하게 사는 것을 부끄러이 여기지 않던 안회가 죽어서 사치(奢侈)를 부린다는 것은 죽은 자를 욕되게 하는 짓이다. 이것은 禮가 아니다.

八. 顔淵死, 子曰, 噫 天喪予 天喪予.

안연이 죽자 공자께서 탄식하면서 왈, 하늘이 나를 해치는구나, 하늘이 나를 해침이야.

어쩌면 공자는 자신의 생에서는 주공의 꿈을 실현할 수 없음을 직시하고 그 꿈을 안연을 통하여 이룰까 기대를 했음직한 면이 보인다. 안회와 자공 증자가 같이한다면 불가하지도 않을 것이라고 기대를 했던 것 같다.

증자는 똘똘하지만 사람됨이 너무 싸리 꼬챙이 같아서 걱정스러
움이 있었다.

九.

顔淵死, 子哭之慟, 從者曰, 子慟矣.

曰, 有慟乎. 非夫人之慟 而誰慟爲.

안연의 죽음에 공자의 곡이 너무 고통스러웠다.

많이 아프시냐고 수행원이 물었다.

자 왈, 그렇다. 많이 아프다.

이런 사람의 죽음이 아프지 않다면 누구를 아파하겠느냐.

十.

顔淵死, 門人欲厚葬之, 子曰, 不可. 門人厚葬之.

子曰, 回也 視予猶父也, 予不得視猶子也. 非我也 夫二三子也.

안연이 죽어 문인들이 장례를 후하게 치르고자 하였다.

공자는 안 된다고 하였지만, 문인들이 후하게 치렀다.

자 왈, 회는 나를 아비 보듯 했는데, 나는 어쩔 수 없이 자식으로 볼 수 없네.

내가 그런 것이 아니라 너희 제자들이 그리 만드는구나.

공자는 아들 鯉의 장례를 간소하게 치렀다. 回의 죽음도 아들처
럼 간소하게 치러서 친자식처럼 여기고 싶었지만, 문인들이 厚
葬을 하여 그것을 막았으니 원망하심이다.

十一.

季路問事鬼神, 子曰, 未能事人 焉能事鬼.

敢問死. 曰, 未知生焉知死.

자로가 귀신 섬기는 방법을 물었다.

자 왈, 사람도 다 못 섬기면서 어찌 귀신을 섬기려 하냐.

죽음에 대하여 묻자, 왈, 살아 있으면서 삶도 모르는데 어찌 죽음을 알겠는가.

十二.

閔子侍側 誾誾如也, 子路 行行如也, 冉有子貢 侃侃如也, 子樂.

曰, 若由也 不得其死然.

민자건은 옆에 있으면 은은하였고, 자로는 씩씩하였고, 염유 자공은 儼正 하였으니, 여럿이 같이 있으면 공자께서 즐거워하셨다.

왈, 자로처럼 살면 아무래도 제 명에 못 죽을 것이다.

공자의 자로에 대한 걱정은 예의 부족과 용감한 성격 때문이다. 그것을 고치라고 누차 가르쳐도 고쳐지지를 않는다. 결국 자로는 위나라에서 왕실 문제의 무도함을 보고 참지 못하여 불쑥 나서서 처형을 당하였다.

十三.

魯人爲長府,

閔子騫 曰, 仍舊貫如之何, 何必改作.

子曰, 夫人不言, 言必有中.

노나라에서 대전을 새로 지었다.

민자건 왈, 있는 것 수리하면 뭐가 어때서, 하필 새로 짓다니.

자 왈, 사람이 말을 안 해서 그렇지 말은 아주 딱 맞는 말이네.

대전을 새로 지으면 많은 재물과 공역이 소모된다. 백성들의 고혈을 더 짜야 한다.
따라서 백성의 주인인 군왕은 검소하게 처하는 것이 백성들에게 인을 베푸는 것이다.

十四.
子曰, 由之瑟 奚爲於丘之門.
門人不敬子路,
子曰, 由也 升堂矣, 未入於室也.
자 왈, 자로야 너는 왜 내 방 앞에서 비파를 타냐?
제자들이 자로를 무시하였다.
자 왈, 자로는 입실 전이다 만 이미 봉당에 올랐느니라.

자로가 비파 타는 것을 배워서 스승님께 자랑하고 싶었던 모양이다. 하지만 별로 잘하지 못함에 공자가 장난치며 '번데기 앞에서 주름잡냐? 더 배워서 와라.'라는 소리다. 자로가 건달 출신이다 보니 공부가 남을 가르칠 만큼은 안 되는 상황이라, 타 문인들이 좀 깔보는 경향이 있었다. 이에 공자의 자로 감싸기가 발동한다. 너희들은 아직 멀었다. 자로는 입실 직전의 경지다.
자로가 文과 禮樂에 딸려서 그렇지 실제 사회생활에서는 聖人 반열에 오르기 직전이라고 봐야 한다. 아는 바가 있으면 그대로 실천하는 知行一致가 되는 躬行君子이다. 차라리 모르면 몰랐지 알면 행한다. 그래서 그 싸리 꼬챙이 같은 子貢도 曾子도 자로 앞에서는 敬意(경의)를 표하는 것이다. 얼치기 애들이 자로를 가벼이 여기는 바, 가당치 못한 자세들이다.

十五.
子貢 問師與商也孰賢. 子曰, 師也 過 商也 不及.
曰, 然則師愈與. 子曰, 過猶不及.
師(子張)와 商 (子夏) 중 누가 현명한가요? 하고 자공이 물었다.
자 왈, 자장은 지나치고 자하는 좀 모자란다.
왈, 그럼 자장이 나은 것인가요?
왈, 과하면 모자란 것보다 못하다.

좀 못 미치면 마저 채우면 되지만, 과하면(이미 지나쳐 버리면) 고치기 힘들다. 흔히들 이 문장을 中庸之道(중용지도)로 인용하는 경우가 있는데, 가능하다.

十六.
季氏富於周公, 而求也爲之聚斂而附益之.
子曰, 非吾徒也. 小子 鳴鼓而攻之可也.
계씨가 주공보다 부자인데, 계씨 가신으로 간 염구가 취렴을 하여 창고를 더 채웠다.
자 왈, 저놈은 우리 孔門이 아니다. 제자들은 북을 치면서 욕을 퍼부어도 된다.

염구가 배울 때부터 영 하는 짓이 좀 거시기했다. '스승님의 가르침이 좋기는 한데 따르자니 힘이 부칩니다.' 이런 소리를 하던 자다. 결국 가르쳐 놨더니, 싹수가 노란 짓을 하였다. 이뿐만이 아니다. 염구는 계씨를 꼬드겨 전유를 치려고 한다. 잔머리에는 아주 뛰어난 자이다.

家臣(가신)이란 상전이 인자하고 덕망 높은 정치를 하도록 보좌하여 백성의 모여들게 해야 하는 것이다. 공문의 유학은 仁德義로서 爲民과 保民을 하는 것이지 지배층의 권력 강화를 위한 것이 아니다. 그런데 염구는 반대로 하였다.

十七.

柴也愚, (高柴 子羔) 자고는 좀 어리석고

參也魯, (曾參 子輿 曾子) 증자는 우직·강직·독실하고

師也辟, (司馬牛) 자장은 편벽되고

由也喭. (仲由 季路 子路) 자로는 좀 촌스럽다.

공자가 제자들을 한꺼번에 비교 평가를 하는 경우가 없다.

이 말은 공자가 한 말이 아니고, 제자들의 뒷담화인 듯하다. 제자들끼리 왈, 큰 스승님이 자고를 보면 '너는 어리석네.' 그러실 것 같아 등등….

이 문장은 2장의 두 번째 구와 같이 붙어 있던 것이 필사 전래 과정에서 분리되어 별도로 기록된 듯하다.

德行 顔淵 閔子騫 冉牛 仲弓, 言語 宰我 子貢, 政事 冉有 子路, 文學 子游 子夏.

十八.

子曰, 回也 其庶乎 屢空.

賜不受命 而貨殖焉, 億則屢中.

자 왈, 회는 가난한 것인가 자주 굶는구만.

자공은 천명도 어기고 돈벌이를 잘하지만, 생각해 보면 흠잡을 것이 없구나.

안회는 道를 추구하느라 먹고사는 것을 신경 못 쓰니 식량 단지
가 텅 비었다(空).

其庶幾乎(기서기호) 한국말로 '거시기하다', 즉 '得道에 가깝다, 지
극하다.'라는 말이다.

세상사의 공존 공생을 위한 순리로서 易地思之 하여 忠恕를 이
해하고 따라야 하는데, 사고팔면서 돈벌이하는 장사가 천명을
다 따를 수는 없는 것. 자공은 거래 상대방의 입장에 맞춰서 교
역하여 돈벌이를 하면서 남의 원망을 듣지 않고 돈벌이를 잘한
다. 그래도 스승의 입장은 천명(天命)을 지켜 주기를 바라며 恕를
몇 번 강조하였다.

十九. **子張 問善人之道,**

子曰, 不踐迹 亦不入於室.

자장이 착한 사람으로서의 도를 물었다.

자 왈, 발자국을 밟지 않고 방에 들어갈 수 없는 것이다.

(성인의 발자취를 밟고 따르지 않으면 선인의 도를 얻을 수 없다.)

자장에 대한 공자의 평이 果하고 偏僻되다고 하였다. '네 맘대로

하면 군자가 못 된다.'라는 지적이다. 道라는 것은 내 맘대로 간
다고 되는 것이 아니다. 聖人들의 발자취가 왜 道인지를 생각하
라. 道와 途를 구분할 줄 알아야 塗를 피하고 道에 이를 수 있다.

二十. 子曰,
論篤 是與 君子乎, 色莊者乎.
말을 독실하게 한다고 하여 이것만으로 군자라고 하겠느냐, 아니면 얼굴 치장만
한 것이라 하겠느냐?

思行一致, 言行一致, 知行一致를 강조하신 것. 行함이 없는 學思
言知는 附贅(부췌)다. 그저, 말만 요리조리 지화이화만 잘하고 행
동이 따라주지 않는다면 배울 필요가 없다.

廿一.
子路問聞斯行諸. 子曰, 有父兄在 如之何其聞行之.
再有問聞斯行諸. 子曰, 聞斯行之.
公西華曰, 由也問聞斯行諸, 子曰 有父兄在,
求也問聞斯行諸, 子曰 聞斯行之, 赤也惑 敢問.
子曰, 求也 退故, 進之, 由也 兼人故 退之.
자로가 묻기를, '배운 대로 따라 하면 되나요?'
자 왈, 아버지와 형 앞에서 배운 대로 따라 하면 어찌 되겠나?
염유가 묻기를, '배운 대로 따라 하면 되나요?'
자 왈, 배운 대로 해라.
공서화 왈, 같은 질문에, 자로한테는 '부형이 있잖느냐'라고 하시고,

논어 정해論語 正解

염구한테는 '배운 대로 하라'고 하시니, 제가 어지럽습니다. 가르쳐 주십시오.

자 왈, 염구는 상황에 휘둘리는 사람이어서 배운 대로 하라고 시킨 것이고,

자로는 주변 사람들을 휘어잡는 성격이라서 한발 물러서라고 시킨 것이다.

廿二.

子畏於匡, 顔淵 後, 子曰, 吾以女爲死矣.
曰, 子在 回何敢死.

광땅에서 위험에 처하셨다. 안연이 뒤를 따라가는데, 공자께서 왈, 나 때문에 너희들이 죽겠구나.

안회 왈, 스승님이 계신데 어찌 감히 제가 죽습니까.

안회의 대답이 함축적 의미다. 스승님이 어떤 분이신데, 스승님을 따르는데 그런 일은 있을 수 없습니다. 그리고 子弟는 마땅히 師父에게 孝를 다해야 하는데 죽으면 事父가 불가능하니, 마땅히 몸을 지키는 것이 도리이다. 죽어도 죽을 수 없는 것이 자식과 제자의 도리이다. 스승에 대한 믿음과 지켜야 할 도리(孝, 信, 義)를 한꺼번에 말 한마디로 표현한 문장이다.

廿三.

季子然 問, 仲由冉求 可謂大臣與.

子曰, 吾 以子爲異之問, 曾由與求之問.

所謂大臣者 以道事君, 不可則止.

今由與求 可謂具臣矣.

曰, 然則從之者與.

子曰, 殺父與君 亦不從也.

계자연이 묻기를, 자로와 염구는 대신으로 가능한가요?

자 왈, 난 자네는 뭔가 다른 것을 물어볼 것으로 생각했는데, 어찌 자로와 염구에 대한 질문인가? 대신이라는 것은 道로서 군을 섬길 뿐, 할 수 없으면 그만두는 것이다.

자로와 염구는 신으로서의 자질은 다 갖추었다고 할 수 있네.

자연 왈, 그럼 잘 따른다는 것입니까?

자 왈, 아비와 임금을 죽이라면 따르지 않을 것이네.

'자로와 염구는 이도사군 불가즉지 할 줄 아는 사람이다.'라는 공자의 판단이다. 그러나 나중에 계씨가 전유를 정벌하려는 것을 막지 못하는 우를 범하였다.

廿四.

子路使子羔 爲費宰,

子曰, 賊夫人之子.

子路曰, 有民人焉 有社稷焉, 何必讀書然後 爲學.

子曰, 是故 惡夫佞者.

자로가 계씨 가문에서 일할 때 자고를 비땅 사또로 천거하였다.

자 왈, 이런 도둑놈의 자식 같으니라고. (애 죽이려 하느냐?)

논어 정해論語 正解

자로 왈, 백성이 있고 사직이 있다고 하셨으면서, 왜 독서 연후에 배우라고 하세요?

자 왈, 이래서 잔머리 굴리는 놈들을 미워하는 것이다.

자로가 계씨 집안 가신을 하면서 자고를 천거하여 비땅 사또를 시키려고 하였다.

자고는 아직 깨우치지 못한 愚한 상태라서 仕로 쓰기에는 부족한 단계였다. 그래서 공자는 걱정스러운 것이다. 여차 잘못하면 목숨을 잃는다. 그래서 한 말이 ´애(자고) 죽이려고 하느냐´고 핀잔을 준 것이었다. 이에 자로는 백성이 있어서 사직이 있으니, 백성 돌보기를 하면서 상전에 대한 禮는 차차 배워 가면 된다고 우긴다. 이에 공자가 잔머리 굴리는 놈들을 미워한다고 한 것이다.

백성을 가르치지 않고 전쟁터에 내보내는 짓은 백성을 버리는 짓이라고 하였다. 마찬가지로 제자를 제대로 가르치지 않고 任仕를 시키면 여차하면 刑戮(형륙)을 면치 못한다.

廿五.
子路 曾晳 冉有 公西華侍坐,
子曰, 以吾一日長乎爾 毋吾以也, 居則曰, 不吾知也 如或知爾則何以哉.

자로, 증석, 염유, 공서화 네 명이서 공자를 모시고 앉아서 배우고 있었다.

자 왈, 내 너희들보다 어른이다만, 오늘 하루는 무시하기로 하자. 앉으시면서 왈, 나는 모르는데, 너희들이 아는 바로(배운 것으로) 어찌할 것이냐(무엇을 하고 싶으냐)?

子路率爾而對曰, 千乘之國 攝乎大國之間 加之以師旅 因之以饑
饉, 由也爲之 比及三年 可使有勇, 且知方也. 夫子哂之.

자로가 얼른 먼저 말하기를, 천승지국이 대국 사이에 끼어 간섭받고 군사적 위협
으로 인하여 기근이 들어도 제가 하면 삼 년 이내에 백성들을 용감하게 만들고,
부유하게 할 방법을 알고 있습니다.

공자께서 피식 웃으셨다.

求 爾何如.

對曰, 方六七十 如五六十, 求也爲之 比及三年 可使民足, 如其禮
樂 以俟君子.

염구 너는 어떻냐?

대 왈, 방 육칠십 오육십 성도라면, 제가 하면 삼 년 이내에 백성들을 부유하게
하겠습니다만, 예악 같은 부분은 군자를 기다리겠습니다.

赤 爾何如.

對曰, 非曰能之 願學焉. 宗廟之事 如會同 端章甫 願爲小相焉.

적이는 어떻냐?

대 왈, 능한 것이 없어서 공부를 더 하고 싶습니다만, 단정하게 차려입고 종묘 회
동에 작으나마 도움이 되었으면 합니다.

點 爾何如.

鼓瑟希 鏗爾舍瑟而作 對曰, 異乎三子者之撰.

점이(증석)는 어떠하냐?

비파를 타다가 북 치듯 퉁~ 치며 마감하고 일어서서 말하기를, 세 사람과는 다릅
니다.

子曰, 何傷乎, 亦各言其志也.

자 왈, 마음 상할 일 있냐? 자기 생각을 말한 것이다.

曰, 莫春者 春服旣成, 冠者五六人 童子六七人浴乎沂 風乎舞雩
詠而歸.
夫子喟然歎曰, 吾與點也.

점 왈, 봄도 저물고 봄옷도 다 되어 가니, 친구 대여섯과 애들 예닐곱과 함께 기
수 가서 목욕하고 무우정 가서 바람 쐬고 오는 길에 노래하며 수풍이나 다녀우겠
습니다.

공자께서 흠~ 하고 탄식하시면서 왈, 나는 점이랑 같이 소풍이나 가련다.

三子者出, 曾晳 後, 曾晳 曰, 夫三子者之言 何如.
子曰, 亦各言其志也已矣. 曰, 夫子何哂由也.
曰, 爲國以禮, 其言 不讓, 是故 哂之.

세 사람은 나가고 증석이 뒤에 남아서 묻는 말이, 세 사람의 말이 어떤가요?
자 왈, 각자 자기 생각을 말한 것일 뿐이다.
왈, 스승님께서 왜 자로에게 피식 웃으셨나요?
왈, 나랏일은 예로서 하는 것인데 그 말이 겸손하지 못했다. 그래서 실소한 것이다.

唯求則非邦也與,
安見方六七十 如五六十而非邦也者.
唯赤則非邦也與,
宗廟會同 非諸侯而何, 赤也爲之小 孰能爲之大.

구가 말한 것은 나라가 아닌가요?
좋게 봐도 방 육칠십 리 오육십 리는 나라가 아니다.
적이 말한 것도 나라가 아닌가요?
종묘회동을 제후가 아니면 어찌하나? 적은 작다고 하지만 무엇이 크다고 할 수 있겠나?

자로는 의기양양한 것은 좋으나 예가 부족하다.
염구는 포부가 고만고만한 그저 쫌생원이다. 방 오육십 리는 대부의 관할 수준이다.
공서적의 말은 조그만 도움 되는 자리를 얻고 싶다고 했지만, 종묘 회동이란 요즈음 말로 국무회의 자리인데, 공무원 시험을 준비하는 고시생이 대뜸 바라는 것이 장관 차관 반열에 들고 싶어한다는 것이다. 기대치가 너무 크다.
하여 공자는 그저 安貧樂道 하겠다는 曾晳의 말에 '나도 그리 살란다'라고 말한 것이다. 이 문장의 내용은 어디서 많이 본 듯, 정극인의 상춘곡이 여기서 각색된 듯하다.

周나라의 봉건 편제는 天子 〉 諸侯(君王) 〉 大夫의 구조이다.
천자와 제후는 세습이지만, 대부는 세습이 아니고 임명제였다.
제후국을 邦 또는 國이라 하고, 君王이 각 지방별로 대부를 임명하여 생산관리를 책임지게 하는 것이다.

논어 정해論語 正解

天子가 형제간 내분으로 인하여 동서로 분열되면서(춘추시대) 제
후국을 통치할 능력이 상실되었고, 각 제후국들도 대부들을 통
치할 능력이 상실되어 대부들이 제후국을 분할 독립하는 경우도
발생하였으며, 또한 대부들을 반역하는 가신들도 생겼다.
이 시대를 공자가 쓴 역사서의 이름으로 春秋시대라고 한다.

卷之 十二. 顏淵

一.

顏淵 問仁,

子曰, 克己復禮爲仁,

一日 克己復禮 天下歸仁焉, 爲仁由己, 而由人乎哉.

顏淵曰, 請聞其目.

子曰, 非禮勿視 非禮勿聽 非禮勿言 非禮勿動.

顏淵 曰, 回雖不敏 請事斯語矣.

안연이 仁을 물었다.

자 왈, 자신을 억제하고 禮를 실천하는 것이 仁을 행하는 것이다. 하루만 극기복
례 하여도 세상이 仁으로 들어오는 것이니, 仁을 한다는 것은 자신에게서 비롯
된 것이지 남에게서 찾으려고 하면 되겠느냐.

안연 왈, 좀 자세히 가르쳐 주세요.

자 왈, 禮를 갖추지 않고서는 보지도, 듣지도, 말하지도, 움직이지도 말라.

안연 왈, 제가 비록 불민하지만 말씀하신 바를 잘 따르겠습니다.

'非禮勿視(비례물시)'라는 말을 '무례한 것은 보지 말라'라고 해석
하는 경우가 있는데, 이것은 아주 잘못된 해석이다.

'예의를 지켜서 보라'라는 말이다.

二.

仲弓問仁,

子曰, 出門如見大賓 使民如承大祭,

己所不欲 勿施於人, 在邦無怨 在家無怨.

仲弓曰, 雍雖不敏 請事斯語矣.

중궁이 仁을 물었다.

자 왈, 문을 나서면 큰 손님을 본 듯하고, 백성을 부릴 때는 큰 제사 모시듯 하라.

내가 싫어하는 것을 다른 사람들에게 시키지 말 것이며, 조정에서나 집에서나 원망이 없게 하라.

중궁 왈, 제가 비록 불민하지만 가르침을 따르겠습니다.

三.

司馬牛問仁, 子曰, 仁者 其言也訒.

曰, 其言也訒, 斯謂之仁矣乎.

子曰, 爲之雖 言之得無訒乎.

사마우가 인을 물었다.

자 왈, 인자한 사람은 말을 함부로 하지 않는다.

왈, 말을 조심하면 인을 따르는 것인가요?

자 왈, 그렇게 하면 말이 많아지겠느냐?

사마우가 무슨 일만 있으면 말부터 먼저 촐싹대는 제자였던 듯하다. 당 문장에서도 꼬박꼬박 말대꾸한다.

四.

司馬牛問君子, 子曰, 君子 不憂不懼.

曰, 不憂不懼 斯謂之君子矣乎.

子曰, 內省不疚 夫何憂何懼.

사마우가 군자에 대해 물었다.

자 왈, 군자는 근심도 두려움도 없다.

왈, 근심 없고 두려움이 없으면 군자인가요?

자 왈, 자신에게 잘못이 없는데 왜 근심하고 두려워하냐.

五.

司馬牛憂曰, 人皆有兄弟, 我獨亡.

子夏曰, 商 聞之矣, 死生 有命, 富貴在天.

君子敬而無失, 與人恭而有禮 四海之內皆兄弟也.

君子何患乎無兄弟也.

사마우가 우울해서 말하기를, 남들은 다 형제가 있는데 나는 혼자라 망했소.

자하 왈, 내가 배운 바, 죽고 사는 것은 운명이고 부귀는 하늘의 뜻이라 했다.

군자가 경건하고 실수 없이 일하고, 사람들과 더불어 공손하고 예를 지키면 세상 사람들이 다 형제이다.

군자가 형제 없다는 것을 왜 걱정하는가.

사마우가 형제 없이 외로이 자라다 보니 사람들을 만나면 자꾸 끼어들고 싶고 촐싹대고, 말꼬리 물고, 외로움에 허기진 부분을 공자가 간파한 듯하다. 그래서 '그 입 조심해라'라고 가르치신 듯하다.

그런데 자하의 兄弟愛(형제애)는 아주 좋다. 다만 富貴는 하늘이 내리는 것이 아니라 天命을 따르는 善한 사람이 세상에서 얻는 것이다.

이 문장에서 보이는 바, 자하는 天命(천명)이라는 단어를 이해하지 못하였다.

六.

子張問明,

子曰, 浸潤之譖 膚受之愬不行焉 可謂明也已矣,

浸潤之譖 膚受之愬不行焉 可謂遠也已矣.

자장이 현명함을 물었다.

자 왈, 感性(감성)을 자극하는 참소는 따르지 말아야 할 뿐 아니라 분명히 가려야 할 것이며, 感性을 자극하는 참소는 따를 것이 아니라 멀리해야 한다.

자장이 偏僻(편벽, 고집쟁이) 되고 성급한 성격이라는 것을 잘 아는 공자가, 관리로 취직한 자장에게 일러 준 것이다. 고을 원을 하다 보면 항상 소송으로 시끄럽다. 잘못 재판하면 억울한 사람이 죄를 쓴다. 따라서 참소에 대응하는 방법을 일러 준 것. 무고하는 사람의 말만 듣고 죄 없는 사람을 벌하면 안 된다.

동서고금, 약사 빠른 자들은 죄를 짓고도 먼저 소송을 한다.

그러면 억울한 자가 피해를 당하는 경우가 허다하다. 약사 빠른 자들의 소송은 감성적인 부분을 자극하는 것이 일반적이다. 이 부분을 공자가 警戒시킨 것이다.

감성에 의한 판단은 선악을 구별하기 어렵다.

한국 속담에도 비슷한 말을 한다. '방구 뀐 놈이 성낸다, 적반하장이다' 등등, 죄를 지은 놈들이 나서서 막 설쳐 댄다. 자기는 아닌 척, 가해자이면서 억울한 척. 어지간한 사람들이면 그냥 속아서 넘어간다.

(山地剝 廿三/地雷復 廿四) 주역에 剝牀以膚 切近災者也 하고 하였다. 이에 대한 대응으로는 頻復之厲 義无咎也라고 하였으니, 感性을 자극하는 참소는 내 살을 잘라 내는 것이 재앙을 막는 길이고, 반복해서 돌아보는 것이 義를 지킴에 허물이 없다고 하였다.

七.

子貢問政, 子曰, 足食 足兵 民信之矣.
子貢曰, 必不得已而去, 於斯三者 何先. 曰, 去兵.
子貢曰, 必不得已而去, 於斯二者 何先. 曰, 去食.
自古, 皆有死 民無信不立.

자공이 정사를 물었다.
자 왈, 먹고살기 편하게 하고 군사를 튼실히 하고 백성이 믿어야 한다.
사 왈, 어쩔 수 없이 버려야 한다면 세 가지 중 어떤 것을 먼저 버릴까요?
왈, 군대이다.
그다음으로 버려야 할 것은 두 가지 중 어떤 것인가요?
왈, 식이다. 예로부터 다 죽어도 백성의 믿음이 없으면 세울 수가 없다.

周文王의 조상은 戎狄(융적)의 침입에 군대로 대응하지 않고, 영토마저 다 내어 주고, 오직 따르는 백성들만 데리고 새 땅을 찾아 척박한 岐山(기산) 아래서 再起하였다. 오직 백성의 믿음 하나로 殷나라를 지우고 周로 천하를 재편하게 된 것이다. 위정자로

논어 정해論語 正解

서 가장 중요한 것은 백성과 백성의 믿음이다.

그러나 그 믿음을 얻기 위한 사기 행각은 오래 가지 못한다. 바로 들통나는 것이다.

백성이 다 죽어 없어져도 지배권을 잃지 않기 위해 전쟁을 하는 짓은 위정자들이 할 일이 아니다. 사람이 살자고 나라도 있고 사직도 있는 것이다. 백성이 흥해지고 번성한다면 나라를 버리고 권력을 잃더라도 그렇게 하는 것이 진정한 지도자이고, 지도자의 책무이다. 백성들이 이러한 정치 문화를 믿고 자존감을 가진다면 그 나라는 망해도 망한 나라가 아니다. 망한 나라는 백성들의 마음이 떠난 나라를 망한 나라라고 한다.

八.

棘子成曰, 君子 質而已矣 何以文爲.

子貢曰, 惜乎夫, 子之說 君子也, 駟不及舌.

文猶質也 質猶文也, 虎豹之鞟猶犬羊之鞟.

극자성이 왈, 군자란 근본이 바로 서면 되는 것이지 겉치장을 뭐 하러 합니까.

자공 왈, 안타깝구만. 댁이 설명하는 군자는 말(馬)도 혀끝에 담지 않겠소. '외면보다 바탕이냐 바탕보다 외면이냐'를 논하면서(외양을 버리고 바탕만 본다면), 호랑이나 표범 가죽보다는 차라리 개나 양가죽이 편한 것 아니겠소?

자공의 입담이 후세에 나올 맹자보다 더 세다.

質: 仁義, 사람의 속마음.

文: 禮, 겉으로 드러나는 言行.

皮: 털을 제거하지 않은 가죽, 鞟(곽): 털 뽑은 생가죽.

革(혁): 털을 제거한 뻣뻣한 가죽, 革이 붙은 글자는 털을 제거한 상태의 가죽 제품.

韋(위): 革을 부드럽게 가공한 것, 이것을 소재로 만든 物名에 붙여 쓴다.

호랑이, 표범 모피는 외양이 뛰어나다. 하지만 털을 다 뽑아 버리고 가죽만 쓸 것 같으면 차라리 구하기 쉬운 개나 양가죽이 더 편한 것은 백번 맞는 말이다.

군자란 근본과 외양이 다 어우러져야 군자라고 한 공자의 가르침을 기막히게 이해한 자공이다.

九.

哀公問於有若曰, 年饑用不足 何.

有若對曰, 盍徹乎.

曰, 二 吾猶不足 如之何其徹也.

對曰, 白姓 足 君孰與不足, 白姓不足 君孰與足.

애공이 유약에게 말하기를, 흉년이 들어서 재용이 부족하니 어찌하오?

나서서 왈, 어찌 徹하지 않으십니까?

공 왈, 둘도 부족한데 철로 하면 어쩌란 말이오?

대 왈, 백성이 풍족한데 왕께서 누구와 더불어 부족하단 말이오? 백성이 부족하면 왕께서 누구와 더불어 풍족하단 말이오?

徹(철) 정전제의 조세법, 생산량의 1/9 割. 畝稅(무세)는 十畝당 一畝. 노애공 시절은 徹에 畝稅(무세, 토지세)로서 1/10을 더 거두었다고 한다.

十.

子張問 崇德 辨惑,

子曰, 主忠信 徙義 崇德也. 愛之欲其生 惡之欲其死, 既欲其生 又
欲其死 是惑也. 誠不以富 亦祗以異.

자장이 덕을 높이는 것과 미혹을 분별하는 방법을 물었다.

자 왈, 성실함과 믿음으로 의로움을 행하면 덕을 높이는 것이다.

살기를 좋아하고 죽기를 싫어하면서, 살고 싶어 죽자는 짓이 미혹함이다.

정성이란 富가 아니더라도 다른 것으로 받드는 것이다.

덕을 높인다는 것이 꼭 물질적인 것으로만 하는 것이 아니라 정
성을 다한 마음과 행동으로 해도 된다.

十一.

齊景公 問政於孔子,

孔子對曰, 君君臣臣父父子子.

公曰, 善哉. 信如君不君 臣不臣 父不父 子不子, 雖有粟 吾得而食
諸.

제경공이 정사를 물었다.

공자대 왈, 군신부자 모두 자기의 직분을 다해야 합니다.

공 왈, 좋은 말이오. 군신부자 모두가 제 노릇을 못 한다고 믿는다면 비록 조밥일
지라도 내 어찌 먹을 수 있겠소?

十二. 子曰,
片言 可以折獄者 其由也與. 子路 無宿諾.
자 왈, 말 한마디로 감옥을 없앨 자는 자로이다.
자로는 허락을 미루지 않는다.

獄事(옥사)라는 것은 訴訟(소송)의 결과로 발생한다. 애시당초 訟事를 만들지 않으면 옥사는 필요가 없다. 자로는 알기만 해도 행하는 사람인데, 허락하면 그냥 바로 한다. 또한 일을 뒤로 미루지 않는다. 약속 같은 것은 하지도 않는다. 할 수 있으면 그 자리에서 하고, 할 수 없는 약속은 하지도 않는다. '생각해 보고 다음에 결정하겠다' 이런 말은 생각도, 말도, 행동도, 약속도 안 한다. 어쩌다 한 약속이 있으면 그것 때문에 잠도 못 잔다. 그러니 송사를 일으킬 이유도 없다. 당연히 감옥이 없어진다.
어떤 때는 몰라도, 옳다고 생각이 닿으면 바로 한다. 그러다가 가끔 혼난다. 그래서 공자한테 배우기를 겁을 낸다. 배우면 해야 하니 혹시 틀릴까 봐. 모르면 소한테라도 물어서 알아야 하고, 사람들한테 욕을 먹으면서도 깨달으면 좋아한다.
중자의 약속이 보증 수표라면 자로의 허락은 현찰이다.

十三. 子曰,
聽訟 吾猶人也, 必也使無訟乎.
송사를 다스림에 있어서 내가 한다면, 반드시 소송이 없도록 만들 것이다.

어떻게?

모든 사람이 仁義禮智信을 배우고 익혀서 행하면 싸움이 없다.

十四.
子張 問政. 子曰, 居之無倦 行之以忠.
자장이 정사를 물었다.
자 왈, 게으르지 말고, 성실하게 행하라.

十五. 子曰,
博學於文 約之以禮, 亦可以弗畔矣夫.
자 왈, 널리 공부하고 예로서 절제된 행동을 하면 욕먹을 일은 없을 것 아니겠
는가.

十六. 子曰,
君子 成人之美 不成人之惡. 小人反是.
자 왈, 군자는 사람의 장점을 취하는 것이지 단점을 취하지 않는다. 소인은 이와
반대다.

그 사람과 어울리고 도모할 때 좋은 부분으로 하는 것이 군자이
고, 나쁜 것으로 하는 것은 소인이다.
사기꾼들. 사람을 상대로 사기를 칠 때 그 사람의 못난 약점을
들어서 사기를 친다. 그 사람의 잘난 부분을 들어서는 사기를
칠 수 없다. 상대의 잘난 것을 빼앗아 챙기려고 할 때, 필히 그
사람의 약점을 이용하여 그 사람의 장점을 취하는 기술. 세인은

그것을 능력 있는 사람이라고 말하지만, 실은 소인배 사기꾼들의 기술인 것이다. 이것을 한국 사회에서는 능력 있는 사람이라고 한다.

十七.

季康子問政於孔子,

孔子曰, 政者 正也. 予帥以正 孰敢不正.

계강자가 정사를 물었다.

공자 왈, 정사란 바른 것이오. 내가 바르게 앞장서는데 누가 감히 부정하리오.

지배층의 率先隨範(솔선수범)을 强調하였다.

十八.

季康子患盜 問於孔子.

孔子對曰, 苟子之不欲 雖賞之 不竊.

계강자가 도둑 걱정으로 공자께 물었다.

공자대 왈, 진실로 대부께서 욕심이 없다면 상을 준다 해도 훔치지 않을 것이오.

계강자가 취렴을 많이 하다 보니 백성들이 다들 곤궁하다.

十九.

季康子問政於孔子 曰. 如殺無道 以就有道 何如.

子對曰, 子爲政 焉用殺. 子欲善 而民善矣,

君子之德風 小人之德草. 草上之風 必偃.

계강자가 정사를 물으면서 하는 말이, 무도한 자들을 죽이고 도가 바로 선 자들을 취하면 어떻소?

자대 왈, 대부께서는 정치를 하는데 어찌 죽이려고 하시오? 대부께서 선하고자 하면 백성들이 선해집니다.

군자의 덕은 바람 같은 것이고 소인들의 덕은 풀 같은 것이요. 풀 위에 바람이 불면 반드시 쓰러져 눕는 것이요.

형벌로 백성을 다스리면 백성은 그저 형벌만 피할 뿐, 죄는 사라지지 않는다. 풀은 바람이 부는 대로 눕는다. 바람 그치면 다시 일어나는 것이다.

二十.

子張問 士何如斯 可謂之達矣.

子曰, 何哉, 爾所謂達者.

子張對曰, 在邦必聞 在家必聞.

子曰, 是 聞也, 非達也. 夫達也者 質直而好義 察言而觀色 慮以下人, 在邦必達 在家必達. 夫聞也者 色取仁而行違 居之不疑, 在邦必聞 在家必聞.

자장이 묻기를, 선비란 어떻게 해야 통달했다고 할 수 있습니까?

자 왈, 네가 말하는 통달이라고 하는 것이 어떤 것을 말하나?

자장대 왈, 나랏일을 하고, 집안일을 하는 데 있어서 꼭 들어야 할 것을 말한 것입니다.

자 왈, 그것은 듣는 것이지(들어 보고 아는 것) 통달이라고 하는 것 아니다.

달자라고 하는 것은 근본이 반듯하고 의로움을 좋아하여, 말의 내용을 분석하고 정황을 살펴서 아랫사람의 입장을 견지해야 한다, 나랏일이나 집안일이나 꼭 통달해야 한다.

듣는다는 것은 인자한지, 행실이 나쁜지, 불만 없이 사는지 등의 정보를 취하는 것이다. 나랏일이나 집안일에 있어서 꼭 들어야 한다.

'恕(서)이다'라고 가르친 부분이다. 상대의 입장을 알아야 忠도 가능하다. 따라서 疏通(소통)의 道를 일러 준 것.

不聞則不知, 不知則 不能爲恕, 無恕則 不能忠. 故必聞.

卄一.

樊遲從遊於舞雩之下 曰, 敢問崇德修慝辨惑.

子曰, 善哉 問.

先事後得 非崇德與, 攻其惡 無攻人之惡 非修慝與,

一朝之忿 忘其身以及其親 非惑與.

번지가 공자를 따라 무우정 아래 소풍 가서 묻기를, 덕을 숭상하는 것과 사특함을 기르는 것과 혹함을 구분하는 것을 가르쳐 주십시오.

자 왈, 좋은 질문이다. 할 일 먼저 하고 얻는 것이 덕을 높이는 것이고, 나쁜 것을 욕하면서 나쁜 짓 한 사람은 그냥 둔다면 사특함을 배우는 것이고, 순간의 기분으로 자신을 망치고 부모에게까지 미치게 한다면 미혹한 것이다.

번지에게 맞춤 답안을 제시한 듯하다. 제사보다 제삿밥에 관심이 많은 뺀질이 번지.

일을 먼저 하고 나중에 보수를 받는 것을 덕을 높이는 것이라고

할 수 없냐? - 숭덕

죄가 밉지 죄 지은 사람이 밉냐고 하는 것이 사특함을 기르는 것이 아니겠냐? - 사특

특히 이 부분은 "향원 덕지덕야와 호향 난여언"과 함께 잘 생각해 봐야 한다.

내 편이면 그렇게 욕을 하던 罪惡도 그냥 너그럽게 넘어가는 짓은 동네에서 좋은 평판을 얻으려는 짓이 된다.

法家의 집대성자라고 하는 韓非子도 이 부분에 대해서 나라 망할 징조라고 하였다.

見大利而不趨, 聞禍端而不備, 淺薄於爭守之事, 而務以仁義自飾者, 可亡也

무우정, 무우단: 기우제 지낼 때 푸닥거리 하는 장소로, 쓰는 정자 또는 쌓아 둔 壇(단), 시야가 넓고 바람이 잘 부는 탁 트인 곳에 제단을 짓는다고 한다.

廿二.

樊遲問仁, 子曰, 愛人. 問知, 子曰, 知人.

樊遲未達, 子曰, 擧直錯諸枉 能使枉者直.

樊遲退 見子夏曰, 鄕也 吾見於夫子而問知,

夫子曰, 擧直錯諸枉能使枉者直, 何謂也.

子夏曰, 富哉 言乎. 舜有天下 選於衆 擧皐陶, 不仁者 遠矣, 湯有大下選於衆 擧伊尹, 不仁者遠矣.

번지가 인을 물었다. 자 왈, 남을 사랑하라.

번지가 아는 것이 무엇인지를 물었다.

자 왈, 사람을 아는 것이다.

번지가 무슨 말인지 깨닫지 못하자,

자 왈, 바른 것을 들이고 구부러진 것을 물리면, 구부러진 것들을 바르게 펼 수 있다.

번지가 물러 나와 자하를 만나서 물었다.

접때 내가 스승님을 뵙고 아는 것이 무엇인지 물었더니 스승님 말씀하시기를 '바른 것을 들이고 구부러진 것을 물리면 구부러진 것을 바로잡을 수 있다'고 하셨는데, 무슨 말인지 모르겠습니다.

자하 왈, 설명하자면 좀 긴데, 순 시대 때 고요를 들였더니 不仁한 자들이 다 멀어졌다. 탕 시대 때 이윤을 들였더니 不仁한 자들이 다 멀어졌다.

廿三. 子貢 問友,
子曰, 忠告而善導之, 不可則止 無自辱焉.

자공이 벗에 대해 물었다.

자 왈, 진심으로 알려 주고 착하게 이끌어 가는 것인데, 해도 안 되면 그만두는 것이 욕볼 일은 없다.

친구 사이, 以友輔仁(이우보인)이라고 하였다. 策善(책선)하는 관계여야 한다. 하지만 한번 해 보고 안 되면 그만둘 일이다. 충언을 해도 수용하지 못하고 뻑뻑 우겨 대는데 누차 같은 말 반복하면 싸움 나서 욕본다. 그냥 책선을 그만두는 것이 아니라 관계를 끊는 것이 상책이다.

과즉물탄개라고 했는데, 善惡에 대한 구분의 기준이 다르면 善導할 방법이 없다. 특히 내로남불 하는 사람들에 대해서는 아무리 책해도 안 된다. 척만 지게 된다.

공자가 자공의 성격을 알고 맞춤 처방을 한 것이다. 자하는 예능 분야에 맞는 성격이다 보니 증자나 자공, 자장, 자로 등과는 잘 어울리지 못한다. 성향이 다른 사람끼리 자기 생각만 말하면 싸움 나고 머리 아프다.

卄四. 曾子曰,
君子 以文會友 以友輔仁.

증자 왈, 군자는 文(문)으로 벗을 사귀고, 벗으로서 仁을 보정하는 것이다.

즉, 반면교사 책선을 하는 관계이다. 蓬蓬麻中(봉봉마중)이라고 하였다. 서로 부대끼면서 똑바르게 자라는 것이 바로 벗이라는 것이다. 그저 어깨동무하고 도적질도 함께하는 그런 것은 벗이 아니다.

文이라고 한 것은 質 위에서 나타내는 외양을 말한다. 즉, 禮를 갖춘 행동이다. 仁은 군자의 바탕으로서 質이다.

군자의 벗이란 質文이 어우러지면서 형성 補正하는 관계이다. 文을 글월문이라고 하여 글, 문장 이런 의미로 해석할 것이 아니다. 문채, 무늬, 군자다운 행동, 禮를 갖춘 행동으로 해석되어야 한다.

卷之 十三. 子路

一.

子路問政, 子曰, 先之勞之.

請益, 曰, 無倦.

자로가 정사를 물었다.

자 왈, 솔선수범해야 하고 남보다 더 열심히 해야 한다.

그것뿐인가요?

왈, 게으르면 안 된다.

二.

仲弓 爲季氏宰 問政, 子曰, 先有司 赦小過 擧賢才.

曰, 焉知賢才而擧之.

曰, 擧爾所知 爾所不知 人其舍諸.

중궁이 계씨집 가신으로 가게 되어 정사를 물었다.

자 왈, 먼저 유사들을 살펴보고, 작은 허물들은 사면하고, 현명한 인재를 써라.

왈, 현명한 인재를 어찌 알아보고 고를 수 있나요?

왈, 네가 아는 것으로 사람을 발탁하고, 네가 모르는 것은 사람들 하는 대로 그냥 둬라.

有司라는 것은 실무를 담당하는 관리를 의미한다. 정책을 결정하는 것이 아니라 윗전에서 시키는 대로 해야 하는 對民, 對物, 對事 하는 말단 현장직이다.

사람 고르는 방법을 알려 준 것. 군자는 사람의 장점을 찾아 어울리고 나쁜 것으로 함께하지 않는다. 내가 아는 범위 이내에서 눈에 보이는 能力이 있고 善한 자를 골라서 쓰면, 그것을 보고, 현명한 자들은 善을 쫓고 노력한다. 그러면 直者와 枉者가 구분이 되는 것이다.

중궁은 임금을 시켜도 될 만큼 현명하다고 공자가 칭찬하는 제자이다. 중궁에게 네가 아는 것으로 사람을 골라서 쓰라고 하면, 중궁이 몰라서 못 하는 부분은 거의 없을 것이라는 공자의 판단이다. 각 제자들의 자질과 성격에 맞춰서 맞춤 교육 하는 공자의 방식이고, 중궁에 대해서는 비록 죄인의 아들이지만 군자의 자질이 충분하다는 믿음이다.

모르는 바에 대해서는 그냥 하는 대로 두라고 하는 것은 다 이유가 있는 것이다. 현명한 관리를 뽑아서 쓰는 것은 누구의 원망도 듣지 않는다. 그러나 불초한 관리를 벌하고 단죄하는 것은 원망을 들을 소지가 있으며, 스스로 개과할 기회를 뺏는 것이다.

三.

子路曰, 衛君 待子而爲政, 子將奚先.

子曰, 必也正名乎.

子路曰, 有是哉 子之迂也, 奚其正.

子曰, 野哉 由也, 君子於其所不知 蓋闕如也.

名不正則言不順, 言不順則事不成, 事不成則禮樂不興, 禮樂不興則刑罰 不中, 刑罰不中則民無所措手足.

故 君子名之 必可言也, 言之 必可行也, 君子於其言 無所苟已矣.

자로 왈, 衛 出公이 정사를 맡기려고 기다리십니다. 하신다면 무엇을 먼저 하시나요?

자 왈, 반드시 해야 할 것이 (正名) 말의 개념 정립이다.

자로 왈, 지금 해야 할 것 말이에요. 스승님은 막막한 말씀 하시네요.

자 왈, 이런 멍청한 녀석하고는, 군자는 모르면 그저 입을 다물고 있는 것이다.

말의 개념이 바르지 못하면 말이 통하지 않고, 말이 통하지 않으면 일을 못 하고, 일이 안 되면 禮와 화합이 안 되고, 禮和가 안 되면 형벌이 정확하지 못하고, 형벌이 정확하지 못하면 백성들이 손발을 어디에 둬야 할지 모른다. 따라서 군자가 뜻을 두면 말을 할 수 있고, 말을 하면 필히 행할 수 있어야만 그 말을 함에 있어서 군자로서 구차할 것이 없어지는 것이다.

공자가 말하는 군자란 항상 올바르게 생각하여 행하는 것을 전제로 한 것이다. 무엇을 하여 이루고자 하는데 말의 의미가 서로 통하지 않으면, 즉 言語의 概念이 서로 통하지 않으면 아무것도 못한다. 여차하면 의사소통의 오해로 인하여 형륙을 당한다. 지역적으로 노나라와 가까운 위나라지만 말의 개념에 차이가 있어서, 즉 말이 다르기 때문에 정사를 맡아서 하려면 먼저 언어의 개념부터 정하는 것이 당연한 순서이다.

다른 나라에 가려면 그 나라 말을 배워야 한다. 말이 통하지 않는데 무슨 일을 하겠다는 것인가?

공자시대는 각 제후국별로 언어의 차이가 아주 심하였다. 같은 문자를 쓰면서도 同一한 文字에 대한 發音도 意味도 아주 다양하게 나타나는 것은 제자백가서를 읽어 봐도 알 것이다.

正名, 언어의 개념 정립, 즉 언어의 통일은 진시황에 의해서 강제적으로 시도되었지만 성공하지 못하였고, 漢나라 시대에 현재의 漢字로 정립된다. 하지만 문자의 근본이 象形文字에 依據하여 지사 회의 형성 가차 전주의 과정을 거쳐 造字되는 것이라 그 어려움으로 인하여 절대다수의 대중이 익힐 수 없는 한계 때문에 중국은 언어의 통일을 현대 사회에 이르기까지 이루지 못한 것이다.

조선시대 세종의 한글 창제의 목적은 이러한 正名의 개념도 포함된 것이다.

'조선의 말과 字의 의미가 중국과 다르다. 조선에서도 漢字에 대한 발음과 이해가 지역에 따라 다양하였다. 이것을 통일시키자. 그리고 조선에서는 漢字의 의미를 명확히 하자. 그러기 위해서는 쉬운 발음 체계를 가진 새로운 문자가 필요한 것이다.'라는 의미도 담긴 것이다.

공자의 正名은 단순히 言語의 槪念正立만을 의미하는 것이 아니다. 그 의미가 가진 責任까지 내포한 것이다. 先行篇에서 말한 '고불고 고재고재'에서 뿔잔이란, 모가 난 것이다. '모가 나지 않고 뿔잔이라 할 수 있느냐', 즉 주어진 말의 의미를 충분히 견지하느냐를 강조한 것이다. 君臣父子, 그 행실이 답지 못하면 이름값에 미치지 못하는 것이다. 따라서 의미에 미치지 못하면 그 이름을 쓸 수 없다는 말이다.

君子라는 것이 君子다운 행실을 보이지 못하면 어찌 군자라고 할 수 있느냐. 항상 강조하는 말이다.

四.

樊遲請學稼, 子曰, 吾下如老農. 請學爲圃, 曰, 吾不如老圃.

樊遲出, 子曰, 小人哉 樊須也.

上好禮則民莫敢不敬, 上好義則民莫敢不服, 上好信則民莫敢不用情, 夫如是則四方之民 襁負其子而至矣. 焉用稼.

번지가 농사짓는 것을 배우고자 하였다.

자 왈, 내가 늙은 농부보다 못하다.

채소 농사를 배우고자 하였다.

왈, 내가 늙은 포부보다 못하다.

번지가 나가자 공자께서 말씀하시기를, 번수 재는 어찌 저리 그릇이 작으냐. 윗사람이 禮를 좋아하면 백성들이 감히 불경스럽지 아니할 것이고, 윗사람이 의로우면 백성들이 복종할 것이고, 윗사람이 신의가 있으면 백성들이 따뜻한 마음을 가질 것이고, 이렇게 하면 세상 사람들이 애를 업고 다 몰려들 것인데, 하필이면 농사를 하려고 하느냐.

번지에 대한 공자의 판단에 선입견이 작용된 듯하다고 할 수도 있다. 그러나 번지와의 대화 내용을 살펴보면 번지가 늘상 司吏 정도 이상의 포부는 없어 보인다. 이런 질문은 현장 관리직들이나 해야 하는 질문이다. 농부들이 농사를 제대로 지었는지, 뺀질거렸는지, 그것을 파악하고 싶은 것이다.

만약 같은 질문을 자공이나 안연히 했더라면 공자의 대답이 어떠했을까?

공자 스스로 어린 시절을 卑賤하게 보내었던 것이고, 이런저런 일 다 겪으면서 자랐는데, 수제자의 질문에서 이런 것이 나왔다면, '其庶幾乎, 聖人之道也' 하면서 칭찬을 했을 것이다.

같은 말, 같은 생각이라도 하는 사람의 상태에 따라서 의미가 달라지는 것이다. 왜냐하면 그 말의 의미에 따른 행동과 결과가 달라지기 때문이다.

五. 子曰,
誦詩三百 授之以政不達, 使於四方不能專對, 雖多亦奚以爲.
시삼백을 줄줄 외우면서, 주어진 정무를 제대로 깨닫지 못하고, 지방 출장을 가서 일 처리도 못 한다면 아무리 많이 배워 본들 무엇을 하겠는고.

시경에 수록된 시가 310편 정도이다. 그 내용은 세상사의 잡다한 이야기들을 노래한 것인데, 권선징악, 사필귀정이 기본 내용이다. 현대 사회와 비교한다면 언어학, 시문학, 인문학, 사회학, 심리학, 교육학, 윤리학 교재라고 할 것이다.

六. 子曰,
其身正 不令而行, 其身不正 雖令不從.
몸가짐이 반듯하면 시키지 않아도 행할 수 있지만, 몸가짐이 바르지 못하면 시켜도 못한다.

身과 心은 유기체이다. 心이 곧아야 身도 바르다. 身不正이면 枉心(왕심)을 벗어나기 어렵다.

七. 子曰,

魯衛之政 兄弟也.

노나 위나 정치는 비슷하지만, 노나라가 조금 더 좋다.

노 〉위 〉제. 비슷하지만 그래도 노나라가 조금 더 잘한다.
나머지는 볼 것도 없다.

八.

子謂衛公子荊, 善居室.

始有 曰, 苟合矣. 少有 曰, 苟完矣. 富有 曰, 苟美矣.

위공자 荊에 대해 '살림을 잘한다'라고 말씀하셨다.

재산이 생기기 시작할 때는 '좀 모았네'라고 말하고, 조금 생기자 '제법 되었네'라
고 말하더니, 부자가 되자 '좀 좋네요'라고 말하더라.

'남에게 말할 때 교만하지 않고 겸손하게 표현하더라.

九.

子適衛, 冉有僕,

子曰, 庶矣哉.

冉有曰, 旣庶矣, 又何加焉. 子曰, 富之

曰, 旣富矣, 又何加焉. 曰, 敎之

공자께서 위나라에 있을 때 염유가 수행하였다.

자 왈, (백성들의 삶이) 궁핍하구만(삶이 어렵다).

염유 왈, 궁하면 다음은 어찌하나요?

논어 정해論語 正解

자 왈, 부유하게 만들어야지.

부유해지면 무엇을 더 보태겠어요?

자 왈, 가르쳐야지.

四海困窮天祿永終(사해곤궁천록영종) 빈곤을 없애는 것이 治道의 根本이다. 정치의 기본은 백성의 식의주 해결이 우선이다. 그리고 교육해야 한다.

十. 子曰,

苟有用我者 朞月而已 可也 三年 有成

자 왈, 진정 나를 쓸 사람이 있다면 일 년이면 가능하겠지만, 삼 년이면 이룰 것이다.

十一. 子曰,

善人 爲邦百年 亦可以勝殘去殺矣, 誠哉 是言也.

선인이 나랏일을 백년을 한다면 잔악함을 물리치고 살인을 없앨 수 있을 것이다. 이 말은 맞는 말이다.

十二. 子曰,

如有王者 必世而後仁.

이런 왕이 있으면 한세대 이후에 仁을 이룰 것이다.

十三. 子曰,

苟正其身矣 於從政乎 何有, 不能正其身 如正人何.

필히 몸을 바르게 하고 정사를 따르는 것이 무엇 때문이겠느냐? 자신의 몸가짐도 바르게 하지 못하고 남들을 바르게 하려고 하면 어찌 되겠느냐?

十四.

冉子退朝, 子曰, 何晏也. 對曰, 有政.

子曰, 其事也 如有政, 雖不吾以 吾其與聞之.

염자가 퇴조(조정에서 퇴근)하였다.

자 왈, 어찌 늦었느냐?

대 왈, 정사가 있었습니다.

자 왈, 그 일이 정사라면 내 비록 하지 않았지만 나도 들었을 것이다.

공자는 政者正也(정자정야, 정치라고 하는 것은 바른 것이다)라고 가르
쳤다. 염자는 대부 계씨 가신이다.

무도한 계씨가 하는 짓이 과연 政事(정사)인가?

대부 계씨가 하는 짓은 나라와 백성을 무시하고 자신의 권력욕
만 채운다. 제자를 가르쳐 취직시킨 것은 人主(인주)를 바르게 선
도하라고 보낸 것인데, 염구는 그 가르침을 따르지 못하였고, 이
에 대한 스승의 힐난이다.

十五.

定公問 一言而可以興邦, 有諸.

孔子對曰, 言不可以若是其幾也. 人之言 曰, 爲君難 爲臣不易. 如
知爲君之難也 不幾乎一言而興邦乎.

曰, 一言而喪邦, 有諸.

孔子對曰, 言不可以若是其幾也. 人之言曰, 予無樂乎爲君, 唯其
言而莫予違也. 如其善而莫之違也 不亦善乎, 如不善而莫之違也
不幾乎一言而喪邦乎.

정공이 묻기를, '말 한마디로 나라를 흥하게 한다는 것이 정말이오?'

공자대 왈, 그 소리가 딱히 '이렇다'라고 말할 수는 없겠습니다만, 사람들의 말이 '왕 노릇도 하기 어렵고 신 노릇도 쉽지 않다'라고 합니다. 왕 노릇 하기 어려운 것을 안다는 것은 말 한마디로 나라를 흥하게 한다는 것이 아닐까요?

정공 왈, 말 한마디로 나라를 망친다는 소리 들어 봤소?

공자대 왈, 그 소리가 '이런 것이다'라고 말할 수는 없겠습니다만, 사람들의 말이 '나는 왕 노릇도 싫으니, 그저 말 한마디라도 어기지만 말라'라고 합니다. 선한 만큼 어기지 말라고 하면 선한 것인데, 선하지 못하면서 어기지 말라면 말 한마디로 나라를 잃는 것이 아닐까요?

왕이 왕 노릇이 어려운 것이라는 것을 알면 그 나라는 흥할 것이오, 왕이 선하지 못하면 나라가 망한다.

四海困窮 天祿永終(사해곤궁 천록영종). 백성의 삶이 어려우면 왕의 자리는 끝난다. 백성을 먹여 살려야 하는 왕의 자리는 어려운 것이다. 그것을 알고 백성을 부유하게 하려면 왕의 자리는 어려운 것이다. 왕의 자리는 일신의 향유가 아니라 백성을 먹여 살려야 하는 어려운 것이다. 왕이 그것을 알면 당연히 그 나라는 흥한다.

그러나, 왕 노릇도 싫으니(백성을 먹여 살려야 하는 직무 유기 하면서) 그저 복종만 하라고 요구하면 그것은 나라가 망하는 것이다. 왕의 정치란 仁德義가 기본이다. 不善(불선)한 왕이 복종이나 요구하면 이미 그 나라는 망했다고 봐야 한다.

공자가 書經(서경)을 쓴 이유가 후세 왕들에게 警告(경고)를 하기 위함이라고 하였다. 나라의 흥망이 바로 왕의 행동에 달린 것이라는 것을 직설적으로 써 놓은 것이다.

十六. 葉公問政.

子曰, 近者說, 遠者來.

섭공이 정사를 물었다.

자 왈, 가까운 자들이 기뻐하면 멀리서도 다 몰려듭니다.

近者悅之 遠者歸之(근자열지 원자귀지) 내 나라 백성들의 삶이 흥겨우면 먼 나라 백성들도 다 애를 업고 몰려든다. 백성들이란 살기 좋은 곳을 찾아가는 것이다.

이 문구는 어느 職分에서건 맞는 말이다.

十七.

子夏爲筥父宰 問政.

子曰, 無欲速 無見小利, 欲速則不達, 見小利則大事不成.

자하가 거보 땅의 사또로 가게 되어 정사를 물었다.

자 왈, 서두르지 말고, 사소한 이익에 눈 돌리지 말아라.

서두르면 이루지 못하고 사소한 이익에 눈을 돌리면 큰일을 못한다.

자하는 시문학에는 뛰어나지만 遊戲(유희)를 耽溺(탐닉)하고 추구하는 성격이다. 그저 大道가 바르면 小道는 들쭉날쭉해도 된다고 말하는 子夏에 대한 맞춤 처방이다.

十八.

葉公語孔子曰, 吾黨 有直躬者 其父攘羊, 而子 證之.

孔子曰, 吾黨之直者 異於是, 父爲子隱 子爲父隱, 直在其中矣.

섭공이 공자에게 자랑하기를, 우리나라에 반듯한 자가 있는데, 그 아비가 양을 훔친 것을 아들이 고해바친다.

공자 왈, 우리나라(魯)의 바른 자는 다릅니다. 아비가 한 짓을 자식은 덮어 주고, 자식이 한 짓은 아비가 덮어 줍니다. 올바름이란 그 속에 있는 것이지요.

孝仁(효인)과 義(이)이 대립이다.

공자는 孝仁을 우선시하였다. 효인이 틀어지면 義의 자리가 없어진다. 仁義의 대립은 荀子와 韓非子에게서 猛攻을 받는다. 하지만 孟子는 孝仁이 먼저다. 仁의 學習은 孝와 慈愛를 실천하면서 시작되는 것이고, 義가 만들어지는 것이다.

공자의 가르침 중에서 흠이 있다면 이 부분을 좀 더 세심하게 다듬어 내지 못한 것에 있다고 할 수 있다.

孝와 慈愛의 범주를 벗어난 부분에서의 義는 百家들도 다분히 儒門을 따른다. 荀子가 부자지간의 義에 대한 논쟁은 孝라고 한 것이 이 부분을 염두에 둔 듯하다.

十九. **樊遲問仁,**

子曰, 居處恭, 執事敬, 與人忠 雖之夷狄 不可棄也.

번지가 仁을 물었다.

자 왈, 집안에서 공손하고, 일을 경건히 하고, 대인 관계에서 충실하면 오랑캐도 버리지 않는다.

二十.

子貢問曰, 何如斯 可謂之士矣.

子曰, 行其有恥 使於四方 不辱君命 可謂士矣.

曰, 敢問其次. 曰, 宗族 稱孝焉, 鄕黨 稱弟焉.

曰, 敢問其次. 曰, 言必信 行必果. 硜硜然小人哉

抑亦可以爲次也.

曰, 今之從政者 何如. 子曰, 噫, 斗筲之人 何足算也.

자공 왈, 어찌해야 선비라 할 수 있겠습니까?

자 왈, 행함에 치욕을 당해도 출장을 나가서 군명을 욕되게 하지 않아야 선비라
고 할 것이다.

다음에는 어찌해야 합니까?

왈, 가족들이 효자라고 말하고, 동네 사람들이 겸손하다고 칭해야 한다.

그다음은 어찌해야 합니까?

왈, 말에는 필히 믿음이 있어야 하고, 행동에는 반드시 결과가 있어야 한다.

꼼꼼한 것은 소인배라고 하겠지만, 행동에 수반되어야 할 것이다.

요즘 정사를 하는 자들은 어떻다고 생각하십니까?

자 왈, 에혀~ 심뽀냐고 간장 종지만한 사람들을 평가해서 뭣 하겠느냐.

어디 나가서 회사 욕먹이는 짓 하지 말라. 해외여행 가서 나라
욕먹이는 짓 하지 말라. 어디를 가든 집안 욕먹이는 짓 하지 말
라. 제발 부모 형제 욕먹이는 짓 하지 말라. 다 이유가 있다.

廿一. 子曰,
不得中行而與之 必也狂狷乎.
狂者 進取, 狷者 有所不爲也.
중용지도를 모르고 더불면 필시 광견 짓을 한다.
광자란 무조건 시작하고, 견자는 닥치면 못 한다.

즉, 광견 짓이란 일을 보면 무조건 하겠다고 설치고 나서서 막상
일 앞에 닥치면 못 하는 것을 말한다. 이런 사람은 많다. 심지어
나른 사람까지 끌낭 먹인다. 뉘저리를 하느라고.
與: 동사로 쓰일 때, 더불다, 함께하다, 어울리다, 일을 맡기다,
돕다, 참여하다 등

廿二. 子曰,
南人 有言曰, 人而無恒 不可以作巫醫, 善夫.
不恒其德 或承之羞.
子曰, 不占而已矣.
자 왈, 남방 사람들이 하는 말이 있는데, '사람이 뻔뻔스러우면(변덕이 심한, 항
심이 없는) 무당도 못 고치고 의원도 못 고친다.'라고 한다. 참 좋은 말이다.
변덕이 심하면 자칫하다가는 욕먹는 짓 하게 된다.
자 왈, 점 봐도 소용없다.

恒: 不變하는
不恒: 변덕이 심한, 뻔뻔스러운
周易에서 澤山咸卦의 기본 德目은 그 從卦로서의 雷風恒이다.

雷風恒에서 九三爻를 象日, 不恒其德 或承之羞.

象日, 不恒其德 無所容也.

뻔뻔스러운 사람은 여차하면 욕먹을 짓을 한다. 뻔뻔스러운 사람은 빈대만도 못하다. 즉, 빈대도 낯짝이 있다는데, 뻔뻔스러운 사람은 얼굴이 없다. 즉, 변색하니 정해진 얼굴이 없다는 말이다. 이런 뻔뻔스러운 사람은 병원에 가도 못 고치고 굿을 해도 못 고친다는 말이다. 이런 사람은 주역 펴 놓고 점을 봐도 욕을 피할 방법이 생기지 않는다.

'점을 봐도 소용없다'라는 것은, 주역이란 말이 여러 가지 경우의 입장에 대하여 생각하는 역지사지의 분석이고 자기 성찰인데, 항심이 없는 사람은 내로남불이라 입장이 변하면 변한 대로 또 자기 이익만 생각하게 되는 것이다. 이런 사람의 행동을 遯行(둔행)이라 하고, 이런 세상을 遯世(둔세)라고 한다. 따라서 무항심자의 생각과 행동은 바로 예측이 된다.

遯(둔): 돼지가 움직이는 모양으로, 예측하기 힘들지만 잘 보면 먹을 것만 쫓는다.

廿三. 子曰,
君子 和而不同, 小人 同而不和.
군자는 서로 다른 사람끼리 모여도 화합하지만,
소인은 같은 사람끼리 모여도 화합하지 못한다.

화합을 왜 하는가? 어떤 공동의 목적, 즉 大義가 있으면 그 大義를 쫓는 사람들은 類를 불문하고 서로 화합하여 大義를 이룬다.

大義보다는 私利에 관심을 가진 자들은 이익이 앞에 놓이면 같이 살던 사람도 和合하지 못한다. 화합해도 그것은 私利를 취하기 위한 수단으로서 하는 것이다. 이에 군자와 소인의 차이를 둔 것이다.

이 문장에서 同이란 同類로 봐야 할 것이며, 類의 범주는 다양하게 적용될 수 있다.

同鄕, 同門, 同業, 同族, 同務, 同道,

廿四.
子貢 問曰, 鄕人 皆好之 何如. 子曰, 未可也.
鄕人 皆惡之 何如. 子曰, 未可也.
不如鄕人之善者好之, 其不善者惡之.

자공문 왈, 동네 사람들을 다 좋아하면 어떤가요?

자 왈, 옳지 않다.

동네 사람들을 다 미워하면 어떤가요?

자 왈, 옳지 않다. 동네 사람 중에 착한 자는 좋아하고 나쁜 놈은 미워하는 것과 다르다.

廿五. 子曰,
君子 易事而難說也, 說之不以道不說也,
及其使人也 器之.
小人 難事而易說也, 說之雖不以道說也,
及其使人也, 求備焉.

군자는 일은 쉽게 해도 설명은 어렵게 하는데, 설명이 합당하지 않으면 하지 않고, 그 일을 사람들에게 시킬 때에는 각 기량에 맞춰서 시킨다.

소인은 설명은 쉽게 하는데 일은 어렵게 한다. 설명이 비록 합당하지 못해도 그냥 하고, 맡은 일에 사람들을 부리면서 재주껏 알아서 하라고 한다.

世間의 해석들이 너무 어수선하다. 무슨 의미인지도 모르고 그저 횡설수설이다.

子長 十章과 비교해 볼 말이다. 子夏가 공자의 가르침을 제대로 소화한 듯하다.

子夏曰, 君子信而後勞其民, 未信則以爲厲己也. 信而後諫, 未信則以爲謗己也.

卅六. 子曰,

君子泰而不驕, 小人驕而不泰.

군자는 태연하면서도 교만하지 않고,

소인은 교만하지만 태연하지 못하다.

卅七. 子曰,

剛毅木訥 近仁.

의지가 강하고 꿋꿋하면서 어눌해 하는 것이 仁에 가까운 것이다.

廿八.

子路問曰, 何如斯 可謂之士矣.

子曰, 切切偲偲 怡怡如也 可謂士矣,

朋友 切切偲偲, 兄弟 怡怡.

자로가 묻기를, 어찌해야 '선비답다'라고 합니까?

자 왈, 쩔쩔매면서 즐거워해야 선비라고 할 것이다.

벗들에게는 쩔쩔매어야 하고, 형제들과는 그저 즐거워해야 한다.

이 처방은 子路의 兼人之性(겸인지성)을 指摘(지적)히여 氣를 꺾어 줘야 사람이 된다는 공자의 판단에 따른 맞춤 교육이다. 자로는 누구에게도 지지 않으려는 성향이 있다.

廿九. 子曰,

善人教民七年 亦可以即戎矣.

선한 사람이 백성들을 칠 년을 가르치면 戎(융)으로 쓸 수 있다.

戎(융)이라고 하는 것은 전쟁에서 목숨을 버리며 뛰어드는 인적 소모품이다.

民을 兵으로, 兵을 戎으로 쓰려면 兵(병)이 조직 구성원 공동의 이익을 위해 스스로 목숨을 버릴 수 있는 義로움을 지녀야 한다. 仁義를 갖추지 못한 상태에서는 불가능한 설정이다. 백성을 가르쳐 仁義를 견지하게 하려면 7년은 가르쳐야 한다는 의미이다.

三十. 子曰,
以不敎民戰 是謂棄之.
백성을 가르치지 않고 전쟁터에 보내는 짓은 백성을 버리는 짓이다.

옛날의 전쟁은 병법, 무예, 살적(殺敵), 살인, 노획 등 모든 것을 가르치는데, 그것이 道에 맞아야 한다. 가르치지 않고 전쟁터에 보내면 어떤 짓들이 벌어질지 모른다.

戰爭(전쟁)의 勝敗(승패)는 결과적으로 後代에서 評價된다. 亡國民(망국민)들의 진정한 따름을 얻을 수 있어야 진정한 승리가 되는 것이다.

卷之 十四. 憲問

一. 憲問恥,

子曰, 邦有道 穀. 邦無道 穀 恥也.

원헌이 부끄러움을 물었다.

자 왈, 나라에 도가 있어도 녹을 먹고, 도가 없어도 녹을 먹는 짓이 부끄러운 것
이다.

二.

克伐 怨欲 不行焉 可以爲仁矣.

子曰, 可以爲難矣, 仁則吾不知也.

꾹 참고 원망하지 않는다면 仁이라고 할 것입니다.

자 왈, 그렇게 하기가 어려운 것이지만, 仁인지는 내 잘 모르겠다.

克伐怨欲 不行焉이라고 문장을 지어서 극벌원욕을 하지 않는다
고 해석하면, 극벌원욕에 대해서 각각 억지 의미 부여를 하게 된
다. 克伐(극벌) 은 自己制御(자기억제)이고, 怨欲不行(원욕불행)은 相
對的(상대적) 행위로 구분해야 해석이 부드러워진다.

따라서 '克伐 怨欲不行焉'이라고 띄어서 써야 한다.

克伐 자신에 대한 억제, 즉 내가 잘한 것을 내세우지 않는 것이
고, 怨欲不行은 '상대의 잘못을 탓하고 싶지만 하지 않는다'라는
의미이다.

不怨天 不尤人(불원천 불우인)이라는 의미를 怨欲不行(극벌 원욕불행)으로 이해하고 인용한 것. 해당 문장에 화자의 주어가 없는 것은 앞의 문장에 이어서 쓴 원헌의 질문에 공자가 대답한 듯하다. 공자의 마지막 대답이 상당히 심오하다.

원헌의 말은 분명히 仁에 좀 모자라지만 가깝다. 그런데 원헌이 이 말을 한 것 자체가 자기 자랑이 되어 버린 것이다. 말로는 '떠벌리지 않고' 하면서 말한 것이 바로 자랑이다. 또한 진정 仁하다면 怨欲 자체가 없다. 無怨(무원)이어야 하는 것이다.

그래서 공자의 대답이 '글쎄, 그것이 쉬운 것은 아닌데 仁인지 나는 모르겠다' 이러했다. 즉, 知行不一致인 것이다.

三. 子曰,

士而懷居 不足以爲士矣.

선비로서 거처에(좋은집) 대해 욕심을 내면 선비라고 하기에는 좀 부족하다.

四. 子曰,

邦有道 危言危行, 邦無道 危行言孫.

나라에 도가 있을 때에는 말과 행동을 거침없이 해도 되지만, 나라에 도가 없을 때에는 말은 조심하고 행동은 확실하게 해야 한다.

나라에 도가 없어서 판을 뒤집어엎는 한이 있더라도 말은 조심해야 하고, 행동을 할 바엔 확실하게 하라.

五. 子曰,

有德者 必有言, 有言者 不必有德. 仁者 必有勇, 勇者 不必有仁.

덕이 있는 자는 필히 말을 해야 하지만, 말을 한다고 해서 다 덕이 있는 것은 아니고, 仁者는 반드시 용감하지만, 용감하다고 해서 다 仁慈한 것은 아니다.

六.

南宮适 問於孔子曰,

羿善射, 奡盪舟, 俱不得其死, 然禹稷 躬稼而有天下.

夫子不答, 南宮适 退,

子曰, 君子哉 若人, 尙德哉 若人.

남용이 공자에게 묻기를, 예는 천하제일 궁사이고, 오는 배를 짊어지고 다니는 천하장사인데 둘 다 제명에 못 죽었습니다. 하지만 우직은 몸소 농사를 지었으나 천하를 얻었습니다.

공자가 아무 대답이 없자, 남궁괄이 물러 나갔다.

자 왈, 저런 사람이 군자다. 덕을 숭상할 줄 아는 사람이다.

결혼하기 전인지 후인지는 구분이 안 되지만, 남용은 공자의 사위다. 공자에게 질문을 한다고 하였는데, 묻는 말은 없고 옛이야기만 한다. 남용이 저 말을 한 것은 공자가 쓴 서경을 읽고 성인들의 성장 과정을 배운 것이다. '몸을 낮추어 성실하게 일을 한 사람이 천하를 얻는다'라는 것을 배웠다.

그래서 공자가 대답이 없었고, 德을 숭상할 줄 아는 자라고 한 듯하다.

七. 子曰,

君子而不仁者 有矣夫, 未有 小人而仁者也.

군자로서 불인한 사람은 있겠지만, 소인이며 仁者인 사람은 없다.

八. 子曰,

愛之 能勿勞乎, 忠焉 能勿誨乎.

사랑한다고 하여 고생시키지 말아야 하는가?

충성한다고 하면 가르치지 않아도 되는가?

증자가 말하기를, '스승님의 도는 忠恕뿐이다.'라고 하였다.

교육자의 입장에서 제자들이나 자식들을, 또는 상급자의 하급자에 대한 자세를 지적한 것이다. 노력과 최선을 다하지 않는 사람을 예뻐할 수는 없는 것이다.

그렇다면, 상대로 하여금 충성을 다하도록 해야 하는데, 무엇을 어떻게 하라고 가르쳐야 하는 것이다.

가정에서나 학교에서나 직장에서나 부지런하고 노력하는 사람을 예뻐하는 것이고, '해야 할 것을 가르치고 난 후에 부지런히 해라'라고 해야 할 것이다.

忠: 일을 하든 사람을 대하든 바른 도리로서 내가 할 수 있는 바를 다 하는 것.

恕: 상대방이 한 것을 이해하고 수용하는 나의 마음.

九. 子曰,

爲命 裨諶 草創之, 世叔 討論之, 行人子羽 修飾之, 東里子産 潤色之.

명에 대하여 비심이 초안을 잡고, 세숙이 토론하고, 자우가 다듬고 꾸미고, 동리와 자산이 禮에 맞게 채색하였다.

과거, 정나라의 정치에 대해 칭찬을 한 것이다.

외교문서 하나를 꾸며도 여럿이 화합하며 장점을 발휘한 것에 대한 평가이다. 鄭(정)나라가 비록 약소국이지만 子産(자산)의 輔弼(보필)로 治世를 열었다.

鄭子産은 제자백가서 웬만한 곳에는 다 그 德이 언급된다.

十.

或問子産, 子曰, 惠人也.
問子西, 曰, 彼哉 彼哉.
問管仲, 曰, 奪伯氏駢邑三百 飯疏食沒齒 無怨言.

누가 자산에 대해서 물었다.

자 왈, 자혜로운 사람이다.

자서를 물었다.

자 왈, 넘어가자, 넘어가자. (평가할 대상이 아니다.)

관중에 대해 물었다.

자 왈, 백씨 병읍 삼백을 빼앗았는데, 백씨는 나물밥 먹으면서 늙어 이가 다 빠질 때까지 원망하지 않았다.

관중이 백대부의 땅을 차지했으나 백대부가 원망을 하지 않았다는 것은 관중이 나쁜 사람은 아니라는 것이다.

十一. 子曰,
貧而無怨 難, 富而無驕 易.

가난하면서 원망하지 않는 것은 어려운 것이지만, 부유하면서 교만하지 않는 것은 쉽다.

無産而有恒心(무산이유항심)은 지키기 어려운 것이다. 君子가 되어야 가능하다.

十二. 子曰,
孟公綽 爲趙魏老則優, 不可以爲滕薛大夫.

맹공작이 조위의 가신으로는 우수하지만, 등설의 대부를 하기는 불가능하다.

晋(진)나라는 文公(문공) 시절 패국으로 흥하였지만, 공자 시절부터 대부인 한조위가 득세하여 분열된다. 등설은 작은 나라지만 그래도 邦이다. 노나라 卿이 세력이 강한 대부 집안의 가신으로서는 자질이 충분하지만, 등설이 아무리 작아도 그 나라의 대부를 하기에는 좀 모자란다. 卿(경)은 정치적 책임을 지지 않는 명예로운 신분이지만, 대부는 정치적 경제적 책임을 져야 하는 입장이기 때문이다.

주희의 주해에서는 맹공작이 노나라 대부라고 하였는데, 노나라 대부가 작은 나라인 등설의 대부를 못 한다는 것은 어불성설이다. 주희의 착각이다.

十三.

子路問成人,

子曰, 若臧武仲之知, 公綽之不欲, 卞莊子之勇, 冉求之藝, 文之以
禮樂 亦可爲成人.

曰, 今之成人者何必然, 見利思義, 見危授命, 久要不忘平生之言
亦可以爲成人矣.

자로가 사람으로서 갖추어야 할 것을 물었다.

자 왈, 장무중의 지식과, 공작의 무욕, 변장자의 용기, 염구의 재주를 갖추고 禮
樂으로 문채를 하면 갖춘 사람이라고 할 만하다.

왈, 요즘의 사람됨은 무엇이 필요한가 하면, 이익을 보면 의로움을 생각해야 하
고, 위험한 것을 보면 못 하게 말리고, 오래 묵은 약속도 평생 잊지 않는다면 된
사람이라고 말할 수 있다.

十四.

子問公叔文子於公明賈曰, 信乎 夫子不言不笑不取乎.

公明賈對曰, 以告者過也. 夫子時然後言 人不厭其言, 樂然後笑
人不厭其笑, 義然後取 人不厭其取.

子曰, 其然, 豈其然乎.

공자께서 공숙문자에 대해 공명고에게 물어보기를, 그분은 말도 안 하고 웃지도
않고 취렴도 하지 않는다는데, 믿을 만한 말이오?

공명고 왈, 누가 이해를 잘못했구만요.

그분은 듣고 난 후에 말을 하니 사람들이 싫어하지 않고, 즐거워한 후에 웃으니
사람들이 그 웃음을 싫어하지 않고, 의로움을 앞세우고 난 후 세금을 거두니 사
람들이 세금 내는 것을 싫어하지 않습니다.

자 왈, 그것이 그런 것이군요, 어찌 그런 일이.

공명고의 말을 들으니, 공숙문자는 仁, 義, 禮를 아는 사람이라는 것을 알게 되었다.

十五. 子曰,
臧武仲 以防 求爲後於魯, 雖曰 不要君 吾不信也.

장무중이 방(관할 지역)에서 노나라의 後嗣를 求하면서, 말로는 비록 왕 자리를 요구하지 않는다고 하지만, 나는 못 믿겠다.

十六. 子曰,
晋文公 譎而不正, 齊桓公 正而不譎.

진문공은 잘 속이고 정직하지 않고, 제환공은 정직하면서 속이지 않았다.

문공이나 환공이나 춘추오패이지만, 각각 패왕이 되기까지의 과정은 달랐다. 각자 왕좌를 얻기까지 그 德이 서로 다른 행적들에 대한 공자의 분석이다.

十七.
子路曰, 桓公 殺公子糾 召忽死之 管仲不死, 曰 未仁乎.
子曰, 桓公 九合諸侯, 不以兵車 管仲之力也, 如其仁如其仁.

자로 왈, 환공이 공자 규를 죽이자 소흘은 죽고 관중은 죽지 않았습니다. 관중이 仁하지 못한 것인가요?
자 왈, 환공이 제후 아홉을 합병하면서 군사로 하지 않는 것은 관중의 힘이다. 그것은 인과 같은 것이다.

제나라의 관중과 포숙은 동문수학한 친구였다. 포숙은 武에 능하고, 관중은 學에 능하였다. 관중은 공자규를 보필하고, 포숙은 소백을 보필하다가 같이 외유를 나가면서 약속하였다. 만일 부왕인 제양공에게 변고가 생기면 먼저 귀국하는 자가 왕위를 잇기로 하고, 규는 노나라로 가고 소백은 거땅으로 避政(피정)을 떠났다. 제양공이 막된 짓을(대부의 예쁜 첩을 거시기) 하여, 열받은 대부에게 살해당하였다. 본국에서 왕의 피살 소식을 전해 듣고 소백과 규는 경쟁적으로 귀국길에 오르는데, 노나라에서 糾의 귀국을 방해하였다. 그 이유는 바로 책사인 관중이 있었기 때문에 糾가 왕이 되면 필히 관중이 보필할 것이고, 그러면 강성해져서 노나라에 위협이 되는 것이다. 결국 소백이 먼저 도착하여 왕이 되었다.

그리고 미입국한 경쟁자인 糾를 살처분한다. 규를 보필하던 관중과 소흘은 마땅히 죽어야 하는 것이 당시의 정치문화적 도리인데, 소흘은 죽고 관중은 노나라에서 걸인으로 목숨을 유지하며 살아남았다. 소백이 왕위에서 포숙에게 사람을 천거하라고 했더니 관중을 천거한 것이다. - 管鮑之交(관포지교)

관중은 귀국하여 소백을 보필하여 춘추오패의 으뜸인 제환공을 만들어 낸다.

이에 자로의 생각은 主君이 죽으면 臣도 마땅히 따라 죽어야 한다는 생각에서 未仁이라고 한 것이고, 공자의 생각은 九合諸侯(구합제후)의 偉業(위업)을 폭력으로 하지 않고 德으로 한 것은 그 自體가 仁이라고 한 것이다.

十八.

子貢曰, 管仲非仁者與, 桓公殺公子糾 不能死又相之.

子曰, 管仲相桓公霸諸候 一匡天下, 民到于今受其賜, 微管仲吾其
被髮左衽矣. 豈若匹夫匹婦之爲諒也 自經於溝瀆而莫之知也.

자공 왈, 관중은 仁者가 아니다. 환공이 공자 규를 죽였는데, 죽지 않고 오히려
도왔다.

자 왈, 관중은 환공을 패제후로 만들어서 천하통일을 이루어 지금도 백성들이
그 도움을 받는 것이다. 관중을 대수롭지 않다고 한다면 나는 그의 왼쪽 소매에
붙은 터럭일 뿐이다. 도랑 구석에서 목매어 자살하여 사람들이 알지 못하게 하
면 필부들이나 하는 사소한 짓과 어찌 다를 바가 있겠느냐?

十九.

公叔文子之臣大夫僎 與文子同升諸公.

子聞之曰, 可以爲文矣.

공숙문자의 신인 대부 선이 문자와 함께 공의 반열에 올랐다. (入朝 하였다.)

공자께서 듣고 말씀하시기를, 과연 文이라고 할 만하다.

대부 선의 사람됨이 제대로 된 것을 공자가 알고 있었던 것 같
다. 그리고 대부가 신을 데리고 입조한다는 것은 그 사람됨을 알
아보았다는 것이다. 文子를 높이 평가하였다는 것이다.

二十.

子言衛靈公之無道也, 康子曰, 夫如是 奚而不喪.

子曰, 仲叔圉 治賓客, 祝鮀 治宗廟, 王孫賈 治軍旅, 夫如是 奚 其喪.

공자께서 위영공의 무도함을 언급하자,

계강자가 왈, 무도한데 어찌 자리를 유지합니까?

자 왈, 중숙어가 외무를, 축타가 종묘지사를, 왕손고가 군대를 맡고 있는데, 이렇게 하면 어찌 망하겠소?

위영공이 정사를 별로 돌보지 않고 딴짓만 하고 놀지만, 신하들을 쓰는 데 있어서 아주 제대로 된 인물들을 골라서 맡겨 둔 듯하다. 축타는 당시에 말솜씨가 기막히다고 소문난 祭官이다.

廿一. **子曰,**

其言之不怍 則爲之也難.

부끄러움이 없이 당당하게 말을 한다는 것은 그 일을 하기 어렵다는 것이다.

거꾸로, 누구나 할 수 있는 쉬운 일을 하려고 한다면 이런저런 부분을 다 조심스럽게 하고, 궁한 부분은 자기의 뜻을 굽혀서 얻을 수 있는 것이 있으면 얻어야 한다. 따라서 쉬운 일을 하려고 하고 하는 자는 말을 조심하고, 궁색한 표현을 할 수밖에 없는 것이다.

그런데 하기 어려운, 하고 싶지 않은 것을 말할 때에는 조심스럽게 말하지만, 막상 그것을 내가 해야만 하는 상황이 되면 당당하다. '누가 할 사람 있으면 나서서 해 봐'라고 하는 어려운 일에 대해서 부끄럽게 말할 이유가 없다. 그 일을 함에 필요한 이런저런 사항을 부끄럼 없이 요구할 수 있는 것이다.

廿二.

陳成子殺簡公,

孔子沐浴而朝 告於哀公曰, 陳恒 殺其君 請討之.

公曰 告夫三子.

孔子曰, 以吾從大夫之後 不敢不告也, 君曰, 告夫三子者.

之三子, 告, 不可,

孔子曰, 以吾從大夫之後 不敢不告也.

진성자가 간공을 죽였다,

공자 목욕재계하고 입조하여 애공께 고하여 말하기를, 진항이 그 임금을 죽였으니 토벌할 것을 청합니다.

애공 왈, 삼대부들께 물어보세요.

공자 왈, 제 입장이 대부의 아래 서열이니 고하지 않을 수는 없는데, 왕도 그리하라네.

삼대부에게 가서 고하였더니 안 된다고 하였다.

공자 왈, 내가 대부의 아래 서열이라 고하지 않을 수는 없는 것이다.

당시 노나라는 계손, 맹손, 숙손씨 三大夫가 실권을 잡고 있는 상황이라 왕도 마음대로 할 수 없었다.

泰伯 十四, 子曰, 不在其位 不謀其政. 當篇 廿七. '직분에 맞게 행동하라.'의 실천이다.

卄三. 子路問事君,

子曰, 勿欺也 而犯之.

자로가 임금 섬기는 법을 물었다.

자 왈, 속이지 말고 죄인처럼 굴어라.

자로는 禮가 많이 부족하여 맞춤 처방을 한 것이다.

卄四. 子曰,

君子上達, 小人下達.

군자는 상달이고 소인들은 하달이다.

상하의 구분 기준점은 현대적 구분으로 형이상학적, 형이하학적으로 나눌 수 있다.

사람 사는 세상을 대상으로 仁禮法道 등 天命을 배우고 깨닫고 적용례를 넓히는 등의 것을 上이라고 하면, 사람에 의해 利를 위해 통제되는 物의 영역을 下라고 할 것이다. 군자는 上을 잘 배우고 이해하는 것을 잘하고, 소인이란 그저 下에서 利를 취하는 데는 能通한다.

廿五. 子曰,
古之學者 爲己, 今之學者 爲人.

옛사람들은 자신에 대해서 배웠고(知己), 요즘 사람들은 남을 알기 위해 배운다
(知人).

廿六.
蘧伯玉 使人於孔子,
孔子與之坐而問焉曰, 夫子 何爲.
對曰, 夫子欲寡其過而未能也.
使者出, 子曰, 使乎使乎.

거백옥이 공자께 사람을 보냈다.

공자가 같이 앉아서 물어보기를, 그분은 어찌 지내시는가?

대 왈, 대부께서는 실수를 줄이려 하시는데 잘 안 됩니다.

사자가 나가고 나자 자 왈, 사자로다. 사자로다.

심부름꾼이 자기의 主君에 대하여 욕되게 하지 않음과 동시에
겸양의 예를 지킨 것이다.

廿七. 子曰,
不在其位 不謀其政.

위치에 맞게 일하라. 주제넘은 짓은 하면 안 된다.

廿八. 曾子曰,
君子 思不出其位.

증자 왈, 군자는 생각함이 그 직분을 벗어나지 않는다.

공자의 가르침에 대한 증자의 구체화된 이해다. 도 넘은 짓은 생각도 하지 말라.

廿九. 子曰,
君子 恥其言而過其行.

군자는 행동보다 말이 지나친 것을 부끄러워해야 한다.

三十. 子曰,
君子道者三, 我無能焉, 仁者 不憂, 知者 不惑, 勇者 不懼.
子貢曰, 夫子自道也.

자 왈, 군자의 도는 세 가지가 있는데, 나는 잘못한다만, 인자는 근심이 없고, 지자는 혹함이 없고, 용자는 두려움이 없느니라.
자공 왈, 스승님의 모습입니다.

스승님의 행동에서 보이는 것이다. 공자의 교육은 솔선수범이다. 가르치는 만큼 행동으로 보여 준다.

卅一. 子貢 方人,
子曰, 賜也 賢乎哉, 夫我則不暇.

자공이 사람을 이리저리 평가하였다.

자 왈, 자공이 현명한 것이냐? 나는 그리할 틈이 없는데.

일찍이 공자는 안회와 자공한테 배우는 목적을 물었다.

자공은 '爲知人', 안회는 '爲知我'라고 하였다.

자공은 장사꾼이라 아무래도 그 관심이 사람을 알아야 한다는 것이 몸에 밴 듯하다. 장사를 하려면, 즉 마케팅의 가장 핵심이 바로 고객의 심리 분석인 것이다.

卅二. 子曰,
不患人之不己知, 患其不能也.

남의 주제 파악을 걱정하지 말고, 그 사람의 능력을 걱정하라.

일을 시켜야 하는데 저 사람은 어떤 일을 시킬까, 저 사람은 잘 해 낼까 그런 걱정을 하라는 것이다.

卅三. 子曰,
不逆詐 不億不信 抑亦先覺者 是賢乎.

속지 말고 믿을 수 없어도 억측하지 말고 먼저 깨닫는 것이 현명한 것이다.

뻔한 것을 믿을 수 있네 없네, 속았네 할 것 없이 먼저 깨닫는 것이 현명한 것이다.

사기꾼이 하는 말에 속은 사람들은 그 내용을 모르기 때문에 속아서 사기당하는 것이다. 뻔한 이치인데, 그것을 믿어도 될까 말까 고민하는 것은 현명하지 못하다.

卅四.
微生畝謂孔子曰, 丘 何爲是栖栖者與 無乃爲佞乎.
孔子曰, 非敢爲佞也, 疾固也.
미생부가 공자께 이르기를,
구는 어찌 그리도 바삐 돌아다니오? 안 좋은 일이 있나요?
공자 왈, 좋지 못한 일이라니요. 그저 갑갑한 것이 싫어서 그렇습니다.

卅五. 子曰,
驥不稱其力 稱其德也.
자 왈, 驥라는 것은 그 힘을 칭하는 것이 아니라 그 덕을 칭하는 것이다.

그저 잘 달리기만 한다고 驥(기)가 되는 것은 아니다. 명마를 칭하는 말이 여러 가지 있지만, 驥라는 명칭은 글자의 모양 그대로 사람이 요구하는 바를 잘 따르는 것이다. 즉, 그 德을 칭하는 것이다. 말이 부리는 사람의 마음을 깨닫는다. 恕를 안다.

卅六.

惑曰 以德報怨, 何如 (或人所稱, 今見老子書)

子曰, 何以報德. 以直報怨 以德報德.

들리는 말에, 원망은 덕으로 갚는다던데, 어떤가요?

자 왈, 어찌 덕으로 갚느냐. 원망은 바로잡는 것이고, 덕은 덕으로 갚는 것이다.

주희는 惑(혹)을 老子의 글이라고 하였다. 그런데 노자의 도덕경이라는 것은 노자가 쓴 것이 아니라 후대 제자들이 한두 구절씩 이런저런 것들을 주워다 적은 것이라고 한다. 공자 생전에 도덕경은 없었다.

卅七.

子曰, 莫我知也夫. 子貢曰, 何爲其莫知子也.

子曰, 不怨天 不尤人, 下學而上達, 知我者其天乎.

자 왈, 아무도 날 모르는가.

자공 왈, 왜 아무도 스승님을 모른다고 하십니까.

자 왈, 하늘을 원망하지 않고 사람을 탓하지 않으며, 세상에서 배워 천명을 깨달았으니, 나를 알아줄 자는 하늘이던가?

공자가 치세의 꿈을 접고 후세 교육으로 전향하려고 하기 전의 탄식인 듯하다.

人不知而不慍不亦君子乎. 이 문장의 세간 해석과 당 문장에서 보는 공자의 말은 상반된다. 나를 알아줄 사람이 없음에 서운한 것이다. 따라서 나를 알아주지 않아도 서운하지 않아야 군자라는 세간의 해석은 완전히 틀린 해석이 된다.

卅八.
公伯寮愬子路於季孫.
子服景伯以告曰, 夫子固有惑志於公伯寮, 吾力猶能肆諸市朝.
子曰, 道之將行也 與命也, 道之將廢也 與命也,
公伯寮其如命 何.

공백료가 계손에게 자로를 참소하였디.

자복경백이 말하기를, 계손대부가 공백료의 뜻에 굳게 현혹되어 있으니, 내 그놈을 죽여 저잣거리와 조정에 늘어놓으려 합니다.

자왈, 道가 행하는 것도 천명이요, 도가 망가지는 것도 천명인데, 공백료가 그와 같은 천명을 어찌하겠나?

공백료의 무도한 참소도 천명일진대, 그렇다면 공백료를 때려죽이겠다는 자복경백의 뜻도 천명이 되는 것이다. 당연히 공백료가 맞아 죽는 것도 천명이다. 두려워 소를 거둘 수밖에 없게 되는 것이다.

자백경복과 공자의 말장난으로 자로도 살고, 공백료는 죽다 살아난 것이다.

卅九. 子曰,
賢者 辟世, 其次 辟地, 其次 辟色, 其次 辟言.

현자는 세상을 피하고, 땅을 피하고, 색을 피하고, 말을 피한다.

이 상황은 道之將廢之世에 해당되는 말이다. 땅은 그 지방,
색은 그 분위기이다. 도가 없어진 상황에,

피세지사: 세상을 등진 현자 (백이 숙제)

피지지사: 다른 나라로 마음이 떠난 현자 (미자)

피색지사: 상황이 맞으면 하고 아니면 마는 현자 (공자)

피언지사: 입을 닫고 죽은 척 목숨을 보존하는 현자 (기자)

辟色(피색)에 대한 해석을 '여자를 멀리한다'라고 해석은 잘못된
접근이다.

四十. 子曰.
作者 七人矣.

(共生之道를) 지은 사람 七인이다.

공자께서 述而不作(술이부작)이라고 하셨다. 본인은 지은 것이 아
니라 그저 전할 뿐이라고 하였다. 그렇다면 作者란 지은 사람으
로서 7인이라면, 堯, 舜, 禹, 湯, 文, 武, 周公을 의미하는 것으로
볼 것이다. 즉 태평성대를 만든 사람, 그 道를 지은 자.

卌一.
子路宿於石門, 晨門曰, 奚自. 子路曰, 自孔氏.
曰, 是知其不可而爲之者與.

자로가 석문에서 묵었다.

문지기 왈, 어디서 왔는가?

자로 왈, 공문에서 왔소.

왈, 할 수 없다는 것을 알면서도 하는 사람인가?

문지기가 賢者인 듯하다.

작금의 무도한 세상에서 正道를 펴겠다고 세상 떠도는 공자를 두고 한 말이다. 공자의 천하 隊行 과정에서 石門 지방을 지날 때 겪은 逸話인 듯하다.

卌二.

子擊磬於衛,

有荷蕢而過孔氏之門者曰, 有心哉 擊磬乎. 既而曰,

鄙哉 硜硜乎, 莫己知也 斯己而已矣, 深則厲 淺則揭.

子曰, 果哉, 末之難矣.

공자께서 위나라에 계실 때 경을 치셨는데, 궤를 짊어지고 공자 거처의 문 앞을 지나던 사람이 말하기를, 경치는 소리에 마음이 담겼구나~ 하더니, 격경을 마치고 나니 왈, 비루하구만 꽉 막혔네. 제 앞가림도 못하면서 고집만 부리네. 물이 깊으면 옷을 여미고(건너지 말고) 물이 얕으면 바지 걷고 건너는 것인데.

자 왈, 맞는 말이다. 어려우면 말아야지.

공자가 경을 치며 노래한 詩句는 邶風에 나오는 詩이다.

匏有苦葉 濟有深涉, 深則厲 淺則揭. 有瀰濟盈 有鷕雉鳴, 濟盈不濡軌 雉鳴求其牡.

박잎은 쓰고 제강물은 깊은데, 깊으면 건너지 말고 얕으면 바지 걷고 건너야지.

(박잎은 쓰다 그러나 열매는 달다: 군자의 고행길, 깊은 제강물: 건널 수 없는 무도한 세상)

출렁이는 제강물 울부짖는 까투리, 제강물 깊어서 젖지 않는(못 건너는) 수레바퀴, 짝 찾는 까투리 소리.

(까투리: 선비들에 대한 대유, 짝: 까투리들과 함께할 바른 군왕)

雝雝鳴雁 旭日始旦, 士如歸妻 迨冰未泮. 招招舟子 人涉卬否, 人涉卬否 卬須我友.

끼룩끼룩 기러기 소리, 떠오르는 아침 햇살, 귀가하는 아낙네 같은 선비 얼음은 미처 녹지도 않았는데, 뱃사공을 불러 본들 쳐다보는 이 아무도 없네. 쳐다보는 사람 아무도 없지만 그래도 바라보는 내 벗들.

공자가 이 시를 노래한 것 같다. 과객이 공자의 경치며 노래하는 것을 듣고 잘하므로 칭찬을 한 듯하다. 그런데 노래를 다 듣고 나서 노래를 부른 사람이 공자라는 것을 알고, 노랫말의 한 구를 들어 공자를 비꼰 것이다. 물 깊으면 배를 기다려야 하고, 물 얕으면 바지 걷고 건너는 것이지, 노래하면서 노랫말의 의미도 모르는 것이 뭘 아는 척하고 고집을 부리느냐.

莫己知也 斯己而已矣.

주제 파악도 못 하고 고집만 부리고 있구나.

세상은 상황 따라 생긴 대로 살아가는 것인데. 스스로 色斯擧矣 (색사거의) 하지 못함을 인식하고 숙연해진 공자.

卌三.

子張曰, 書云, 高宗諒陰三年不言, 何謂也.

子曰, 何必高宗, 古之人皆然.

君薨 百官總己 以聽於冢宰三年.

자장 왈, 서경에, 고종이 先王의 喪中에 삼 년 동안 말을 하지 않음이 무슨 말입니까?

자 왈, 고종만 그랬겠나? 옛사람들은 다 그랬다.

왕이 죽으면 백관이 모여서 총재에게 삼 년 동안 들었다.

선왕이 죽으면 후임 왕은 삼 년간 侍墓살이를 하면서 政事는 시묘관(冢宰)를 통하여 행하므로 왕은 말이 없다.

卌四. 子曰,

上好禮則民易使也.

윗사람이 예를 좋아하면 백성들을 부리기가 쉬워진다.

卌五.

子路問君子, 子曰, 修己以敬.

曰, 如斯而已乎. 曰, 修己以安人.

曰, 如斯而已乎. 曰, 修己以安百姓.

修己以安百姓 堯舜 其猶病諸.

자로가 군자에 대해 물었다.

자 왈, 공경한 자세를 가져라. 유 왈, 잘 따르겠습니다

자 왈, 사람을 편안하게 하라. 유 왈, 잘 따르겠습니다.

자 왈, 백성을 편안하게 하라. 백성을 편안하게 하는 것은 요순도 어려워했다.

卅六. 原壤 夷俟,
子曰, 幼而不孫弟, 長而無述焉, 老而不死, 是爲賊以杖叩其脛.

원양이 비뚠 자세로 서 있었더니,

공자 왈, '어려서 버르장머리 없이 굴고, 자라서 뭣 하나 제대로 하는 것 없으며, 늙어서 죽지도 않으면 이것이 도적놈이다.' 하면서 지팡이로 정강이를 후려쳤다.

卅七.
闕黨童子將命, 或 問之曰, 益者與.
子曰, 吾見其居於位也, 見其與先生幷行也, 非求益者也, 欲速成者也.

궐에서 동자가 심부름을 왔다.

누가 묻기를, 배우려는 애인가요?

자 왈, 내가 그의 사는 모습과 선생을 끌고 다니는 것을 봤을 때, 배우려고 하는 것이 아니라 빨리 어른이 되고 싶은 것이다.

속된 말로 '싸가지 없는 애이다.'라는 말이다. '저런 애는 떡잎만 봐도 싹수 노란 것이, 글러 먹었다.'라는 말이다.

선생을 수행한다는 것은 따라다니면서 배운다는 것이다. 그런데 앞서거니 뒤서거니 설치면서 다니는 것으로 봤을 때, 배우려고 하는 기본자세가 되어 있지 않다는 말이다. 그래서 幷行이라고 쓴 것이다.

幷과 竝을 현대 한국의 字典的 해석에서 '아우르다'로 해석하여 같은 의미로 보는데 근본이 다른 의미를 가졌다. 幷은 兼의 의미

로서 合幷이고, 竝은 둘이 같은 나란히 섰지만 獨立으로 '철길의
레일 두 가닥은 竝行(병행)한다'라고 할 때의 병이다.

卷之十五. 衛靈公

一.

衛靈公 問陳於孔子.

子對曰, 俎豆之事 則嘗聞之矣, 軍旅之事 未之學也, 明日 隊行.

在陳 絶糧 從者病 莫能興.

子路慍見曰, 君子亦有窮乎.

子曰, 君子固窮, 小人 窮斯濫矣.

위영공이 공자에게 진법을 물었다.

자대 왈, '소꿉놀이는 배우고 해 봤습니다만, 병법은 배우지 못하였습니다.'라고 대답하고, 다음날 제자들을 데리고 떠났다.

진나라에서 양식이 떨어지고 일행들이 병이 들어 일어나지 못하였다.

자로가 화가 나서 공자를 뵙고 말하기를, 군자가 이렇게 궁핍해야 합니까.

자 왈, 군자는 궁해도 참는 것이고, 소인은 궁하면 도둑질도 하는 것이다.

俎豆之事(조두지사): 제례에서 상 차리는 형식을 소꿉놀이라고 표현한 것이다.

陳蔡之間(진채지간) 之禍: 진에서 양식이 떨어져 굶어 죽는 자들이 많았고, 채나라로 건너가서도 또한 양식을 구하지 못하여 隊行(대행)하던 일행들이 많은 희생을 당하였다고 전해진다. 제자들은 고사하고, 공자마저도 칠 일 동안 穀氣(곡기)를 구경하지 못하였다고 한다. 그러니 하인들이 얼마나 많이 굶어 죽었을까?

諸子百家書. 아무거나 한 권 읽으면 이 부분에 대해서 언급한다. 그만큼 세상에 잘 알려지고 두고두고 이야깃거리로 남는 사건이다.

공자의 隊行은 그 수가 많을 때에는 삼천 명이 넘었다고 한다. 진채지간에서는 몇 명인지 기록이 없다. 요즘으로 비교한다면 군부대 일개 연대 단위의 이동 훈련이라고 생각하면 될 것이다. 소나 말을 화물 운송 수단으로 하고 사람은 걸어서 천하를 주유한다는 것이 말로 하니 쉬운 것이지 결코 쉬운 것 아니다.

二.
子曰, 賜也 女以予 爲多學而識之者與.
對曰, 然. 非與.
曰, 非也. 予 一以貫之.

자 왈, 자공아, 너는 나한테 많이 배운 지식인이더냐?
대 왈, 그렇습니다만, 아닌가요?
왈, 아니다. 내가 한 가지를 지적하였다.

자공은 장사를 하면서 많은 사람들을 상대하다 보니 세상사 이런저런 많이 경험이 있고, 어떤 면에서는 공자보다 잘한다. 그러나 자공에게 모자라는 것이 있다. 仁의 기초 恕가 부족하다.

배우는 것이 무엇이냐고 물어본 공자의 질문에 知人(지인)이라고 대답한 자공에게 知我(지아)를 하면 지인을 제대로 할 수 있다고 가르치는 부분이다. 즉, 남의 마음을 수용하는 恕(서), 즉 내 마음을 다듬으면 상대를 알 수 있다고 말하는 부분이다. 修身의 시작이자 완성이 바로 忠恕(충서)이다. 공자가 말하는 그 '한 가지를 지적한다'라는 말은 '恕를 더 넓혀라'라는 말이다.

자공의 생업은 장사이다. 팔고 사는 상대방의 입장을 좀 더 살펴

라. 그 부분만 되면 '너와 내가 다를 바가 있겠느냐'라는 말이다. 孔子 사후에, 백가들이 공자의 논리적 오류를 잡아내려고 많이 노력하였다. 그러나 결국 백가들은 대부분 공자를 인정할 수밖에 없는 결론에 이른다.

三. 子曰,
由 知德者-鮮矣.
자로야, 덕이라는 것을 아는 사람이 별로 없다.

이 말은 위정 17장에 이어, 아마 자로의 過行에 대하여 타이르는 것으로 보인다. 다른 경우 같았으면 이놈 저놈 하면서 혼을 낼 터인데, 이렇게 점잖게 타이르는 것은 아마 자공이 솥단지를 엎어 버리고 난리 친 사건에 대하여 공자가 위로를 겸해서 가르친 듯하다. 德을 베푼다고 하여 그것이 어떤 영향을 미치는지에 대해서 생각하지 않고, 그저 내 마음 편하려고 베풀다 보면 받는 자들의 마음이 傷하고, 구경하는 자들의 입장이 불편하다면 그것은 忠을 잘못한 것이고, 恕의 설정이 잘못된 것이다. 忠恕가 어긋나면 곤란하다.
배고픈 백성에게 먹을 것을 제공하는 것은 人主인 王의 무능함을 비난하고 능멸하는 不忠이 된다.

四. 子曰,

無爲而治者 其舜也與, 夫何爲哉, 恭己正南面而已.

가만 않아서 세상을 다스린 자는 순임금일 것이다.

그것을 어떻게 했을까? 겸손하게 자신을 바르게 하고 왕좌를 지킨 것이다.

舜(순)이 堯(요)로부터 왕위를 받을 때까지 舜이 어찌 살았던가를 돌아보라는 것이다.

五.

子張 問行,

子曰, 言忠信 行篤敬 雖蠻貊之邦 行矣,

言不忠信 行不篤敬 雖州里行乎哉.

立則見其參於前也, 在輿則見其倚於衡也, 夫然後行.

子張 書諸紳.

자장이 행동에 대하여 물었다.

자 왈, 성실하고 믿음 있게 말을 하고, 독실하며 공경하게 행하면 아무리 미개한 땅에서도 행할 수 있는 것이지만, 말이 성실치 못하고 믿음이 없고, 행동이 시건방지고 독실하지 못하면 제아무리 개화된 땅인들 행할 수 있겠느냐? 서서 가면 앞에 있는 것들을 잘 살피고, 수레에 타면 멍에가 잘 맞는지 보고 난 후에 가는 것이니라.

자장이 허리끈에 다 받아 적었다.

자장이 자로와 비슷한 단점이 좀 있다. 과단한 성격에 고집이 세고, 두려워하는 것이 없다. 그래서 공자가 자장의 단점을 보완할 수 있도록 行動 교정을 위한 가르침을 내린다. 언행을 조심하라.

六.

子曰, 直哉 史魚, 邦有道 如矢, 邦無道 如矢.

君子哉 蘧伯玉, 邦有道則仕, 邦無道則可卷而懷之.

자 왈, 사어는 정직하다. 나라에 도가 있으나 없으나 화살같이 곧다.

거백옥은 군자다. 나라에 도가 있으면 일하고, 도가 없으면 뜻을 물려 품었다.

七. 子曰,

可與言而不與之言 失人, 不可與言而與之言 失言.

知者 不失人不失言.

자 왈, 말할 만한 사람한테 말을 하지 않으면 사람을 잃는 것이고,

말할 자리 아닌데 말을 하면 말을 잃는다.

아는 사람은 사람도 말도 잃지 않는다.

'내 이 말을 해야 할지 말아야 할지 모르겠는데… 내 이 말을 꼭 해야겠는데… 또는, 참 나, 말을 하지 말아야지….' 이런 소리를 많이들 듣는다. 하지만 이런 소리는 하면 안 된다. 그냥 속으로 판단하고 결정할 일이다. 분명한 것은 말을 할 상황과 하지 말아야 할 상황을 구분해야 하고, 그 대상도 가려야 한다.

八. 子曰,

志士仁人 無求生以害仁, 有殺身以成仁.

인자하고 뜻있는 선비는 자신을 희생시켜 仁을 이루더라도,

제 몸을 구하자고 仁을 해치지는 않는다.

殺身成仁(살신성인)은 해도 殺仁求身(살인구신)은 하지 않는다.

九.
子貢問爲仁. 子曰, 工欲善其事 必先利其器.
居是邦也 事其大夫之賢者 友其士之仁者,

자공이 인을 행하는 방법을 물었다.

자 왈, 기술자가 일을 잘하기 위해서는 먼저 그 도구들을 잘 다듬는다.

이 나라에 살려면 현명한 대부를 골라 섬기고, 仁慈한 선비와 어울려라.

같은 것을 배워도 수용하는 것이 사람 따라 다르다고 한 공자의
말이 있다.

'子張篇, 二十章.'에서

'子貢曰, 紂之不善 不如 是之甚也, 是也 君子惡居下流 天下之惡
皆歸焉.'라고 말을 하는 자공의 處世之道에 대하여 공자가 경계
를 하는 것이다. 하류의 사람들과 만나서 살다 보면 자칫하면 열
받아서 不仁의 우를 범할 수가 있다. 자공은 장사를 하는 직업이
다. 그러다 보니 이런저런 하류 인생들과 어쩔 수 없이 어울릴
수밖에 없다. 하여 공자는 자공에게 권세를 가진 사람을 만날 때
에는 현명한 자를 골라야 하고, 친구를 사귈 때에는 仁慈한 사람
을 만나야 한다. 섬김과 교제는 상류로 하고, 하류에게는 仁義를
가르치는 것이 군자의 처세에서 辱(욕)을 보지 않는 道이다.

十. 子曰,

行夏之時, 乘殷之輅, 服周之冕, 樂則韶舞.
放鄭聲, 遠佞人. 鄭聲 淫, 佞人 殆.

하나라의 시간을 쓰고, 은나라의 수레를 타고, 주나라의 건을 쓰고, 소무로 즐겨
라. 정나라 소리는 막고, 잔머리 굴리는 자를 멀리하라.
정나라 음악은 음란하고, 잔머리 굴리는 사람은 위험하다.

윗장에 붙은 말인 듯하다.
시경에 정나라 시가 음란한 것이 많다. 韶舞(소무)는 舜왕의 음악
이다.
요순 시절의 堯왕이 현재 쓰는 시간 단위를 정하였고, 은나라 시
절에 수레바퀴를 민들었다. 주나라의 건을 쓴다는 것은 禮法(예
법)을 말한 것이다.

十一. 子曰,

人無遠慮 必有近憂.

사람이 멀리 생각하지 못하면 반드시 가까운 근심이 있다는 것이다.

근심이 있으면 멀리 생각하지 못하고, 멀리 생각하지 않으면 반
드시 근심이 생긴다.

十二. 子曰,

已矣乎, 吾未見好德 如好色者也.

에혀~ 덕을 베풀기를 좋아서 하는 자를 나는 아직 보지를 못했다.

덕을 베풀면서 좋아하는 사람을 못 봤다. 덕 베풀기를 좋아서 하
는 사람을 못 봤다.

好色: '色을 좋아하는 이'라고 해석하고 色을 여색이라고 해석하
는 것이 세간의 일반적인 설명인데, 논어에서 말하는 색이란 '여
자'가 아니고 '분위기, 표정' 이런 의미이다.

취미 또는 재미로서 즐기는 음주, 연회, 사냥, 무술 등 다양한 것
을 아울러서 표현한 것이라고 봐야 한다. 또한 공자가 쓰는 女라
는 말을 현대 한국에서 사용하는 여자라는 의미가 아니라, 앞에
있는 아랫사람을 지칭하는 말이다.

十三. 子曰,
臧文仲 其竊位者與. 知柳下惠之賢而不與立也.

장문중은 그 자리를 좀먹는 자로세. 유하혜가 현명한 것을 알면서도 쓰지를 않
았다.

정치를 하는 자가 현자를 알면서도 등용하지 않는다는 것은 그
저 지위나 파먹는 자이다. 아무리 현명해도 내 편이 아니면 쓰지
를 않고, 아무리 망나니라도 내 편이면 쓴다. 역사가 가르치는
바, 이러고서도 망하지 않는 나라가 있다는 것은 동서고금 들어
본 적이 없다.

十四. 子曰,
躬自厚而薄責於人 則遠怨矣.

자신을 깊이 돌아보고 사람들에 대한 책망을 하지 않으면 원망이 멀어지는 것이다.

十五. 子曰,
不曰如之何, 如之何者 吾未如之何也.

어찌하면 좋을지 말도 하지 않고 쩔쩔매는 자는 나도 어찌할 수 없다.

"이걸 어쩌지?"라고 말하는 것은 스스로 문제점을 알았다는 것이다. 옳은 방도를 찾는 첫 단계가 문제점을 자각하는 것이다. 그리고 고쳐 나가는 것인데, '자각도 하지 못한 상태로 그저 쩔쩔매고 있으면 그것을 누가 어쩌란 말인가?'라는 말이다.

十六. 子曰,
群居終日 言不及義 好行小慧 難矣哉.

여럿이 모여서 하루 종일 義는 한마디도 안 하고, 그저 수다 떨기나 좋아하면 곤란하다.

十七. 子曰,
君子 義以爲質 禮以行之 孫以出之 信以成之 君子哉.

군자란, 의로움을 바탕으로 하고 예로서 행하고 공손하게 나서서 믿음으로 이루어야 군자이다.

十八. 子曰,
君子 病無能焉, 不病人之不己知也.
군자는 무능한 것을 걱정할 뿐, 타인의 '주제 파악 못 함'은 걱정하지 않는다.

이 문장은 다음 문장(十九章)과 비교해 봐야 하는 것이다.

항간의 해석으로 '사람들이 나를 알아주지 못함을 걱정하지 않는다'라고 해석을 하게 되면, 세상살이 하면서 이름 하나 남기지 못하고 죽는 것을 염려할 필요가 없다. 즉, 다음 장은 헛소리다. 세상에 이름을 남긴다는 것은 남들이 인정해야 남는 것이다. 남들이 알아주지 않는데 어찌 남는 것인가? 세상에 이름이 남는다는 말은 남들의 입에 좋게 오르내린다는 것인데, 남들이 나를 모르면 가능한가?

또한 세간의 해석대로라면, 남이 알아주지 못함을 걱정할 필요 없다. 이것은 소인도 그렇게 한다. 군자이건 소인이건, 남들이 자기를 알아주지 않는다고 화내지는 않는다. 군자는 남이 알아주지 않음에 자신을 돌아보며 더욱 노력해야 하는, 자기반성을 하는 매체가 된다. 따라서 걱정해야 한다. 그래서 다음 문장으로 말한 것이다.

十九. 子曰,
君子 疾沒世而名不稱焉.
군자는 죽을 때까지 명성이 알려지지 않음을 염려한다.

세상 사람들이 하는 말 중에 '人死留名, 虎死留皮(인사유명 호사유

피'라고 한다.

사람은 죽어서 이름을 남기고, 호랑이는 죽어서 가죽을 남긴다. 어디에 남는가? 사람들에게 남는다. 그냥 죽으면 남는가? 사람들에게 알려진다는 말이다. 즉, 사람들이 알아야 남는 것이다.

윗 문장에 대한 세간의 해석에서, 사람들이 나를 알아주지 않는 것을 걱정하지 않는다면 이름이 남건 남지 않건 무슨 걱정인가? 하여 윗 문장의 세간 해석은 이 문장의 해석에 위배된다.

二十. 子曰,

君子 求諸己, 小人 求諸人.

군자는 모든 것을 스스로에게 구하고, 소인은 남에게서 구한다.

어찌 살까? 그 고민을 한다고 해도 군자는 스스로 어찌 살 것인가를 고민하지만, 소인은 누구한테서 도모해야 잘될까를 고민하고, 문제가 생기면 군자는 그것을 통해 자신의 잘못을 찾으려고 하지만, 소인은 남에게 그 잘못을 떠넘기려고 하는 것이다.

현대사회는 공자 방식의 군자는 맨날 뒤치다꺼리나 하고 죄만 뒤집어쓴다.

卄一. 子曰,

君子 矜而不爭 群而不黨.

군자는 바른 자세로 당당하고 다투지 않고, 여럿이 어울려도 패거리는 짓지 않는다.

廿二. 子曰,

君子 不以言擧人 不以人廢言.

군자는 말로서 사람을 평가하지 않고, 사람 때문에 말을 버리지는 않는다.

말 잘한다고 그 사람 들여 쓸 것은 아니고, 사람 나쁘다고 하여 바른말 하는 것을 막아서도 안 된다. 도적놈이 하는 말이라도 이치에 맞는 말이라면 그 말은 들어야 한다.

爲政 十六章, 攻乎異端 斯害也已. 이 말과 잘 결부시켜 봐야 하는 내용이다.

내 생각과 다르다고 해서, 또는 철학이 다른 사람이라고 해서 그 사람의 다른 極端을 꼬집어 攻駁(공박)하지 말고, 또는 그 사람의 말이 같은 사상이라고 하여 그 사람을 들어 쓸 수는 없는 것이다. 내 편이면 틀린 말도 맞고, 내 편이 아니면 옳을 말도 버리는 짓은 하지 말라.

莊子(장자)의 盜跖(도척) 편에 보면 공자가 도척을 설득하여 바른길로 인도하려고 찾아가서 대화하는데, 오히려 도척에게 仁義에 대한 論爭에서 지고 수긍하고 돌아왔다. 물론 장자의 도척 편은 실화가 아니고 설정된 이야기이지만, 공자는 맞는 말에는 수긍할 줄 안다는 것을 반증하는 이야기가 된다. 도적놈의 말이라도 맞는 말은 인정할 줄 아는 공자의 자세를 장자에서 이야기한 것이다.

廿三.
子貢問曰, 有一言而可以終身行之者乎.
子曰, 其恕乎, 己所不欲 勿施於人.
자공이 묻기를, 평생 몸에 지닐 말 한마디 해 주세요.
자 왈, 그것이 恕이니라. 자신이 싫은 것은 남에게도 시키지 말아라.

恕: 남의 마음을 받아들이는 내 마음. '배운다는 것이 무엇이냐'
라는 공자의 질문에 '知人'이라고 대답한 자공의 말을 새겨 본다
면, '남을 알려면 내 마음을 알아보면 된다'라는 해답으로, 내 싫
은 것은 남도 싫어한다고 한 것이다.

廿四. 子曰,
吾之於人也 誰毀誰譽, 如有所譽者, 其 有所試矣.
斯民也 三代之所以直道而行也.
내가 사람을 대함에 누구를 헐뜯고 누구를 칭찬하더냐.
칭찬하는 경우는 그것이 시험해 보는 것이니라.
이어져 살아온 백성들은 삼대(夏殷周)의 바른 道를 행한 것이다.

廿五. 子曰,
吾猶及史之闕文也, 有馬者 借人乘之, 今亡矣夫.
내가 오히려 사관의 문장을 바로잡아 주는 것은 말 주인이 다른 사람이 타게 빌
려주는 것과 같은 것인데, 이제는 없어졌다.

사관의 역사를 타인들이 참고해야 하는데, 거꾸로 사관에게 문

장을 바로잡아 주는 것이, 말 주인이 다른 사람을 타라고 빌려주는 것과 같은 것이다. 주객 전도된 상황이지만, 그렇게 서로 돕고 사는 것이 세상이다.

이때 공자는 춘추를 쓰고 左丘明(좌구명)이 주해를 달아 가던 상황이었던 듯하다.

廿六. 子曰,

巧言亂德, 小不忍則亂大謀.

간교한 말은 덕을 어지럽히고, 작은 것을 참지 못하면 큰일을 망친다.

廿七. 子曰,

衆惡之 必察焉, 衆好之 必察焉.

동네 사람이 다 싫어해도 꼭 살펴봐야 하고, 다 좋아해도 꼭 살펴봐야 한다.

廿八. 子曰,

人能弘道 非道弘人.

사람은 도를 넓힐 수 있고, 비도는 사람을 넓힌다.

이 문장에 대한 주희의 해석은 심각한 오류이다.

非道弘人을 道不能弘人이라고 해석하였는데, 공자가 앞 구절에서는 能弘이라고 쓰고, 後句에서 不能弘이라고 쓸 줄 모르는 바보인가? 주희 문객의 난독증이 심각하다.

어떤 일을 수행하여 결과에 이르는 가장 좋은 방법을 道라고 한다. 그렇다면 성공할 수 없는 길을 非道(塗)라고 할 것이다.

실패를 하면 그 실패를 바로잡고(과즉물탄개 하고), 원인을 찾아 성공하기 위해 노력하는 것이 군자의 수신 과정이다. 실패는 사람의 思考(사고)의 폭을 넓힌다. 따라서 새로운 道를 찾아내고 넓히는 것은 사람의 능력이다. '실패는 성공의 어머니'이다.

非는 문장 전체를 부정하는 것이 아니고, 후행하는 명사(道)에 대한 부분적 부정을 하는 형용사이다. 즉, '非道=塗'라고 이해해야 한다. 世間의 해석으로 '도가 사람을 넓히는 것은 아니다'라고 해석하면 非가 문장 전체를 부정하는 것으로 되어서 이해가 곤란해진다.

문장의 의미는 바로 공자의 사상을 보여 주는 대목이다.
子思가 이해한 중용 11장의 문장에서 다음과 같이 말하였다.

君子遵道而行 半塗而廢 吾弗能已矣.
君子依乎中庸 遯世不見知 而不悔, 唯聖者 能之.
군자로서 道를 따라가다가 반쯤 가서 塗를 만나 중단하기를 나도 끝내지 못하였다.
군자가 중용에 의거하여 막돼먹은 세상을 보지 않고도 알고 후회하지도 않는다는 것은 오직 성인이나 가능한 것이다.

공자 왈, 조문도석사가의, 과즉물탄개, 과이불개 시위과의 등의 문장과 연계해서 이해해야 할 것이다. 잘 모르는 결과에 대해서 道인 줄 알고 가다가 非道(塗)이면 가던 길을 그만두고 바른길을 찾아야 한다. 시행착오를 하면 경험과 사고의 폭을 넓혀 道를 찾고 넓히는 것이 君子의 수신 과정이다.

성공에 이르는 방법을 구하고 개척하는 것은 사람이지만, 실패는 사람으로 하여금 그 실패를 반복하지 않고 道를 찾도록 그 사고를 넓혀 주는 것이다.

하는 일마다 정확하게 성공하는 방법(道)에서는 사람의 사고 영역이 넓어지지 않는다. 하다 보니 틀린 길이어서 다시 생각하고 바른길을 찾는 것이 사람이다. 비도가 사고 폭을 넓히는 것이다. '실패는 성공의 어머니'라는 것은 실패가 실패인 줄 아는 사람(君子)이어야 가능한 것이다.

결과를 보지 않고서도 道인지 非道인지 사전에 다 알고 도를 따르는 사람이 바로 聖人이다. 군자란 非道를 인지하는 순간 빨리 중단하고 옳은 길을 찾아야 하는 것이다.

非道(塗)에 직면하고도 廢(폐)하지 않는 것은 소인들이다.

인생의 과정이 得道(득도)의 과정이라는 의미이다. 그래서 공자는 '朝聞道 夕死可矣'라고 한 것이다.

'敎, 學'이란 道를 가르치고 배우는 것이며, 아울러 行跡에서 非道를 깨닫고 道를 찾아가는 것이다. 過를 過인 줄 모르고 우기면 잘못 배운 者들(小人)이다.

卄九. 過而不改 是謂過矣.

잘못이 있는데 고치지 않으면 이것이 잘못이다.

三十. 子曰,

吾嘗終日不食, 終夜不寢以思, 無益不如學也.

내가 종일 먹지도 않고 밤새워 잠도 자지 않고 생각해 봤는데, 배우는 것보다 못하더라.

卅一. 子曰,

君子謀道 不謀食. 耕也餒在其中矣, 學也祿在其中矣, 君子憂道不憂貧.

군자는 먹는 것을 꾀하는 것이 아니라 도를 꾀하는 것이다. 농사를 지어도 굶주림은 겪는 것이지만, 배운다는 것은 그중에 祿(녹)도 있는 것이다. 군자는 道를 걱정해야지 가난함을 걱정하는 것이 아니다.

卅二. 子曰,

知及之 仁不能守之, 雖得之 必失之.

知及之 仁能守之, 不莊以涖之則民不敬.

知及之 仁能守之, 莊以涖之, 動之不以禮 未善也.

지식이 있더라도 인을 지키지 못하면 비록 얻더라도 반드시 잃는다.

지식이 있고, 인을 지켜도, 엄정하지 못하게 임하면 백성들이 깔보게 된다.

지식이 있고, 인을 지키고, 장중하게 임해도 무례하면 착하지 못하다.

논어 정해論語 正解

卅三. 子曰,
君子 不可小知而可大受也,
小人 不可大受而可小知也.

군자는 작은 것은 모르더라도 큰일은 맡을 수가 있고,
소인은 큰일을 맡을 수는 없어도 작은 것은 알 수 있다.

卅四. 子曰,
民之於仁也, 甚於水火, 水火 吾見蹈而死者矣,
未見蹈仁而死者也.

백성들에게 있어서 인이란 물불보다 심하다. 물불이야 밟아서 죽인 것을 보았지
만, 인을 밟아 죽인 것은 보지 못하였다. 仁者無敵(인자무적).

卅五. 子曰,
當仁 不讓於師.

인을 앞에 두면 스승에게도 양보하지 않는다.

卅六. 子曰,
君子 貞而不諒.

군자는 곧으면 되지 이런저런 상황에 대하여 고려하지 않는다.

卅七. 子曰,
事君 敬其事而後其食.

군을 섬긴다는 것은 그 일을 공경하게 하고 녹은 뒤로 미루어라.

卅八. 子曰,
有敎無類.

가르침에 있어서는 사람을 가리지 않는다.

卅九. 子曰,
道不同 不相爲謀.

道가 같지 않으면 일을 도모함에 서로 협조하지 못한다.

四十. 子曰,
辭 達而已矣.

말은 통하면 그뿐이다.

말을 어눌하게 하건 똘똘하게 하건, 의미의 정확한 전달이 목적
이다.

卌一.
師冕見, 及階, 子曰, 階也. 及席, 子曰, 席也.
皆坐, 子告之曰, 某在斯 某在斯.
師冕出, 子張 問曰, 與師言之道與.
子曰, 然. 固相師之道也.

악사 면이 찾아왔다.
계단에 이르자, 자 왈, 계단이오. 자리에 이르자 자 왈, 자리입니다.
사람들이 다 앉으면 공자께서 참석자 이름을 다 알려 줬다.

악사가 나간 후 자장이 묻기를, 악사를 대하여 말하는 방법입니까?

자 왈, 그렇다. 악사에게는 꼭 도와야 하는 道이다.

악사가 소경인 까닭에 눈이 보이지 않느니 상황을 알려 주는 것
이 돕는 방법이다.

그런데 의문 한 가지. 왜 악사가 소경일까?

눈이 보이지 않으면 귀가 밝아진다. 따라서 소리에는 더 민감한
것이다. 절대적인 것은 아니지만, 일반적으로 소경의 귀는 일반
인들보다 더 밝다.

그래서 조정에서 일하는 악사 중에는 소경들이 있는 것이다.

문지기 중에는 다리를 쓰지 못하는 자들을 많이 고용하였다.
왜? 이동 거리가 많지 않은 직책이다. 周나라의 국가 경영이 그
만큼 섬세한 부분도 있었다는 것을 보여 준다. 다리 성한 사람이
문지기를 수행하지 못할 이유는 없지만, 성한 다리로 무슨 일인
들 못할까? 그래서 사람에 맞춰 일을 시키는 융통성이 있었던 것
이다. 일에 맞게 사람을 취하고, 사람에게 맞는 일을 부여한다.
좋은 문화이다.

요즘은 사람을 쓰기로 결정하고 거기에 일을 맞춰 주면 욕을 먹
는다. 왜냐하면 그 사람이 누구냐의 문제이기 때문이다. 공자의
사람 쓰는 도가 '각기 능한 재주를 따라 쓸 것이다'라는 말도 현
대사회에서는 상황에 따라 合理와 非理가 달라진다.

券之 十六. 季氏

一.

季氏將伐顓臾,

冉有子路見於孔子曰, 季氏將有事於顓臾.

계씨가 전유를 치려고 하였다.

염유와 자로가 공자를 찾아가 말하기를, 계씨가 아무래도 전유에 일을 낼 것 같습니다.

子曰, 求 無乃爾是過與. 夫顓臾 昔者 先王 以爲東蒙主 且在邦域之中矣. 是社稷之臣也, 何以伐爲.

자 왈, 구야 너의 잘못이 아니더냐? 전유는 예전에 선왕이 동몽주로 삼았고, 또한 나라 가운데 위치하였다. 이는 사직지신인데 어찌 벌하려고 하느냐.

동몽: 산 이름이고 국가 제사를 지내는 곳

사직: 국토와 산업(농사)을 관장하는 상징

冉有曰, 夫子欲之, 吾二臣者 皆無欲也.

염구 왈, 대부께서 하려고 하고, 저희 둘은 하고 싶지 않습니다.

子曰, 求 周任有言曰, 陳力就列 不能者止. 危而不持 顛而不扶 則將焉用彼相矣. 且爾言 過矣. 虎兕出於柙 龜玉毀於櫝中 是誰之過與.

자 왈, 구야, 취임자들이 하는 말이 있다. 열심히 노력해서 자리에 올랐지만 할 수 없으면 그만두자. 위험해서 안 잡고 엎어져서 못 붙잡으면 앞으로 어찌 저 사람을 돕겠느냐. 또한 너의 말이 잘못이다. 호랑이와 물소가 우리에서 탈출하고, 옥이 상자 속에서 깨지면 이것이 누구의 잘못이더냐?

不義를 보면 諫言을 하고, 간언이 받아들여지지 않으면 辭職해야 하는 것 아니냐? '능력을 다해 事君 하고 안 되면 사직하는 것이다.'라는 말이다.

冉有曰, 今夫顓臾固而道近於費, 今不取 後世必爲子孫憂.
염유 왈, 현재 전유는 城이 튼실하고 길이 비 땅에 가까워서 지금 빼앗지 않으면 후세에 필히 후손들의 근심이 될 것입니다.

孔子曰, 求 君子 疾夫舍曰欲之 而必爲之辭.
丘也聞 有國有家者不患寡而患不均, 不患貧而患不安, 蓋均無貧, 和無寡 安無傾. 夫如是故 遠人不服則修文德以來之, 旣來之則安之.
공자 왈, 구야, 군자는 하고 싶다는 말은 안 하고 반드시 해야 한다고 말하는 것을 싫어한다.
나는 배우기를, '왕과 대부는 부족함을 걱정하지 말고 불균등을 걱정하고, 가난함을 걱정 말고 평안하지 못함을 걱정하라. 대개 균일하면 가난하지 않고, 화합하면 부족하지 않고 평안하면 기울지 않는다. 이렇게 하였음에도 사람들이 모여들지 않으면 덕을 쌓아서 오게 하고, 찾아온 사람들을 편안히 하라.'라고 배웠다.

今由與求也 相夫子, 遠人不服而不能來也, 邦分崩離析而不能守也 而謀動干戈 於邦內, 吾恐季孫之憂不在顓臾而在蕭墻之內也.
지금 자로와 염유는 대부를 꼬드겨 먼 사람들을 복종하지 못하게 하고 오지도 못하게 하고, 나라를 갈라서 지킬 수도 없게 만들어 온 나라를 전쟁판으로 만들려고 하는 것이니, 내가 두려워하는 것은 계손의 근심이 전유에 있는 것이 아니라 담장 안에 있는 것이다.

'하고 싶다'라고 말하지 않고, 말을 돌려서 '해야 한다'라고 당위성을 부여하면서, 책임을 회피하는 말을 싫어한다.
대화의 내용으로 봐서는 염유가 계손을 꼬드겨서 전유를 쳐서 빼앗아서 공을 좀 세우고 싶어 한 듯하다. 전유의 근심은 담장 안에, 즉 '염유 네가 근심의 화근이다.'라는 말과 같다.
遠人(원인): 他邦의 사람들 또는 통치에 반대하여 복종하지 않는 사람들.

二. 子曰,
天下有道則 禮樂征伐 自天子出,
天下無道則 禮樂征伐 自諸候出,
自諸候出 蓋十世 希不失矣, 自大夫出 五世 希不失矣, 陪臣 執國名 三世希不失矣. 天下有道則政不在大夫. 天下有道則庶人不議.
세상의 도가 바로 서면 예악 정벌이 천자로부터 나오는 것이고, 도가 없으면 제후에게서 나오는 것이다.
제후가 주무르는 세상은 十代를 넘기기 힘들고,
대부가 주무르는 세상은 五代를 넘기기 힘들며,
반역한 신하가 나라를 주무르면 三代를 견디지 못한다.
道가 바로 선 세상은 정치가 大夫에게 있지 아니하고,
서민들의 불평이 없는 것이다.

윗 문장에 대한 제언인 듯하다. 계손의 정벌은 無道한 것이고, 그 결과는 망한다는 논리이다.

三. 子曰,
**綠之去公室 五世矣, 政逮於大夫四世矣,
故 夫三桓之子孫 微矣.**

公室에 녹이 끊어진 지 五代이고, 대부가 정치를 잡은 지 四代이다. 그래서 삼환의 사손들이 비비해진 것이나.

노나라는 이미 제후국으로서의 명맥이 끊어져 가고 있는 상황이고, 대부들이 제후(공실)에게 納稅도 제대로 하지 않고, 오히려 제후의 직영 영지마저 다 나눠 먹는 상황이다.

三桓(삼환): 하나라 은나라 주나라를 개창한 大義(대의)

四. 子曰,
**益者三友, 損者三友.
友直 友諒 友多聞 益矣,
友便辟 友善柔 友便佞 損矣.**

이로운 벗이 셋이고, 해로운 벗이 세 가지인데,

곧고, 살펴서 생각하고, 많이 배운 벗은 이롭지만,

편벽(고집)하고, 착히 삐져서 물리 티지고, 잔미리 굴리는 벗은 헤로운 것이다.

五. 子曰,
益者三樂, 損者三樂.
樂節禮樂 樂道人之善 樂多賢友 益矣,
樂驕樂 樂佚遊 樂宴樂 損矣.

즐긴다는 것도 이로운 자가 셋이고 해로운 자가 셋이다.

절제된 예악과 사람의 착한 도리를 즐기고 여러 현명한 벗과 즐기면 득이고,
교만한 즐거움과 편안한 놀이와 음란한 연회를 즐기는 것은 손해이다.

권세와 재물을 자랑하며 돈으로 사람 놀리는 재미에 빠진 자들
= 교만 떠는 즐거움

그냥 형편 맞게 놀자. 술 한잔하고 노래 부르고 그런 거지 뭐.
– 안일한 즐거움

인생이 별것 있나? 즐기며 살아야지. 먹고 마시고 하면서 즐기자.
= 쾌락의 즐거움

六. 子曰,
侍於君子 有三愆, 言未及之而言 謂之躁,
言及之而不言 謂之隱, 未見顏色而言 謂之瞽.

군자와 더불어 지내려면 세 가지 조심해야 할 것이 있으니, 말이 끝나기도 전에
말하면 조급하다고 하고, 말을 할 만한데 말을 하지 않으면 숨긴다고 하고, 상대
의 기분을 살피지 않고 말을 하면 골통이라 한다.

말을 할 때 지켜야 할 禮. 첨언한다면, 물어보지도 않고 끼어들
자리 아닌데 말하면 건방지고, 하나 물었는데 두 가지 대답하면
讚(찬, 자랑 떨기).

不問而告, 未可與言而言 謂之傲, 問一而告二 謂之讚

말을 할 때에는 반드시 예의를 지켜라. 안연 一章의 비례물언에
대한 설명이다.

七. 子曰,

**君子有三戒, 少之時 血氣未定 戒之在色, 及其壯也 血氣方剛戒之
在鬪, 及其老也 血氣旣衰 戒之在得.**

군자는 세 가지 지켜야 할 것이 있으니,

어려서는 혈기를 다스리지 못하므로 환경을 경계 하고,

장성하면 혈기 왕성하니 싸움을 경계해야 하고,

늙어서 혈기 쇠약해지면 재물을 탐하지 말아야 한다.

어린애들은 눈에 보이는 대로 따라 한다. 따라서 성장기에는 환
경이 중요하다.

八. 子曰,

**君子有三畏, 畏天命, 畏大人, 畏聖人之言.
小人 不知天命而不畏也, 狎大人侮聖人之言.**

군자가 두려워해야 할 세 가지가 있으니, 천명을 두려워해야 하며, 대인을 두려
워하고, 성인의 말씀을 두려워하라.

소인은 천명을 모르니 두려워하지 않고, 대인을 깔보며 성인들의 말씀을 모독하
느니라.

九. 子曰,
生而知之者上也, 學而知之者次也, 困而學之又其次也,
困而不學民斯爲下矣.
나면서 아는 자가 上이요, 배워서 아는 자가 그다음이요, 힘들게 배워서 알면 그
다다음이지만, 애써 배우지 않은 백성은 下이다.

이 문장에 대한 자사의 이해는 중용 20장에서 설명하기를,
或生而知之 或學而知之 或困而知之 及其知之一也
或安而行之 或利而行之 或勉强而行之 及其成功一也
어떤 이는 나면서 알고 어떤 사람은 배워서 알고, 누구는 고생
한 후에 알지만. 알고 나면 다 같은 것이다. (알게 되면 즐거움을 맛
본다.)
혹은 편하게 하고 혹은 하면서 돈 벌고 누구는 열심히 노력해서
하더라도 성공하면 다 같은 것이다. (성공하면 뿌듯하다.)

논어 첫머리 學而 1장에서 '學而時習之不亦說乎'라고 하면서, 배
우고 익혔을 때 오는 그 즐거움을 제자들에게 강조한 것이다.

十. 子曰,
君子有九思. 視思明, 聽思聰, 色思溫, 貌思恭,
言思忠, 事思敬, 疑思問, 忿思難, 見得思義.
군자는 九 가지를 생각하여야 한다.
보면 밝은 것을 생각하고, 들으면 총명한 것을 생각하고, 표정은 따스함을 생각
하고, 외모는 공손함을 생각하고, 일은 공경함을 생각하고, 의심 나면 물어볼 것
을 생각하고, 화가 나면 어려움을 생각하고, 이득을 보면 의로움을 생각하라.

十一. 子曰,

見善如不及 見不善如探湯, 吾見其人矣 吾聞其語矣.

隱居以求其志 行義以達其道, 吾聞其語矣未見其人矣.

착한 것을 보면 따라 하지 못할 것 같고, 나쁜 짓을 보면 끓는 물을 찾는 듯,

내 그런 사람을 보았고 내 그 사람의 이야기를 들었다.

숨어 살면서 그 뜻을 구하고, 의로움을 행하면서 도를 깨우친,

내 그 말은 들었지만 그 사람을 보지는 못했노라.

보고 들은 자는 아마 세사 子路(자로)일 섯이고, 늘었지만 낫 본 자들은 古之賢人들인 듯하다. 나쁜 짓을 보면 끓는 물을 찾는 이유는? 확 끼얹어서 나쁜 짓을 막으려고 그런 것이다.

十二.

齊景公有馬千駟 死之日 民無得而稱焉,

伯夷叔齊 餓于首陽之下民到于今稱之. 其斯之謂與.

제경공이 천사의 말을 가졌지만 죽던 날 백성들이 칭찬하지 않았으나,

백이숙제는 수양산 아래서 굶어 죽었지만 백성들이 지금도 칭찬한다. 그렇게 되는 것이라는 말이다.

駟(사): 수레를 끄는 4마리의 말, 千駟 = 4천 마리.

十三.

陳亢問於伯魚曰, 子亦有異聞乎.

對曰, 未也. 嘗獨立, 鯉趨而過庭.

曰, 學詩乎. 對曰 未也. 不學詩無以言. 鯉退而學詩.

他日, 又獨立, 鯉趨而過庭.

曰, 學禮乎. 對曰, 未也. 不學禮無以立, 鯉退而學禮. 聞斯二者.

陳亢退而喜曰, 問一得二, 聞詩聞禮 又聞 君子之遠其子也.

진항이 백어(리)에게 물어보기를, 자네 좀 특별하게 배운 것 있는가?

鯉 왈, 아직 없어요. 혼자 서 계시는데, 제가 뛰어서 마당을 지나갔더니 '시를 배웠느냐'고 하셔서 '아직 안 배웠어요'라고 말씀드렸더니, '시를 배우지 않았으면 말을 하지도 말라'고 하셔서 저는 시를 공부했습니다.

다른 날, 또 홀로 서 계시는데, 제가 뛰어서 마당을 건너갔더니 말씀하시기를 '예를 배웠느냐'고 하셔서 '아직 못 배웠어요'라고 말씀드렸더니, '예를 배우지 않았으면 서지도 말라'라고 하셔서 저는 물러가 예를 배웠습니다. 딱 요 두 가지뿐이에요.

진항은 돌아가서 기뻐하며 말하기를, 하나 물어서 둘 얻었다. 시를 배우고 예를 배웠다. 그리고 군자는 자식이라고 해서 특별히 챙기지는 않더라.

진항은 공자가 자식이라고 해서 특별히 더 가르치는 것이 있으리라고 생각하고, 있으면 뭐라도 좀 얻어 챙기려고 물어본 것인데, 공자는 자식이라고 해서 특별히 챙기지는 않더라. 군자는 그렇다. 憲問 八章 八. 子曰, 愛之 能勿勞乎의 실천.

十四.

邦君之妻 君 稱之曰 婦人, 婦人 自稱曰 小童,

邦人 稱之曰 君夫人,

稱諸異邦曰 寡小君, 異邦人稱之曰, 君夫人.

왕의 처를 왕은 부인이라 부르고, 부인 스스로는 소동이라 부르고, 백성들은 군부인이라고 칭하고, 백성이 다른 나라 사람에게 말할 때는 과소군이라 하며, 다른 나라 백성들이 칭할 때는 군부인이다.

諸侯(제후)의 妻에 대한 呼稱(호칭)의 설명. 정명(正名)의 일부.

一.

陽貨欲見孔子, 孔子不見, 歸孔子豚.

孔子時其亡也 而往拜之, 遇諸塗.

謂孔子曰, 來 予與爾言. 曰, 懷其寶而迷其邦 可謂仁乎. 曰, 不可.

好從事 而亟失時 可謂知乎. 曰, 不可.

日月逝矣 歲不我與. 孔子曰, 諾. 吾將仕矣.

양화가 공자를 보자고 하였으나 공자가 만나 주지 않았고, 양화는 돌아가 돼지를 선물로 보내었다. 공자는 양화가 집에 없는 틈을 타서 가서 절을 하였다. 그러다 둘이 길에서 만나게 되어 공자에게 말하기를, '오셨구만, 내가 할 말이 있소.

보배를 품고 세상을 어지럽히는 것이 인이요?

자 왈, 아니오.

일을 쫓으면서 시기를 놓치면 안다고 할 수 있소?

자 왈, 아니오.

날자는 가는 것이오. 세월이 나를 기다려 주지는 않소.

자 왈, 알겠소. 내 나중에 벼슬을 하리다.

지금 당장은 아니고, 생각해 보고, 즉 완곡한 거절이다.

이 이야기에 대한 孟子의 後談은 다음과 같다.

(맹자 藤文公 七章).

陽貨欲見孔子 而惡無禮, 大夫有賜於士 不得受於其家 則往拜其

門. 陽貨矙孔子之亡也 而饋孔子蒸豚, 孔子亦矙其亡也 而往拜

之. 當是時, 陽貨先 豈得不見. 曾子曰, 脅肩諂笑, 病于夏畦. 子路
曰, 未同而言 觀其色赧赧然, 非由之所知也. 由是觀之 君子之所
養 可知已矣.

양화가 공자를 만나고자 하였는데 예를 갖추지 않았다. (그래서
공자가 양화를 만나지 않았다.) 대부가 선비에게 선물을 보내었을 때
그 집에서 받지 않으면 그 집에 가서 문에 절을 하는 것이다. 양
화는 공자 집을 엿보다가 공자가 없는 틈을 타서 공자의 집에 찐
돼지를 선물로 보낸 것이다. 공자 역시 양화를 엿보고 없는 틈을
타서 그 집에 가서 절을 한 것이다.

그때 양화가 먼저 예를 지켰다면 어찌 공자를 만나지 못했을 것
인가? 증자가 팔짱을 끼고 실실 웃으면서 날궂이 병이 걸렸다
고 했을 것이고, 자로는 얼굴 새빨개져서 '나는 모른다'라고 딱
잡아떼었을 것이다. 그러므로 군자를 대하는 방법을 알 수 있는
것이다.

공자는 季氏나 그의 가신인 양화를 별로 좋게 여기지 않았다. 욕
심 많고 무도하기 때문이다. 그래도 대부가 선비를 보고자 하면
예를 갖추어야 하는데, 예를 갖추지 않고 '어이~ 좀 봅시다.'라고
했기 때문에 공자가 거절한 것이다. 그제서야 양화가 예를 깨닫
고 돼지를 선물로 보낸 것이었다. 즉, 공자는 예를 지킴을 알기
때문에 만나기 위한 방편으로 돼지를 보낸 것이다. 즉, 꼼수를
쓴 것이다.

공자는 돼지를 받고 그 선물에 대한 예를 지킬 것이므로, 돼지를
보내고 나면 필히 자기가 집을 비우는 것을 살핀 다음 자기 집

대문에 와서 절하고 돌아간다는 것을 알고 있으므로, 그 길에 매복을 하여 우연히 만나는 것처럼 하면 공자를 만날 수 있다는 것이다. 그렇게 우연을 가장하여 길에서 만난 것이다.

이 내용은 다른 책에서도 양화의 꼼수였다고 언급한다.

길에서 우연히 만난 것을 道라고 하지 않고 塗라고 한 것은 옳은 방법이 아닌 꼼수이므로 塗라고 한 것이다. 禮를 지켰다면 道라고 하겠지만, 非禮이므로 塗이다.

공자의 이 예법은 향당편에서도 언급이 되었다.

有盛饌 必變色而作 禮에는 禮로 대하고, 禮物은 버리는 것이 請을 피하는 방식이다.

맹자의 판단으로 양화가 일찌감치 처음부터 예를 지켰더라면 어찌 공자를 만나지 못했을 것인가? 아마도 예를 지켰더라고 하더라도 증자와 자로가 방해를 하여 만나지 못하게 하였을 것이고. 설령 자로나 증자가 말리지 않았다고 하더라도 선물 들고 온 사자한테 아프다고 핑계 대고 대문 밖으로 나가기 전에 징을 치면서 노래를 할 것이다.

二十章에서 같은 방법을 썼다. 양화는 공자가 그렇게 할 것을 알고 있으므로 일부러 꼼수를 부린 것일 듯하다.

二. 子曰,

性相近也 習相遠也.

性(성)은 가까이하자고 돕는데, 습관은 멀어지게 한다.

性은 어울려 살자는 것이고, 習은(環境 따라 몸에 익은 것) 서로 멀어지게 한다.

자공과 자금의 대화에서 공자의 性相近을 볼 수 있다. 공자께서
는 50살에 知天命이라고 하였다. 천명, 즉 性을 깨닫고 따르는 것
이 공자와 일반인들의 차이일 뿐, 얻고자 하는 기본적인 욕구는
다를 바가 없다고 말하는 자공의 설명이다.

天命: 어울려 살고자 하는 인간의 본능.

性: 인간의 마음속에 들어 있는 천명으로, 본능적 사회성.

子禽問於子貢曰, 夫子至於是邦也 必聞其政, 求之與 抑與之與.

子貢 曰, 夫子 溫良恭儉讓以得之, 夫子之求之也 其諸異乎人之求之與.

사람이란 무리를 이루어 서로 어울려 살자는 본능(性)을 가지고
있다. 그러나 배워서 몸에 밴 습관에 따라 서로 멀어지고 싸우게
된다는 것이다. 자사가 '天命之謂性'이라고 이해하고, 맹자가 性
善이라고 이해하는 것이 바른 설명이 된다. 공자의 性에 대한 文
字의 구성은 '爲生心, 살고자 하는 마음=to be alive'이라고 정의
된다.

荀子도 性惡을 주장하는 근거로서 이 말을 인용했지만, 글귀의
해석을 달리한 것이다. 순자는 性의 문자적 구성을 '生之心, 태
어난, 타고난 마음'으로 이해한 것이다.

性은 타고난 것이니 인간이면 비슷하겠지만, 習은 배워서 몸에
익는 대로 형성되는 것이니, 환경에 따라 배움에 따라 다르게 가
는 것이다.

相: 돕다, 협조하다, 합의(合意)하다.

生: '낳다, 태어나다, 살다'. 문자의 구성이 상황에 따라 의미에
미세한 차이가 있다.

三. 子曰,
唯上知與下愚 不移.
아주 높은 지식을 아주 어리석은 자에게 가르칠 수 없다.

이해하기 어려운 것을 돌머리에게 아무리 가르쳐봐도 불가능하다. 이 말을 다음 문장에서 例로 들어 설명하려고 하다가, 일편 좋은 방도로 쓰면 된다고 한다.

四.
子之武城 聞弦歌之聲.
夫子莞爾而笑曰, 割鷄 焉用牛刀.
子游對曰, 昔者偃也聞諸夫子 曰 君子學道則愛人, 小人學道則易使也.
子曰, 二三子 偃之言 是也. 前言 戲之耳.

공자가 무성 방문 시 현을 타며 노래하는 소리를 들었다.
공자가 빙긋이 웃으면서 왈, 닭 잡는데 어찌 소칼을 쓰냐?
자유대 왈, 옛적에 제가 스승님께 배운 바인데요, '군자는 도를 배워 사람을 사랑하고, 소인이 도를 배우면 부리기 쉬워진다'라고 하셨습니다.
자 왈, 얘들아, 자유의 말이 맞다. 내가 방금 전에 한 말은 농담한 것이다.

자유를 무성의 사또로 취직시켜놓고 순시를 가서 교민의 방법을 보니, 백성들에게 음악을 가르치는 바…. 백성들이 樂에 대해서 가르친다고 이해를 할 바는 아닐 것이다. 하지만 樂을 하면서 여럿이 어울릴 줄 알게 되고, 협력과 조화를 알게 된다면 소칼이 아니라 구름인들 쓸 수 있다면 쓰지 않겠는가?

五.

公山弗擾以費畔, 召, 子欲往.

子路不說曰, 末之也已 何必公山氏之之也.

子曰, 夫召我者 而豈徒哉, 如有用我者 吾其爲東周乎.

공산불요가 비 땅에서 반역을 하고 공자를 초청하였다. 공자가 가려고 하니 자로가 불만스러워하며 말하기를, 안 됩니다. 하필이면 공산씨라니요.

자 왈, 나를 불러 줄 자가 어찌 죄인들뿐이냐.

나를 쓰려는 자가 있다면 내가 동주를 따르라는 것인가?

이 대목에서 朱熹의 註解가 많이 빗나간 듯하다.

공산불요는 대부 계씨의 지방관이다. 공자는 대부의 가신을 하지 않고 제자를 보낸다. 하물며 대부의 지방관이 반역을 하고 세력 규합을 위해서 공자를 불렀는데, 거기에 갈 이유가 없다.

공자가 季氏篇에서 강조한 말이 있다. 반역하여 얻은 나라는 3세를 못 넘긴다고.

자로가 곁에 있기에 자로의 마음을 떠보려고 '한번 가 볼까?'라고 농담처럼 한 소리고. 자로는 그것도 모르고 얼굴이 새빨개져서 공자한테 불만을 보인 것이다.

그리고 자로의 말이. 왜 하필이면 반역한 공산씨냐고 다그치는데 대한 공자의 말이 '이 맛 간 세상은 나를 불러 주는 자들이 반역한 무리뿐이라더냐. 그런 자들이 나를 쓰고자 한다면 나더러 동주가 한 짓을 따르라는 것이냐?'라는 반문이다.

주나라는 서주에서 동주로 분할되면서 치세가 기울기 시작한 것이다. 동주는 애초에 생기지 말았어야 하는 것이다. 공자가 배우고 따른 예법과 도는 주나라 초기의 주공에게로 모아지는데, 동주를 운운하는 것은 망하자는 소리이다. 이미 현재가 망조 든 세상인데. 여기서 또 동주의 전철을 밟고자 한다면 어찌 될까?

六.

子張問仁於孔子, 孔子曰 能行五者於天下爲仁矣.

諸問之, 曰, 恭寬信敏惠.

恭則不侮, 寬則得衆, 信則人任焉, 敏則有功, 惠則足以使人.

자장이 공자께 인을 물었다.

공자 왈, 세상살이 하면서 仁이 되는 하기 쉬운 다섯 가지가 있다.

그것이 무엇인지 물어봐도 되나요?

공관신민혜니라. 공손하면 무시당하지 않고, 너그러우면 민심을 얻고, 믿음이 있으면 사람이 붙고, 민첩하면 공을 세우고, 은혜로우면 사람을 쓰기가 좋다.

七.

佛肸召, 子欲往.

子路曰, 昔者 由也聞諸夫子 曰, 親於其身 爲不善者 君子不入也,

佛肸 以中牟畔, 子之往也 如之何.

子曰, 然, 有是言也. 不曰堅乎 磨而不磷, 不曰白乎 涅而不緇. 吾豈匏瓜也哉 焉能繫而不食.

필힐이 초청하여 공자가 가고 싶어 하였다.

자로 왈, 저번에 제가 스승님께 배운 바, 군자는 가까이해서 선하지 못한 곳에는 들어가지 않는다고 하였습니다. 필힐은 중모에서 반역하였는데, 스승님은 왜 가려고 해요?

자 왈, 그래. 그런 말을 했었다. 갈아도 닳지 않는데 굳다고 말하지 못할 것이냐? 물들여도 물들지 않는 것을 희다고 말하지 않을 것이냐? 내 어찌 높이 달려 따먹지도 못하는 박이라더냐?

논어 정해論語 正解

이 문장도 앞의 문장과 더불어 군자의 지조를 지켜야 한다는 것을 자로에게 가르친 것이다. 가고 싶은 척하면서 가지 않고 자로에게 군자의 지조를 몸소 가르치는 모습이다. 공자 스스로 왜 자신을 匏瓜(포과)라고 하였을까? 달달하고 맛난 박인데 아무도 따먹지 못한다. 종자께서는 노래하실 때 애창곡으로 이 노래를 하시면서 군자의 삶을 박(匏瓜)으로 비유하였고, 또한 제자들을 데리고 다니는 모습이 꺼병이를 졸졸 데리고 다니는 까투리(雌雉)라는 표현을 이 노래에서 인용한 듯하다.

박잎은 쓴맛이 나서 못 먹는다. 그러나 그 열매인 박은 단맛이 난다. 하여 고진감래(苦盡甘來)라는 것이 군자의 삶이라고 표현한 것이고, 박을 군자의 삶에 비유한 것이다.

八. 子曰,
由也 如聞六言六蔽矣乎. 對曰, 未也. 居. 吾語女.
好仁不好學 其蔽也愚, 好知不好學 其蔽也蕩, 好信不好學 其蔽也賊, 好直不好學 其蔽也絞, 好勇不好學 其蔽也亂, 好剛不好學 其蔽也狂.

자로야, 여섯 가지 폐단에 대한 여섯 마디 말이 있는데, 들어 봤냐?

대 왈, 못 들었습니다.

그럼 와서 앉거라. 내 가르쳐 주마.

인을 쫓으며 배우지 않으면 어리석고, 지식을 쫓으며 배우지 못하면 방탕하고, 믿음을 좋아하며 못 배우면 도적이고, 곧기를 좋아하며 못 배우면 교살당하고, 용감한데 못 배우면 난리를 내고, 굳센 마음에 못 배우면 미치광이가 되느니라.

자로가 위의 여섯 가지를 다 잘하는데 단 한 가지, 책만 보면 머리가 아프다. 그래서 당부를 하는 것이다. 그런데, 배운다는 것이 무엇을 배우는 것일까? 공자가 자로에게 배우라는 것은 禮이다. 자로는 이 禮만 받쳐 주면 거의 聖人의 반열에 오르는 것이다.

九. 子曰,
小子 何莫學夫詩. 詩 可以興, 可以觀, 可以群, 可以怨, 邇之事父 遠之事君, 多識於鳥獸草木之名.
어린 제자들아, 왜 詩를 공부하지 않느냐. 시를 공부하면 흥이 일어날 수도 있고, 구경도 할 수도 있으며, 어울릴 수도 있고, 한스러워할 수도 있고, 가까이는 부모를 섬기고 멀리는 임금도 섬기며, 새, 짐승, 풀, 나무 등의 이름도 많이 알 수 있다.

한자 공부를 함에 있어서, 한반도에서는 먼저 천자문을 배웠다. 그러나 이것은 매우 비효율적이다. 공자의 글공부 방법이 바로 詩를 공부하는 것이다. 내용도 다양하고, 글도 익히고…. 수학 공식을 외우라면 죽어도 못하는 애들이 노래는 한번 배우면 다 안다.

十. 子謂伯魚曰,
女爲周南召南矣乎, 人而不爲周南召南 其猶正牆面而立也與.
공자께서 아들에게 이르기를, 너는 주남소남을 공부해라. 사람이 주남소남을 공부하지 않으면 그것은 담장을 정면으로 보고 서 있는 것과 같다.

周南(주남) 召南(소남)은 詩經(시경)의 國風(국풍) 첫 부분이다. 즉, 시경을 공부하라는 말이다. 학문을 하려면 가장 먼저 해야 할 것이 文字를 익히는 것이다. 그래서 시를 공부하라고 한 것이다.
伯魚(백어): 공자의 아들 鯉(리). 잉어를 伯魚라고 한다.

十一. 子曰,

禮云禮云 玉帛云乎哉, 樂云樂云 鍾鼓云乎哉.

예를 강조하는 것이 옥과 비단을 말하는 것인가?

악을 강조함이 북과 종을 말하는 것인가?

예란 예물을 바라고 강조하는 것이 아니다. 그 행동을 요구하는 것이다. 비록 빈손으로 인사를 가도 행동에서 예가 바르면 그것이 禮인 것이고, 종과 북이 없어도 손뼉과 발장단으로 조화를 이룬다면 그것도 樂인 것이다. 공자가 '自行束脩以上 吾未嘗無誨焉'이라고 하였다. 공부는 하고 싶지만 가진 것이 없어서 그저 포 한 묶음 들고 찾아와서 배우려고 하였다. 그저 포 한 묶음으로 禮를 表해도 예이다.

玉帛(옥백) 한 수레를 가져와 禮를 차려야만 禮가 될 수 있다는 것은 아니다. 禮는 禮物이 목적이 아니라 그 사람의 忠心과 行動이다. 이 두 문구로 孔子가 子貢에게 일러 준 一以貫之를 恕라고 이해할 수 있다.

樂이라는 것이 꼭 종과 북과 악기들을 갖추어야만 樂이 되는가? 아니다. 손뼉에 발장단과 목소리로 和音을 해도 樂은 그 속에 있다. 樂이란 調和(조화)에 있음이다.

十二. 子曰,
色厲而內荏 譬諸小人 其猶穿窬之盜也與.

서슬 퍼렇게 표정을 짓고 속으로는 조마조마하는 것을 소인에게 비유하면 벽에 구멍을 뚫고 도둑질하는 것이랑 같은 것이다.

겁 많은 개가 짖는다. 속이 비어서 상대적 피해의식을 가진 자들의 외모가 화려하다. 이것을 딱 한 글자의 한자로 써서 贅(췌) 라고 한다. 즉, 혹을 달고 있다는 소리다. 조개껍데기에 덕지덕지 붙은 쓸데없는 군더더기 같은 것이다.

十三. **鄕原德之賊也**

고향은 덕을 해치는 것이다.

동네 사람들과 어울리려면 어지간한 허물은 그냥 덮어야 하는 것이 일반적 삶이다. 仁義를 입에 올리면 왕따 당한다.
互鄕 難與言 이 문장와 통하는 말이다. 是非를 가리지 않고 감싸기만 해야 하는 곳이다. 그래서 덕을 해친다는 말이다.
맹자는 萬章 三章에서 이 부분을 언급하였다.
벗이란 어깨동무하고 패거리 짓는 것이 아니라고 하였다. 호향, 향원은 그렇게 패거리나 짓는 곳이다. 그래서 공자의 표현이, '호향 난여언, 향원 덕지적야'라고 한 것이다.

十四. 子曰,

道聽而塗說 德之棄也.

道를 듣고 塗를 說播(설파)하는 짓은 덕을 버리는 짓이다.

'쌀밥 먹고 보리 방귀 뀌는 짓은 먹은 쌀밥이 아까운 것이다.'라는 말이다.

주희의 해석을 따른 항간의 해석에서 '길에서 듣고 길에서 흘리면'이라는 해석은 전혀 의미를 파악하지 못한 소리다.

배운 것은 道인데, 하는 소리가 塗이면, 즉 塗(非道)를 행하면 나쁜 짓이라는 말이다. 귀에 들어간 것은 道인데, 입에서 나오는 소리가 塗이면, 배우지 말아야 할 者가 배운 것이다.

道: 올바른 길, 지나고 나서 생각해도 가장 좋은 바른 방법, 글자자의 모양이 머리로 생각해서 가는 길

途(도): 나의 마음대로 가는 길

塗(도): 진흙탕 길, 갈 수 없고 가면 안 되는 길, '도탄에 빠지다'라고 하는 그 塗炭

路(로): 발이 편한 대로 따라가는 길, 人生路程라는 그 길

徑(경): 지름길, 逕(경): 모가지 겨우 빠져나가는 좁은 길

蹊(혜): 오솔길, 발을 어디 디뎌야 할지 난감하고 어려운 길

街(가): 장식된 길, 街路樹 하는 그 꾸며진 길

漢字로 다 '길'이라는 한국말이지만, 의미가 다른 길이다.

十五. 子曰,
鄙夫, 可與事君也與哉.
其未得之也 患得之, 既得之 患失之.
苟患失之 無所不至矣.

어리석은 사람들과 더불어 임금을 섬길 수 있느냐?

자리를 얻지 못하면 얻기를 근심하고, 자리를 얻으면 잃을까 근심하고, 막상 잃을 상황이 되면 못 할 짓이 없다.

예나 시방이나 이 말은 토씨 하나도 틀림이 없다. 사실이다.

十六. 子曰,
古者 民有三疾, 今也 或是之亡也.
古之狂也肆 今之狂也蕩, 古之矜也兼 今之矜也忿戾, 古之愚也直 今之愚也詐而已矣.

옛날에는 백성들이 세 가지 쟁이가 있었는데, 지금은 혹시라도 없다.

옛날의 미치광이는 막힘없는 것이지만, 지금의 미치광이는 방탕한 것이고, 옛날의 긍지는 겸손한 것이지만, 지금의 긍지는 사나운 것이고, 옛날의 어리석음은 우직함이었는데, 오늘날의 어리석음은 속임이니라.

十七. 巧言令色 鮮矣仁.

중복된 편집이다.

다른 문장과 붙어 있던 것이 발굴 필사 과정에서 분리되어 독립적으로 처리된 것이다.

十八. 子曰,

惡紫之奪朱也, 惡鄭聲之亂雅樂也, 惡利口之覆邦家者.

자색이 주색을 빼앗음을 싫어하고, 정성이 아악을 혼란스럽게 함을 싫어하고, 제 욕심 채우려고 나라를 뒤엎는 자를 싫어한다.

적색과 자색의 차이를 主(주)와 亞流(아류)로 구분한 것. 사회 문화적 질서를 강조한 것이다.

주실의 단아한 악을 아악이라 하고, 정성은 음란하고 외설스러운 소리를 의미하며, 즉, 사회 문화의 건전성을 지키고 퇴폐화를 막고자 함이다.

입에 이롭다고 나라를 뒤엎는 자, 즉, 일부 무도한 욕심 많은 대부들을 지칭한다.

十九.

子曰, 予欲無言.

子貢曰, 子如不言 則小子何述焉.

子曰, 天何言哉, 四時行焉 百物生焉, 天何言哉.

자 왈, 난 아무 말도 하고 싶지 않다.

(이제는 가르치고 싶지 않다.)

자공 왈, 스승님이 말씀을 안 하시면 저희 소자들은 어찌하라고요.

자 왈, 하늘이 무슨 말을 하나? 사계절이 돌아가면 백물이 나는데, 하늘이 왜 말하나?

무도한 세상에 지친 공자가 교육 일선에서 은퇴하려는 상황이다. 그리고 후학들에게 후세를 맡기려 하는 것이다.

자공에게 '난 아무 말도 안 하련다. 더 가르칠 것이 없다. 너는 이제 하산해라.'라는 말이다. 그러나 자공은 모른 체한다. 자공은 아직도 스승께 더 배우고 싶은 것이다.

이러나저러나 세상은 돌아간다. 하늘이 말을 안 해도 세월이 흐르면 만물은 소생하는 것, 봄이 올 때를 기다리면 그뿐이니라. 하늘이 말하지 않아도 백물들은 계절을 따라 피고 지듯이, 내 이제 그만해도 세월이 가고 때가 되면 너희들이 피고 지고 할 것이다. 계절이 순환하듯 너희들도 피고 지기를 거듭하여 언젠가는 올 그 세상을 대비하라. 내가 너희들을 길러 냈듯이 너도 하산하여 제자들을 가르쳐라.

그러나 자공은 끝내 모른 체한다. 그저 스승께 죽을 때까지 배우고만 싶은 것이다. 결국 공자 사후에 자공은 다른 제자들과는 달리 후학들을 가르치지 않았다. 자공이 공자의 이 말뜻을 몰랐던 것은 아니다. 결코 스승처럼 태양 같은 모습에 이르지 못할 것이라 생각하며 공자의 곁만 지키고, 손자인 子思가 성장할 수 있도록 曾子를 지원하면서 자신의 존재를 묻어 버린다.

대화의 내용으로 보아 이 문장과 관련된 것을 모두 모아서 子쪽 마지막 구절에 정리해 보았다.

二十. 孺悲欲見孔子,
孔子辭以疾, 將命者出戶 取瑟而歌 使之聞之.

유비가 공자를 보고 싶어 하였다. 공자는 질병을 빙자하여 사양하고, 심부름꾼이 문을 나가자 비파를 타고 노래하여 그가 듣게 하였다.

질병을 이유로 거절한 후에 비파 소리를 들려주는 것은 그 상황을 전달하라는 의미다. 즉, 만나고 싶지 않다는 말을 얼굴 붉히지 않고 하는 것이다. 심부름꾼이 그대로 전하여 다시 청하러 오지 말라는 의미이다.

廿一.

宰我問三年之喪 期已久矣.

君子三年 不爲禮 禮必壞, 三年 不爲樂 樂必崩.

舊穀 旣沒 新穀 旣升 鑽燧改火, 期可已矣.

子曰, 食夫稻 衣夫錦 於女 安乎.

曰, 安.

女安則爲之. 夫君子之居喪 食旨不甘 聞樂不樂 居處不安 故不爲也, 今女安則爲之.

宰我出, 子曰, 予之不仁也. 子生三年然後 免於父母之懷, 夫三年之喪 天下之通喪也, 予也 有三年之愛於其父母乎.

재아가 삼년상은 기간이 너무 길다고 하면서 물었다.

군자가 삼 년간 예를 하지 않으면 예가 반드시 무너질 것이고, 삼 년간 악을 하지 않으면 악이 반드시 무너질 것인데, 묵은 곡식이 다 하고, 햇곡식이 나오고, 불씨도 새로 고치니 일 년이면 될 것 같습니다.

자 왈, 쌀밥을 먹고 비단옷을 입는 것이 너는 편안하더냐?

예, 편하지요.

네가 편하면 해라. 상을 당한 군자의 삶은 먹어도 맛을 모르고, 음악을 들어도 즐겁지 아니하고, 좋은 집에 살아도 불안하기 때문에 안 하는 것이다. 이제는 네가 편한 대로 해라.

재아가 나가고 나서, 자 왈, 재아가 인자하지 못하구나. 자식은 태어나서 삼 년 동안 부모 품에서 자라거늘, 삼년지상은 세상에 다 통하는 상례인데, 재아가 부모의 삼 년 사랑을 받지 못한 것인가?

형제 없이 호강스럽게 자란 재아가 힘겨운 일은 두려워하는 듯하다.

卄二. 子曰,
飽食 終日無所用心 難矣哉. 不有博奕者乎, 爲之猶賢乎已.

배부르게 먹고 하루 종일 마음 둘 곳이 없으면 곤란하다. 하다못해 바둑이라는 것도 있지 않더냐. 그것이라도 하는 것이 현명한 것이다.

卄三.
子路曰, 君子尙勇乎.
子曰, 君子義以爲上.
君子有勇而無義 爲亂, 小人 有勇而無義 爲盜.

자로 왈, 군자도 용감함을 높이 쳐 줍니까?
자 왈, 군자는 義를 우선시한다. 군자가 용기 있고 의로움이 없으면 亂을 일으키고, 소인이 용기만 있고 의로움이 없으면 도둑이 된다.

廿四.

子貢 曰, 君子亦有惡乎. 子曰, 有惡.

惡稱人之惡者, 惡居下流而訕上者, 惡勇而無禮者, 惡果敢而窒者.

曰, 賜也亦有惡乎.

惡徼以爲知者, 惡不孫以爲勇者, 惡訐以爲直者.

자공 왈, 군자도 미워하는 것이 있습니까?

자 왈, 미워하는 것이 있다. 사람의 악을 들추어내는 자를 미워하고, 하류에 살면서 윗사람을 비방하는 자를 미워하고, 용맹하고 무례한 자를 미워하고, 과감하며 꽉 막힌 자를 미워한다.

왈, 너도 미워하는 것이 있느냐?

좀 안다고 설쳐 대는 자를 미워하고, 으스대는 것이 용기인 줄 아는 자를 미워하고, 남을 헐뜯으면서 정직한 척하는 자를 싫어합니다.

미운 짓을 하는 사람에 대한 공자의 가르침과 자공의 이해가 서로 비슷하다.

廿五. 子曰,

唯女子與小人 爲難養也, 近之則不孫, 遠之則怨.

생각해 보니 너희 제자(자식)들 중 소인은 가르치기 어려운 것이다. 가까이하면 불손하고, 멀리하면 원망하느니라.

이 문구에서 여자와 소인에 대한 해석으로, '여자외 신분상의 희인'이라고 하면 분명한 오해이다. 女子라고 한자로 쓰고 현대 한국적 의미인 남자의 반대 여자라고 해석하기는 상당히 문제가 있어 보인다.

논어에서 女라는 말이 자주 쓰이는데, 공자가 말하는 女는 마주하고 있는 앞의 사람, 즉 '너'라는 의미로 쓴 것이지 한국말로 남녀의 구분인 여자를 의미하는 것은 아니다.

따라서 唯女子라고 한 것은 앞에 있는 제자들을 지칭한 것으로서 '너희들'이라고 말한 것이고, 與는 영어에서 'as'에 해당하는 것으로 봐야 한다. 제자들이라고 다 군자는 아니다. 그중에 군자에 이르지 못한 소인인 제자들을 칭하는 것으로서, 여자와 소인을 분리한 것이 아니라 소인인 '너희들'이라고 해석하는 것이 바른 이해이다.

논어에서 공자가 말하는 女는 앞에 있는 제자들을 의미한다. 마주 앉아 앞에 있는 아랫사람을 女라고 불렀다. 조선시대 이후 한국말로 한다면 '자네'라는 말에 해당한다.

또한, 옛날이라고 하여 여자는 무조건 소인배랑 동일시하는 것은 온당치 못하다.

건사하기 어려운 것이 필히 오로지 여자와 소인 두 가지뿐인가? 주인에 대한 무조건적 충성심만 가지고 사는 개도 말을 못 해 그런 것이지 때리고 혼내면 서운해서 꼬랑지 감추고 피한다.

주희는 주해에서 小人을 하인과 從僕 등 신분으로 구분하였는데, 아주 위험한 자의적 해석이다. 공자 시대에는 송나라 주희 시대의 신분제가 없었다. 공자시대에는 사회 제도로서의 身分制度(신분 제도)가 없다. 공자가 서출이고, 자로는 건달 출신, 자공이 장똘뱅이, 중궁은 죄인의 자식 등, 개인의 실력과 노력이 자신의 사회적 지위를 결정하는 사회에서 어찌 공자가 신분에 의한 구분으로 小人을 말했다고 하나? 옹야 4장, '이우지자성차각

수욕물용 산천기사제'. 이 문구를 써 두고서 말의 의미도 모르며 해석한 것이다.

공자가 말한 소인은 군자에 反하는 사람 또는 어린애들을 이르는 것이다. 사회적 지위가 높다고 하여 모두 君子라고 하는 것은 아니다. 군자라는 개념은 올바른 사회성을 가진 인간형을 말하는 것이고, 소인이란 완성된 사회성을 지니지 못한 사람을 말하는 것이지 없는 하인을 어찌 만들어서 소인이라고 규정하는지. 그리고 어느 시대이건 하인이나 從僕(종복)들 중에서도 주인보다 더 반듯한 인격을 갖춘 자들이 많았다. 따라서 당 문장의 小人에 대한 주희의 규정은 완전히 오류이다.

유여자여소인을 오로지 여자와 소인이라고 한정할 수 없는 내용이므로, 唯를 '생각해 보건대'라고 접근하는 것이 타당한 듯하여 女子를 '너희 제자들'이라고 보는 것이 옳은 이해다.

한국 속담에 '손주를 귀여워만 하다 보면 할배 수염 잡아당긴다'라는 말도 있다.

이 문장은 자장편의 在家必達이라고 가르친 부분과 함께 齊家에 관한 문장으로 볼 수 있다. 또한 季氏편 十三章에서 '陳亢退而喜曰, 問一得二, 聞詩聞禮 又聞君子之遠其子也.'라고 하였다. 군자로서 자식을 무조건 자애로움으로만 가르치는 것이 아니다. 때로는 멀리한다.

자사는 중용에서는 이 부분을 다음과 같이 이해하였다.

親親則諸父昆弟不怨

부모 형제 사이에는 친근하게 지내도록 하되 원망이 없게 하라.

맹자의 이해는 대학 八章 齊家篇에서 다음과 같이 설명하였다.

所謂齊其家在修其身者.

人之其所親愛而辟焉, 之其所賤惡而辟焉, 之其所畏敬 而辟焉, 之
其所敖惰而辟焉. 故好而知其惡 惡而知其美者 天下鮮矣.

故諺有之 曰, 人莫知其子之惡, 莫知其苗之碩.

此謂身不修 不可以齊其家

집안을 바르게 하기 위해서는 자신을 반듯하게 해야 한다.

친애하면서 하지 말아야 할 것이 있고, 미워하면서도 하지 말아
야 할 것이 있으며, 존경하면서도 피해야 할 것이 있고, 오만하
고 게을러도 피해야 할 것이 있다. 따라서 좋아하며 단점을 알
고, 미워도 장점을 안다는 것이 참 어려운 것이다.

속된 말로, 사람이란 자기 자식의 미운 점은 보이지 않고, 자기
농사 잘된 것은 모른다(남의 떡이 더 커 보인다).

이 말은 수신을 못 하면 가정을 다스릴 수 없다는 것이다.

廿六. 子曰,

年四十而見惡焉 其終也已.

나이 사십이 되어서도 미운 것이 보이면 그 인생은 종 쳤다.

논어 정해論語 正解

공자님의 애창곡이라 또 불러봅니다.

匏有苦葉 濟有深涉, 深則厲 淺則揭.

포유고엽 제유심섭, 심즉려 천즉게.

有瀰濟盈 有鷕雉鳴, 濟盈不濡軌 雉鳴求其牡.

유미제영 유요치명, 제영불유궤 치명구기모.

雝雝鳴雁 旭日始旦, 士如歸妻 迨冰未泮.

옹옹명안 욱일시단, 사여귀처 태빙미반.

招招舟子 人涉卬否, 人涉卬否 卬須我友.

초초주자 인섭앙부, 인섭앙부 앙수아우.

卷之 十八. 微子

一.

微子 去之, 箕子 爲之奴, 比干 諫而死.

子曰, 殷有三仁焉.

미자는 (나라에 대한 마음이) 떠났고, 기자는 종이 되었고, 비간은 간하고 죽었다.

자 왈, 은나라에는 인자한 사람이 세 명이 있었거늘.

은나라 마지막 왕인 紂(주)왕이 무도하여, 당시의 인자한 사람 세 명이 있었으나, 각기 자신의 방식대로 행하였을 뿐이다.

왕의 이복동생인 미자는 紂가 無道함에 대하여 나라가 망할 지경이니, '소사부사'라는 글을 지어 주왕의 폭정을 고발하는 격문을 써서, 누구든 이 폭정을 끊어 낼 새로운 왕자가 나타나면 그를 도울 것이라 하며 은나라가 빨리 망해야 한다고 하였다. '새로운 왕자가 나오지 않는다면 내 스스로 나라를 뒤엎어 선왕 때로 복귀할 것이지만, 막된 행동은 하지 않고 西伯(周무왕)을 기다려 볼 것이다'라고 하였다.

왕자 비간은 부왕에게 폭정을 하지 말라고 간언을 하고 剖心(부심, 심장을 떼어내는 형벌)을 당하였다.

王叔(왕숙)인 기자는 미친 척하면서 종노릇을 하며 목숨을 부지하였다.

망조 든 은나라 말세에서 세 명 모두 賢者(현자)로서 紂之不善(주지불선)에 대한 대처 방법으로 각기 다르게 行 한 것이다.

무도한 세상에 대한 賢者들의 대응 방식은 각각 다를 수 있다.

二.

柳下惠爲士師 三黜. 人曰, 子未可以去乎.

曰, 直道而事人 焉往而不三黜, 枉道而事人 何必去父母之邦.

유하혜는 세 번 벼슬하고 세 번 쫓겨났다.

사람들이 말하기를, 댁은 왜 떠나지 않는가?

왈, 옳은 도리로 사람을 섬기면 어디를 간들 세 번은 쫓겨나지 않겠는가?

그릇된 도리로 사람을 섬기려면 왜 고국을 떠나야만 하는가?

유하혜의 세상 사랑은 참 지극하나. 그래도 나는 바른 도리로 세상을 대하리라. 이는 유하혜식 방법이다.

三.

齊景公待孔子曰, 若季氏則吾不能 以季孟之間.

待之曰, 吾老矣 不能用也. 孔子行.

제경공이 공자를 기다리며 하는 말이, 계씨처럼 대접하는 것은 불가능하고, 계맹 지간이면 좀 어떨지.

공자가 기다리다가 이 소리를 전해 듣고, '내가 늙어서 쓸모가 없군.' 하고 떠났다.

제나라 계씨는 上卿이고, 맹씨는 下卿이다. 그 중간이라면 중경 정도인데, 중경의 위치에서 정사를 제대로 행할 수가 없다. 잘해야 대부들이 시키는 대로 해야 하는 수준인데, 그것을 벼슬이라고 받기는 늙은 내 입장에서 무슨 일을 제대로 할 것인가? 일할 자리가 아니다.

四. 齊人 歸女樂, 季桓子受之 三日不朝, 孔子行.

제나라에서 여락을 보내어 계환자가 받아 삼일을 입조하지 않았다.

이에 공자는 조정에서 물러났다.

이 사건은 다른 책에서 말하기를, 제나라 경공의 공작 정치였다고 한다. 공자를 쓰기는 껄끄럽고, 노나라에 두자니 잘해서 배아프고. 그래서 공자를 노나라 조정에서 빼 버리기 위해서 일부러 여락을 보내어 내분을 조장하였다고 한다. 계환자의 인물됨을 아는 제나라에서 여락을 보내면 보나 마나 주색에 빠져서 뻘짓을 할 것이고, 공자가 그것을 보면 참지 않을 것이라는 예측이 맞아떨어졌다고 한다.

五.

楚狂接輿歌而過孔子曰,

鳳兮鳳兮 何德之衰. 往者不可諫 來者猶可追.

已而已而 今之從政者殆而.

孔子下, 欲與之言, 趨而辟之 不得與之言.

초나라 미치광이가 수레에 접근하여 노래를 부르며 공자를 스쳐 지나면서 말하기를, 봉새야, 봉새야, 어찌 덕이 쇠하였느냐. 떠난 사람은 바른말을 할 수 없고, 오는 사람은 오히려 한술 더 뜨니 말세다, 말세여. 이제는 정사를 돌볼 자가 없구나.

공자가 수레에서 내려 더불어 말을 나누고 싶었지만, 빨리 도망가서 붙잡지 못했다.

공자를 봉이라고 칭하고, 왜 덕을 펴지 않느냐(벼슬하지 않느냐). '충신은 떠나고 간신만 들어가니, 말세인고로 정사를 돌볼 사람이 없느니라.'라는 말이다. 즉, 이 초광이 공자에게 요구하는 것은 유하혜식 군자가 되어 주기를 바라는 것이다.

그래서 공자가 수레에서 내려 그 현자를 만나 보고 싶었는데 도망가서 만날 수 없었다.

세간의 해석 중에서 或者는 접여를 사람 이름으로 해석하였다. 미치광이가 뭐라고 말을 하고 도망을 가 버렸는데, 그 신분을 알수가 없는 것은 당연한 것이다. 그리고 그 이름을 안다면 나중에라도 찾아가서 한 수 배우면 되는 것이다. 공자가 왜 수레에서 내렸던가? 그 이유는 그 미치광이 흉내를 내는 자와 대화하고 싶어서 내린 것이다.

수레를 탄 자는 공자이고, 미치광이가 수레에 가까이 붙어서(接輿) 노래한 것이다. 그리고 공자가 수레에서 내리니 도망간 것.

莊子에서 이 대목을 다음과 같이 언급하였다.

孔子適楚, 楚狂接輿遊其門曰,

鳳兮鳳兮 何如德之衰也. 來世不可待 往世不可追也.

天下有道 聖人成焉. 天下無道 聖人生焉. 方今之時 僅免刑焉.

福輕乎羽 莫之知載. 禍重乎地 莫之知避. 已乎已乎 臨人以德.

殆乎殆乎 畫地而趨. 迷陽迷陽 無傷吾行. 吾行郤曲 無傷吾足.

莊子에서는 문장의 내용을 다르게 적용하고 있다.

往者不可諫 來者猶可追 → 來世不可待 往世不可追也.

글자를 바꿔서 無爲隱居(무위은거)를 유도하는 입장을 취한다.

六.

長沮桀溺 耦而耕, 孔子過之, 使子路 問津焉.

長沮曰, 夫執輿者爲誰. 子路曰, 爲孔丘.

曰, 是魯孔丘與. 曰, 是也.

曰, 是知津矣.

問於桀溺, 桀溺 曰, 子爲誰. 曰, 爲仲由.

曰, 是魯孔丘之徒與. 對曰, 然.

曰, 滔滔者天下皆是也 而誰以易之. 且而與其從辟人之士也 豈若
從辟世之士哉. 耦而不輟.

子路行以告, 夫子憮然曰, 鳥獸不可與同群, 吾非斯人之徒與而誰
與. 天下有道 丘不與易也.

장저와 걸익이 나란히 밭을 갈고 있는데, 공자가 지나가면서 자로를 시켜 나루
터를 물어보았다.

장저 왈, 저기 수레를 탄 자가 누구요?

자로 왈, 공구라고 하오.

아, 그 노나라의 공구요?

왈, 그렇소.

왈, 그럼 나루터를 알고 있소. (알려 주고 싶지 않소)

걸익한테 물어보니 걸익이 왈, 댁은 누구요?

왈, 중유라고 하오.

왈, 그럼 공구의 무리요?

대 왈, 그렇소.

왈, 세상 돌아가는 꼬라지가 다 이렇거늘 누가 고칠 수 있겠는가. 그리고 사람을
피하는 자를 따르는 자와 세상을 피하는 자가 어찌 같을 수가 있는가. 하면서 계
속 밭갈이를 하였다.

자로가 돌아가서 고하자, 공자께서 멍 때리면서 힘없이 왈, 새와 짐승은 함께 무
리를 이룰 수 없다. 내가 사람 무리들을 따라 함께하지 않는다면 누구랑 함께한
단 말인가. 세상에 도가 있으면 내가 바꾸려고 하지도 않을 것인데.

걸익이 공자를 辟人之士(피인지사)라고 한 데 대하여 공자가 憮然 (무연)해진 것이다. 공자가 무도한 위정자를 피하는 것을 두고 걸 익이 辟人之士라고 한 것은 잘못 비춰진 것이다. 하지만, 그렇게 잘못 비춰진 것도 또한 자신에게서 求해야 할 것이니, 멍해진 것이다.

그리고 걸익이 자로한테 '니랑 내랑 말 섞을 사이냐?'라는 말과 '공자 그 잘난 사람이 나루터 가는 길도 모르냐?'라는 말을 하며 비꼬았기 때문에 공자가 한 말이 '새랑 짐승은 함께 무리 짓지 않는다'라고 한 것이고, 자조하면서 한 말이, '내가 사람들과 어울려 살자고 이러는 것인데.'라고 말한 것이다. 얼치기 道家之類 (도가지류)들에 대한 탄식이다.

공자의 賢者들에 대한 생각은 기본적으로 포용성이다. 행동의 방식이 서로 다를 수 있다는 것을 기본적으로 인정하고 그 현자 들의 가르침을 배우는 것이다. 그런데, 장저 걸익은 자신들과 다 르다고 하여 배척하는 사람들이다.

그래서 공자가 어울릴 수 없는 부류라고 한 것이다.

七.

子路從而後 遇丈人以杖荷蓧.

子路問曰, 子見夫子乎.

丈人 曰, 四體不勤 五穀不分 孰爲夫子, 植其杖而芸.

子路拱而立, 止子路宿, 殺鷄爲黍而食之, 見其二子焉.

明日子路行以告.

子曰, 隱者也. 使子路反見之 至則行矣.

子路曰, 不仕無義, 長幼之節 不可廢也, 君臣之義 如之何廢之, 欲潔其身而亂大倫. 君子之仕也 行其義也, 道之不行 已知之矣.

자로가 일행을 뒤처져서 따라가다가 장하조를 메고 가는 노인을 만났다.

자로가 묻기를, 어르신, 스승님 보셨소?

노인 왈, 팔다리도 부실하고 오곡도 못 가리는데 누구를 스승님이라고 하시오? 하면서 대롱이를 내려놓고 서투르게 절을 하였다(풀 뜯는 듯).

자로가 부축하여 일으켜 세우자, 하룻밤 자고 가라고 자로를 붙잡았다. 닭을 잡고 기장밥을 지어 먹이고, 두 아들을 인사하게 하였다.

다음날 자로가 가서 고하였더니,

공자 왈, '은자다' 하고 자로를 시켜 돌아가서 뵙게 하였으나, 도착하니 떠나고 없었다.

(빈집에 대고) 자로 왈, 벼슬을 하지 않으면 의로움을 행할 수 없는 것이오. 장유지절도 버리지 못하면서 어찌 군신의 의리를 버린 것이오. 자신의 몸을 깨끗이 하고 싶어 윤리를 어지럽힘이로다. 군자가 벼슬을 한다는 것은 그 의로움을 행하는 것일 뿐, 도가 없음은 아는 바 아니던가.

이 문장에 대한 주희의 해석은 아주 엉뚱하게 해석하였다. 문장의 내용을 이해하지 못하고 그저 글자에 맞추어 해석하려고 하다 보니 반대의 해석을 한 것이다. 한국의 번역서들도 같은 우를 범하고 있다.

자로가 공자 일행에 뒤처져서 따라가다가 길에서 만난 노인한테 "스승님 보셨나요?"라고 물었더니, 노인이 짐짓 모른 체하고 자기한테 스승님이라고 하는 말로 받아들이고는 자신의 처지를 말한 것이다. '사체(팔다리)도 부실하고 오곡도 분별할 줄 모르는데 누가 스승님이라 하시오.'라고 사양하면서 장하조를 내려놓고 막대기를 세운 다음 절을 하는데, 마치 풀 뜯는 듯 서툴게 하였다. 이에 자로는 노인에 대한 예의로서 (長幼之節) 부축하여 일으켜 세웠던 것이다. 이에 그 노인은 장유지절을 행하는 자로를 집으로 데려가서 닭 잡고 기장밥 해서 대접하고 하룻밤 재워서 보낸 것이다. 즉, 노인도 장유지절을 아는 현자이다.

자로…. 어제의 일을 돌아보면, 그저 늙은 농부였지만 장유지절의 도리로서 부축하여 일으켜 세운 것뿐인데, 그 예절을 받은 갚음으로 재우고 대접하고 자식들 인사시키는 도리를 아는 사람이 어찌 군신의 도리는 지키지 않는 것인가. '나서서 벼슬을 하시오.'라고 빈집에 대고 웅변한다. '군자의 벼슬이란 의로움을 행하면 그뿐, 道가 없음을 탓하지 말라.'라는 공자의 가르침을 확실히 몸에 새긴 자로.

杖荷蓧(장하조): 중국은 지게가 없고 긴 막대기 양쪽에 바구니를 달아서 메고 다닌다. 일명 대롱이라고 하는 것. 내려놓으면 대바구니에 막대기를 꽂아서 세워 둔다(植其杖).

위에서 만난 세 부류의 隱者(은자)들에 대해서 孔門의 評價가 다르게 나타난다.

楚狂은 공자에게 세상을 부탁하면서 유하혜적 입장을 요구하는 바이고, 장저와 걸익은 무위자연을 주장하며 공자를 질시하는 道家 부류이고, 杖荷蓧 노인은 夷逸(이일)처럼 무도한 세상을 피하여 서민으로 살지만, 공자를 보며 부끄러워하는 사람이다.

莊子에서는 楚狂을 자신의 편으로 끌어가는 我田引水格으로 해석하였다.

八.
逸民 伯夷叔齊 虞仲 夷逸 朱張 柳下惠 少連.
子曰, 不降其志 不辱其身 伯夷叔齊與.
謂柳下惠 少連, 降志辱身矣, 言中論 行中慮 其斯而已矣.
謂虞仲夷逸, 隱居放言 身中淸 廢中權.
我則異於是 無可無不可.
그저 백성처럼 산 사람은 백이숙제, 오중, 이일, 주장, 유하혜, 소련이다.
자 왈, 뜻을 굽히지 않고 육신을 욕되게 하지 않은 자는 백이숙제이다.
유하혜, 소련은 뜻을 굽히고 몸을 욕되게 하였으나 말이 논리에 맞고 행동이 생각에 맞으면 그것을 따랐을 뿐이다.
오중과 이일은 숨어 살면서 언론을 폈으나 非理 없이 권세도 없었다.
나는 이와는 다르다. 할 수 없지만 못할 것도 없다.

무엇이 다른가? 공자는 제자를 가르치고 있다.
언젠가는 도래할 道가 바로 설 세상을 위하여.

九.

大師摯 適齊,

亞飯干 適楚, 三飯繚 適蔡, 四飯缺 適秦,

鼓方叔 入於河,

播鼗武 入於漢,

少師陽 擊磬襄 入於海.

태사 지는 제나라로 가고, 아반 간은 초나라로 가고, 삼반 료는 채나라로 가고, 사반 결은 진나라로 갔다.

북잡이 방숙은 황하를 따라갔고, 땡땡이잡이 무는 양자강으로 갔고, 소사 양과 격경 양은 바다를 건넜다.

공자의 삼년상을 치른 후 학당의 음대생들이 뿔뿔이 흩어진 행방을 말한 듯, 강으로 가고 바다로 간 자들의 도착지는 모른다.

十.

周公謂魯公曰,

君子不施其親, 不使大臣怨乎不以, 故舊無大故則不棄也, 無求備於一人.

주공이 노공에게 이르기를,

군자는 그 친지들에게 베풀면 안 된다. 원한이 있는 자는 대신으로 쓰지 말고, 옛 친구는 큰 죄가 아닌 한 버리지 말고, 한 사람에게 이것저것 일임시키지 말라.

十一. 周有八士,
伯達 伯适 仲突 仲忽 叔夜 叔夏 季隨 季騧.

주나라에 여덟 선비가 있으니.

백달, 백괄, 중돌, 중홀, 숙야, 숙하, 계수, 계와이다.

卷之 十九. 子張

一. 子張曰,
士 見危致命 見得思義 祭思敬 喪思哀 其可已矣.

자장 왈, 선비는 위험한 것을 보면 멈추라고 말하고, 득을 보면 의로움을 생각하고, 제사를 공경하게 모시고, 상을 당하면 슬픔으로 치러야 선비라 할 수 있다.

길을 가다가 위험한 짓을 하는 애들을 보고 그냥 지나치는 것은 군자의 자세가 아니다. 하지 말라고 말려야 한다. 남들이 보기에는 오지랖 떤다고 욕을 할지 모르지만, 욕을 먹더라도 말리는 것이 仁을 실천하는 것이고, 바른 心性을 가진 것이다.
자장은 同門들 사이에서 仁은 좀 부족하다는 말을 듣지만, 그래도 천성은 못 속인다. 씩씩하고 고집이 세어 仁이 다소 가려져서 보이지 않을 뿐, 子路나 子張이나 기본 心性은 善하다.

二. 子張曰,
執德不弘, 信道不篤 焉能爲有 焉能爲亡.

덕을 가지고 널리 펴지도 못하고, 도를 믿으면서 독실하지 못하면 도덕이 있네 없네 말할 바가 못 된다.

知行의 不一致이다.

三.

子夏之門人 問交於子張, 子張曰, 子夏云何.

對曰, 子夏曰, 可者與之 不可者拒之.

子張 曰, 異乎吾所聞.

君子 尊賢而容衆 嘉善而矜不能, 我之大賢與於人 何所不容, 我之
不賢與 人將拒我, 如之何其拒人也.

子夏의 문하생이 子張에게 교제에 대해서 물었다.

자장이 왈, 너희 스승은 뭐라더냐?

대 왈, 자하께서는 될 사람은 사귀고, 안 될 사람은 내치라고 하였습니다.

자장 왈, 내가 배운 바와는 다르다.

군자는 현인은 존경하고 대중을 포용하며, 착한 것을 보면 기뻐하고, 못한 것을
보면 불쌍히 여긴다. 내가 사람들에게 현명하게 대하면 어찌 용납되지 못할 것
이며, 내가 현명하지 못하면 사람들이 나를 내칠 것인데, 어찌하여 내가 그 사람
을 내치겠느냐.

이 문장은 學而 八章과 脈을 같이한다. 曾子도 子張과 같은 이해
를 한다. 主忠信 無友不如己者, 過則勿憚改. 자장에게 박수.

그러나 交友에 대한 子夏의 이해는 다르다. 왜 그럴까?

顏淵 廿三章에서 공자가 자하한테 일러 준 내용으로 볼 때에는
자하의 이해가 가르침에 가깝다. 공자가 제자들을 가르치면서
사람에 따라 다르게 가르친다. 그 이유는 바로 배우는 자의 모습
을 보고 거기에 맞게 가르친다. 자하를 포기한 것 같다.

四. 子夏曰,
雖小道 必有可觀者焉, 致遠恐泥. 是以 君子不爲也.

자하 왈, 비록 작은 道라도 볼 만한 것이 있지만, 멀리 두면 흐려서 거리낌이 있다. 그래서 군자는 小道를 택하지 않는 것이다.

딱히 자하다운 발언이다. 같이 배웠지만 이해가 다르다. 공자의 道는 작든 크든 다 살펴야 한다. 중용에 이르기를 '鳶飛戾天 魚躍于淵, 其上下察也.'라고 하였다. 小道라고 하여 외면하고 大道만 쫓으면 무슨 사단이 벌어질 것인가? 가다가 엎어진다. 현대 사회도 이런 사람이 많다.

자하의 엉뚱한 이해이다. 그래서 子貢, 曾子가 자하를 싫어한다. 공자의 가르침 중에 '大道 正이면 小道는 出入可也'라는 말이 있다고 하여 小道를 무시하라고 한 것이 아니다. 큰 틀의 옳은 일을 하는 데 수반되는 사소한 것들은 다소 융통성이 있어도 갈 수밖에 없다는 말이다.

五. 子夏曰,
日知其所亡 月無忘其所能 可謂好學也已矣.

자하 왈, 날마다 모르던 것을 알고, 한 달이 지나도 아는 것을 잊지 않으면 공부를 잘한다고 해도 된다.

子夏가 詩文學에 능한 자신의 자랑을 한 것.

六. 子夏曰,
博學而篤志 切問而近思 仁在其中矣.

자하 왈, 널리 배우고 의지를 굳건히 하고, 간절히 물어보고 가까운 것을 생각하
면 仁은 그 속에 있다.

七. 子夏曰,
百工居肆 以成其事, 君子學 以致其道.

자하 왈, 工匠들은 일터에서 살면서 그 일을 이루고,
군자는 배워서 그 도에 이른다.

이 부분은 자공과 상반된 입장이다. 二十章에서 자공이 주장하는
내용과는 반대이다. 군자란 하류든 陋巷이든 가리지 않는다. 어
디에 처하더라도 군자로서의 삶을 견지해야 한다는 입장이다.

자하의 사고는 송나라 주희시대의 문인들과 조선시대 양반들의
사고방식이다. 현장에서 기름때에 절여져서 사는 것보다는 책
상 앞에서 사무직으로 일하고 싶은 현대 한국 사회 지식인들의
일반적 모습이다. 이래서 증자, 자공은 자하를 아주 싫어한다.
공자 사후에 제자들끼리 편을 갈라서 각기 문파를 형성하는데,
가난한 중궁(옹야)이 자하를 따라간다. 그 이유는 경제적으로 어
쩔 수 없는 선택이었을 것이다.

논어 정해論語 正解

八. 子夏曰,
小人之過也 必文.

자하 왈, 소인들은 자신의 허물을 반드시 아닌 것처럼 꾸민다.

九. 子夏曰,
君子有三變, 望之儼然 卽之也溫 聽其言也厲.

자하 왈, 군자는 세 가지 변화가 있는데, 멀리서 보면 엄숙하고, 가까이서 보면
온화하고, 그 말을 들어 보면 앞뒤가 딱 맞다.

'聽其言也厲(청기언야려) 말을 들어 보면 합리적이고 논리적이다.'
라는 말이다.

十. 子夏曰,
君子信而後勞其民, 未信則以爲厲己也.
信而後諫, 未信則以爲謗己也.

자하 왈, 군자는 믿음을 얻은 다음 백성들을 시켜야 한다.
믿음 없이 하게 되면 자신을 옭아매는 것이다.
믿음이 있어야 충언이 나오고, 믿음이 없으면 비방을 듣는다.

이 문장은 子路 廿五章과 맥이 통한다. 공자의 가르침에 대한
子夏의 이해가 좋다.
君子 易事而難說也, 說之不以道不說也, 及其使人也 器之.
小人 難事而易說也, 說之雖不以道說也, 及其使人也, 求備焉.

十一. 子夏曰,

大德不踰閑, 小德出入可也.

자하 왈, 대덕은 범위를 지켜야 하지만, 작은 덕은 다소 융통성이 있어도 된다.

언제나 그렇듯이, 제사보다는 제삿밥에 마음이 더 쓰이는 자하.
현대 정치인들이 엄청 반가워할 말이다. '큰일을 하는 사람이 그
까짓 사소한 로맨스 좀 하면 뭐가 덧나냐?'라면서 부정을 정당화
시키는 자들.

이래서 曾子, 子張, 子貢이 子夏를 미워하는 것이다.

顏淵, 廿一章의 내용을 잘 봐야 한다.

攻其惡 無攻人之惡 非修慝與.

孔子는 '분명히 죄는 죄를 짓는 者의 것이다. 罪는 미워도 사람
은 미워하지 말라고 하는 것은 邪慝(사특)한 것을 배우는 것이
다.'라고 하였다. 나쁜 짓이다. 즉, 자신의 仁慈함과 德望(덕망)
을 돋보이게 하려고 惡을 容認하는 것이다. 이것은 그 자체가
罪가 된다.

法家의 집대성자 韓非子도 이 부분에 대해서 나라 망할 징조라
고 評價하였다.

'見大利而不趨, 聞禍端而不備, 淺薄於爭守之事 而務以仁義自飾
者, 可亡也'라고 하였다.

十二. 子游曰,

子夏之門人小子當灑掃應對進退則可矣, 抑末也 本之則無, 何如.

子夏聞之曰,

噫 言游過矣. 君子之道孰先傳焉 孰後倦焉, 譬諸草木區以別矣.

君子之道焉可誣也. 有始有卒者 其惟聖人乎.

자유가 말하기를, 子夏 문하생들은 마당 청소 하고 인사하고 들고 나는 것은 잘 하는데, 딱히 사소한 것들뿐이고 정작 근본은 아무것도 없으니, 어찌할꼬.

자하가 듣고는 왈,

참 나, 자유가 말이 과하구마. 군자의 도라는 것이 어떤 것을 먼저 가르치고 어떤 것을 나중으로 미루고 하는 것이 아닌데, 초목에다 구분하여 비교하냐? 군자의 도리를 짓뭉개면 안 되는 것이다. 선후를 다 맞추면 그게 성인이지 사람이냐?

子游가 子夏 문하생들을 흉본 것은 실은 자하를 꼬집은 것이다. 자하가 문하생이 많고 허옇게 잘생겼지만, 그저 놀기를 좋아하여, 요즘 말로 하면 잡기에 능하다.

실제 子夏는 詩文學은 잘하지만 다른 것은 좀 乙及이다. 그러다 보니 그 문하생들도 행동거지의 禮儀는 잘 지키지만, 禮의 근본 인 仁義를 잘 모른다는 子游의 핀잔이다. '나무가 뿌리가 제대로 되어야지 잎만 무성하면 되느냐'라는 말이다.

十三. 子夏曰,

仕而優則學, 學以優則仕.

자하 왈, 벼슬하면 틈나는 대로 공부하고, 공부를 잘하면 벼슬을 하는 것이다.

'공부를 잘 못해도 벼슬을 하게 되면, 틈나는 대로 공부하면 된다'라는 말이 있다. 자로가 이 말을 했다가 공자한테 혼났다. 평생 할 공부인데 즐겨 가면서 천천히 하자는 게 자하 생각이다.

十四. 子游曰,
喪 致乎哀而止.

자유 왈, 상사는 슬픔 외에는 아무것도 대신할 수 없다.

曾子의 愼終追遠에 대한 주희의 해석과 비교해 볼 말이다. 주희의 해석대로라면 子游의 喪事에 대한 이해가 曾子와 다른 것이된다. 따라서 필자는 신종추원에 대한 주희의 해석을 배척하는 것이다.

十五. 子游曰,
吾友張也, 爲難能也 然而未仁.

자유 왈, 내 벗인 子張은 힘든 것은 할 수 있지만 仁慈함은 좀 모자란다.

왜? 자장이 고집불통이어서 편벽하다는 소리를 많이 듣는다.

十六. 曾子曰,
堂堂乎張也, 難與並爲仁矣.

증자 왈, 자장은 씩씩하지만, 仁을 갖추었다고 하기는 좀 어렵다.

十七. 曾子曰,
吾聞諸夫子, 人未有自致者也, 必也親喪乎.

증자 왈, 내가 스승님께 배운 바로는, 사람이란 자신의 앞가림은 못해도 부모님 상을 당하면 필히 다 해야 한다.

十八. 曾子曰,
吾聞諸夫子, 孟莊子之孝也 其他可能也,
其不父之臣與父之政是難能也. (註,不也 不改)

증자 왈, 내가 스승님께 들은 바, 맹장자의 효를 다른 사람들도 다 할 수 있지만, 그가 부친의 신하와 정사를 손대지 않은 것은 어려운 것이다.

十九.
孟氏使陽膚爲士師, 問於曾子.
曾子曰, 上失其道 民散久矣, 如得其情 則哀矜而勿喜.

맹손씨가 양부를 법관으로 쓰게 되어 (양부가) 증자께 물었다.
증자 왈, 윗사람이 도를 잃어 백성들이 흩어진 지 오래다.
백성들의 인심을 얻으려면 슬픔과 긍휼함을 지니되 기뻐하지 말아라.

백성들은 죽을 맛인데 벼슬아치라고 좋다고 시시덕거리면 인심 잃는 것은 당연하다.

二十. 子貢曰,

紂之不善不如是之甚也.

是也 君子惡居下流天下之惡皆歸焉.

자공 왈, 주지불선도 이것보다 심하지 않다,

이것은 군자가 하류로 살기 싫어하고 세상의 싫은 모든 것들을 떠넘기는 것이다.

天下第一惡(천하제일악) 紂王(주왕)도 이것보다는 심하지 않다.

이것은 君子가 세상 모든 나쁜 것들을 다 떠맡은 하류로 살기를
싫어하는 것이다.

己所不欲 勿施於人 내가 하기 싫은 바를 남한테 시키지 말라.

공자한테 배운 恕를 정확하게 이해하고 강조한 것이다.

즉, 군자로서 우아하고 고상하게 살려고 3D 일을 하지 않으려
하류민들에게 떠넘기는 짓은 주지불선보다 더 나쁜 것이다.

군자라면 무슨 일을 하건 군자다운 행동을 하면 모든 이들이 보
고 배운다.

上流: 글공부 하고 지배층으로 사는 삶,

下流: 생산 담당으로 노동일을 하는 힘든 삶.

논어집주는 是也를 是以로 썼으나 근본 의미는 차이가 없다.

문장의 구조에서 是가 '군자의 행위'인가? 아니면 군자가 싫어하
는 '하류'인가?

주희의 주해는 是를 下流라고 해석을 하여 자공의 言志를 반대
로 해석하였다. 또한 그 주해를 따라 문맥에도 맞지 않게 해석한
조선~한국의 번역은 완전히 거꾸로 되었다.

공자의 사상에 대하여 제대로 깨닫지 못한 상태에서 송나라 지배층의 관념적 문화에 젖어 儒門의 道와 道家의 道에 대한 구분도 제대로 하지 못하고, 道와 塗의 의미도 제대로 파악하지 못한 선비들이 허위의식으로 짜맞추기 해석을 한 것이다.

주희가 재편한 공자의 말씀을 읽으면서, 주희와 그의 스승인 정명도 정이천 그리고 그 문객들이 쓴 내용과 무슨 의미인지도 모르면서 그저 따라서 해설서를 쓴 조선의 많은 유생들을 보면 조선이 왜 백성들의 지옥이었는지 이해가 된다.

공자 맹자의 눈으로 본다면 공자를 입에 달고 살던 조선의 儒生 중에 군자는 드물다. 조선 유생들의 머리 속에는 그저 朱子만 있었을 뿐 공자는 없었다. 그들의 사고방식은 子夏를 따랐고, 子貢, 曾子/子思/孟子는 외면당하였다.

자괴적으로 표현한다면, 조선은 명도/이천/주희의 이기론이라는 어불성설의 관념론과 상하로 구분된 子夏/朱熹식 계급사회에 목을 매고 오백년을 허우적거렸고, 배운 사람이라고 하여 힘든 일은 하지 않겠다고 하는 현재도 진행 중이다.

卄一. 子貢曰,
君子之過也 如日月之食焉. 過也 人皆見之 更也 人皆仰之.
자공 왈, 군자의 허물은 일식월식과 같은 것이다. 허물이 있으면 모든 사람이 다 보게 되고, 고치면 모든 사람이 우러러보느니라.

學善而行惡, 道聽而塗說, 口出善行從惡.

이런 짓은 하지 말아야 하고 잘못이 있으면 빨리 고쳐라.

過則勿憚改. 이것이 군자의 자세이다.

廿二.

衛公孫朝問於子貢曰, 仲尼 焉學.

子貢曰, 文武之道未墜於地 在人. 賢者識其大者 不賢者識其小者

莫不在文武之道焉, 夫子焉不學 而亦何常師之有.

위나라 공손조가 자공에게 묻기를 공자는 어떻게 배웠는가?

자공 왈, 문왕과 무왕의 도가 아직 땅에 떨어지지 않고 사람에게 남아 있다. 현명한 자들은 그 큰 것을 알고, 불초한 자들도 그 작은 것들을 알고 있으니 문무의 도가 없어졌다고는 할 수 없음에, 공자께서 어찌 배우지 못할 것이며 또한 어찌 정해진 스승이 있다고 하겠는가.

廿三.

叔孫武叔 語大夫於朝曰, 子貢 賢於仲尼.

子服景伯 以告子貢.

子貢曰, 譬之宮牆 賜之牆也肩, 窺見室家之好.

夫子之牆數仞 不得其門而入 不見宗廟之美 百官之富.

得其門者或寡矣, 夫子之云不亦宜乎.

숙손무숙이 조정에서 대부들에게 하는 말이 '자공이 공자보다 현명하다'라고 하였다.

자복경백이 그 소리를 자공에게 고하니.

자공 왈, 궁의 담장에 비교한다면 나의 담장은 어깨높이이니 궁 안의 좋은 것을 다 훔쳐볼 수 있지만, 스승님의 담장은 몇 길 높이라 그 문으로 들어가지 못하고 서는 종묘의 아름다움과 백관들의 부유함을 볼 수가 없소. 혹시라도 그 문을 들어간 자가 드무니, 숙손의 그 소리가 그럴 수밖에 없소이다.

공자를 제대로 아는 사람이 별로 없으니 숙손의 그 소리는 당연한 것이오. 즉, 몰라서 그런 것입니다.

廿四.

叔孫武叔 毁仲尼.

子貢曰, 無以爲也, 仲尼不可毁也. 他人之賢者 丘陵也 猶可踰也,

仲尼日月也 無得而踰焉.

人雖欲自絶 其何傷於日月乎, 多見其不知量也.

숙손 무숙이 공자를 헐뜯었다.

자공 왈, 쓸데없는 소리 마시오. 공자님을 헐뜯을 수 없소. 일반적 현자들이야 언덕이니 그저 넘어갈 수 있지만. 공자는 해와 달이라 넘을 수 없소.

사람이 아무리 스스로 끊어 내고 싶어도 어찌 해와 달을 상하게 할 수 있소? 많이 보고도 그 양을 모르시는군요.

장님은 五色을 구분할 수 없고, 귀머거리는 아무리 좋은 음악을 들어도 알 수 없다. 현명함이 무엇인지 모르는 사람은 현자의 현명함을 알 수가 없다.

卄五.

陳子禽謂子貢曰, 子爲恭也, 仲尼豈賢於子乎.

子貢曰, 君子一言 以爲知 以爲不知, 言不可不愼也.

夫子之不可及也 猶天之不可階而升也. 夫子之得邦家者, 所謂立
之斯立 道之斯行 綏之斯來 動之斯和, 其生也榮 其死也哀, 如之
何其可及之.

진자금이 말하기를, 댁이 겸손한 것이지 어찌 공자가 댁보다 현명하오?

자공 왈, 군자는 말 한마디로 현명해질 수도 있고 어리석어질 수도 있으니, 말은
조심해야 하오.

공자께서 할 수 없는 것은 오직 사다리 놓고 하늘에 오르는 것뿐이오. 공자께서
나라를 얻는다면, 세우면 서고 행하면 도가 되고 모여들면 편해지고 화합하여
움직이니 그 삶은 영화요 죽음은 슬픔이니, 어찌하여 거기에 미칠 수 있겠소.

자공의 스승에 대한 믿음은 신앙이다. 공자를 제대로 알면 그렇
다. 얼치기로 알면 그저 동네 훈장 수준이지만 제대로 알면 신앙
의 대상이다. 자공의 생각이 지극하다.

卷之 二十. 堯曰

一.

堯曰, 咨爾舜 天之曆數在爾躬, 允執厥中. 四海困窮天綠永終.
舜亦以命禹. 曰,

요 왈, 순아, 천지역수가 너의 몸에 있으니 정신 똑바로 차리고 중심을 잡아라.

사해가 곤궁하면 천록영종 하리라.

순도 우에게 같은 말을 하였다.

來禹. 降水儆予, 成允成功, 惟汝賢, 克勤于邦, 克儉于家, 不自滿
假, 惟汝賢, 汝惟不矜,

天下莫與汝爭能, 汝惟不伐, 天下莫與汝爭功,予懋乃德,嘉乃丕績,

天之歷數在汝躬, 汝終陟元后. 人心惟危, 道心惟微, 惟精惟一, 允
執厥中. 無稽之言勿聽, 弗詢之謨勿庸, 可愛非君, 可畏非民, 衆非
元后何戴, 后非衆罔與守邦, 欽哉, 愼乃有位, 敬修其可願, 四海困
窮, 天祿永終, 惟口出好興戎, 朕言不再

상서에서 발췌하여 가르친 내용으로, 天祿(천록)이란 세상이 주
는 녹봉이다.

予小子履 敢用玄牡 敢昭告于皇皇后帝,

有罪不敢赦 帝臣不蔽 簡在帝心.

朕躬有罪 無以萬方, 萬方有罪 罪在朕躬.

저 소자 리, 검은 소를 바쳐 선제들께 감히 고하노니,

죄 있는 자를 벌하시고 선제께서 내리신 臣을 덮어 버리지 마시고 마음에 새겨 주소서.

세상의 죄는 짐의 몸에 있는 것이니 세상에는 없게 하시고, 세상에 죄가 있으면 그 죄는 짐의 몸에 내리소서.

이 문장은 하나라의 걸왕을 폐하고 새 세상을 여는 은나라 탕왕의 제문이다.

周有大賚 善人最富

雖有周親 不如仁人, 百姓有過在予人.

謹權量 審法度 修廢官 四方之政 行焉.

興滅國 繼絶世 擧逸民, 天下之民 歸心焉.

所重 民食喪祭. 寬則得衆 信則民任焉, 敏則有功 公則說.

주에서는 큰상을 내렸던바, 선한 사람이 가장 부유하였다.

비록 나의 혈육이라도 인자한 사람만 못하고, 백성들의 허물은 나에게 있다.

도량을 정하고 법도를 정비하고 낡은 궁을 수리하여 사방에 선정을 행하였다.

망한 나라를 부흥시켜 끊어진 대를 잇게 하고, 덕 있는 백성을 등용하여 세상 백성들의 마음을 돌아오게 하였다. 중요한 것은 백성들의 의식주와 상제였다.

너그러우면 사람이 모이고, 믿음이 있으면 백성의 신임을 얻으며, 민첩하면 功을 세우고, 公正하면 기뻐하는 것이다.

주나라의 정치 운용 실체를 요약한 것이다.

비록 내 혈육이라도 인자한 사람보다 못한 것이고, 不仁하면 남보다 못하고, 백성들의 잘못은 다 내가 잘못한 것이다. 통치자로서 세상의 모든 책임은 나로부터 출발하는 것이며, 내 측근들의 잘못이다. 백성들의 살림이 곤궁하면 마땅히 통치자의 책임이다, 통치자, 정치인들의 책임과 의무에 대한 孔門儒學(공문유학)의 기본 입장이다.

四海困窮 天祿永終 백성들이 곤궁하면 통치자의 자리는 영원한 종말을 맞는다.

二.

子張問於孔子曰, 何如 斯可以從政矣.

子曰, 尊五美 屛四惡 斯可以從政矣.

子張曰, 何謂五美.

子曰, 君子 惠而不費, 勞而不怨, 欲而不貪, 泰而不驕, 威而不猛.

子張曰, 何謂惠而不費.

子曰, 因民之所 利而利之 斯不亦惠而不費乎,

擇可勞而勞之 又誰怨, 欲仁而得仁 又焉貪, 君子無衆寡 無小大 無敢慢 斯不亦泰而不驕乎.

君子 正其衣冠 尊其瞻 視儼然 因望而畏之, 斯不亦威而不猛乎.

子張曰, 何謂四惡.

子曰, 不教而殺 謂之虐, 不戒視成 謂之暴, 慢令致期 謂之賊,

猶之與人也出納之吝 謂之有司.

자장이 공자에게 정치에 임하는 자세에 대하여 물었다.

자 왈, 다섯 가지 좋은 말을 존중하고, 네 가지 나쁜 것을 막으면 정사에 임할 수 있다.

자장 왈, 좋은 말 다섯 가지가 어찌 되나요.

자 왈, 군자란, 은혜를 베풀되 헛되이 쓰지 말고, 고생시켜도 원망이 없게 하고, 의욕을 가지되 탐하지 말고, 태연하되 교만하지 말고, 위엄을 갖추되 사납지 말라.

자장 왈, 혜이불비가 무슨 말인가요?

자 왈, 곤궁한 백성들에게 재물로서 이롭게 한다면 이것이 베푸는 것이지 허비하는 짓인가? 할 수 있는 사람들을 가려서 힘든 일을 시키면 누가 원망을 할 것이며, 仁을 행하려고 仁慈한 행동을 하면 그것이 탐욕이겠는가? 군자로서 사람이 많든 적든, 어린애든 성인이든 상관없이 거만을 떨지 않는다면 이것이 태연하고 교만하지 않은 것이다.

군자가 직분에 맞는 의관을 단정히 하면 백성들이 그 기상을 존경하고 엄숙한 것을 보며 경외롭게 바라보게 되니 위엄이 있으면서 사납지 않은 것이다.

자장 왈, 네 가지 악은 무엇입니까?

자 왈, 죽는 이유를 가르쳐 주지 않고 죽이는 것을 학살이라 한다.

경계를 시키지도 않고 잘못된 결과만 추궁하는 것을 포악하다고 한다.

명령은 늦게 하고 기간 내에 완성하라 재촉하는 것을 간악한 도적이라고 한다.

사람과 더불어 주고받는 데 인색하게 구는 것은 유사(有司)라고 하는 것이다.

政事에 임하기 위한 기본 자질에 대하여 자장의 성격과 행실에 맞추어서 처방한 공자의 당부이다. 검약을 실천하고 거만 떨지 말아야 하고, 백성들에게 베풀 것은 베풀어야 하고, 공직자로서의 엄정함을 견지하라.

유사(有司): 대민 업무, 대물 업무를 하는 실무 말단 관리, 정해진 대로 해야만 하는 인색하고 꼼꼼한 위치. 자의적으로 공공재원으로 자비를 베풀거나 할 수 없는 입장이다. 오늘날의 개념으로 말단 실무 담당자와 같다.

君子로서 政事에 임하면 지배권자들이 올바른 政治를 하도록 보좌하고, 가신으로서 爲民을 선도해야 하는 것이다. 有司 같은 官吏를 하기 위해 유학을 하는 것은 아니다.

三. 子曰,
不知命 無以爲君子也,
不知禮 無以立也,
不知言 無以知人也.
자 왈,
천명을 모르면 군자라고 할 수 없고, (不知道)
예를 모르면 서 있지도 말라. (不能忠)
말의 의미를 모르면 사람을 안다고 하지 말라. (不能恕)

天命을 알아야 道를 깨달을 수 있다.
禮라는 것은 사회적 존재로서 天命에 맞게 타인을 대하는 바른 道이다. (忠)
상대방의 표현(언행)을 이해하지 못하면 그 사람의 마음을 알 수 없다. (恕)
증자가 이해한 스승님의 道는 忠恕(충서)뿐이다.

儒學(유학)을 공부하는 사람은 天命(천명)이란 말의 의미를 정확히 이해하여야 한다. 天命이란 말에서 쓰는 天은 질서를 갖춘 사회(cosmos)를 의미하는 것이나.
天이란 漢字를 하늘과 땅의 그 하늘로만 생각하여 그 어떤 절대자의 존재로만 정의할 것이 아니라 二+人의 합쳐진(天) 글자로 보고 하늘이 정한 '올바른 세상'이라고 이해하여야 한다.

공자는 예기의 중용편에서 '天命之謂性 率性之謂道 修道之謂教'라고 말하였고, 이는 子思가 中庸(중용)에서 다시 설명하였고, 孟子 또한 그 개념으로 性善이라고 하였다.

인간은 혼자 살 수 없고 어울려서 사회를 구성하여야 생존 유지 번성할 수 있다. 하늘로부터 부여받은 어울려 살고자 하는 본능, 현대적 개념으로 사회성 유전자를 天命이라고 할 것이다.

인간의 마음속에 들어있는 天命으로서 어울려 살고자 하는 사회성 이것을 性이라고 할 것이다.

세상 속에서 性을 따르는 올바른 방법을 道라고 하는 것이다.

道를 가르치는 것을 敎育이라고 한다.

따라서 儒學의 道는 인간 세상 속에서 필요한 것이지 세상을 외면한 것이 아니다. 천지자연 속에서 초자연적 능력을 道라고 하는 道家的 입장과는 다른 개념이다.

譯者 筆名 空册

慶北 尙州 利安 與物

咸寧人 白志 金平宰